XIANGMU FENGXIAN YINGDUI JUECE
LILUN YU FANGFA

项目风险应对决策
理论与方法

张尧 佐飞◎著

中国财经出版传媒集团

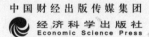

经济科学出版社
Economic Science Press

图书在版编目（CIP）数据

项目风险应对决策理论与方法/张尧，佐飞著．－－
北京：经济科学出版社，2022.6
ISBN 978 - 7 - 5218 - 3761 - 2

Ⅰ．①项…　Ⅱ．①张…②佐…　Ⅲ．①项目风险－风
险管理　Ⅳ．①F224.5

中国版本图书馆 CIP 数据核字（2022）第 107537 号

责任编辑：袁　澂
责任校对：刘　昕
责任印制：邱　天

项目风险应对决策理论与方法
张　尧　佐　飞　著
经济科学出版社出版、发行　新华书店经销
社址：北京市海淀区阜成路甲 28 号　邮编：100142
总编部电话：010 - 88191217　发行部电话：010 - 88191522
网址：www. esp. com. cn
电子邮箱：esp@ esp. com. cn
天猫网店：经济科学出版社旗舰店
网址：http://jjkxcbs. tmall. com
固安华明印业有限公司印装
710 × 1000　16 开　22 印张　280000 字
2022 年 9 月第 1 版　2022 年 9 月第 1 次印刷
ISBN 978 - 7 - 5218 - 3761 - 2　定价：99.00 元
（图书出现印装问题，本社负责调换。电话：010 - 88191510）
（版权所有　侵权必究　打击盗版　举报热线：010 - 88191661
QQ：2242791300　营销中心电话：010 - 88191537
电子邮箱：dbts@ esp. com. cn）

前言
PREFACE

项目风险被项目管理协会定义为可能会造成项目损失的不确定事件。由于项目风险会对项目的工期、预算以及项目的质量造成影响，所以项目风险被认为是实施项目管理过程中的重要威胁。在项目实践中，缺乏对项目风险的有效管理可能会造成项目的失败。因此，项目的利益相关者会要求项目管理者实施更加有效的项目风险管理从而使项目尽可能少地出现偏差。项目风险管理通常分为风险的识别、风险的分析和风险的应对三个环节。其中，风险应对是指对识别出的项目风险制定策略以降低风险带来的损失或者影响，从而确保项目顺利进行并实现预期目标。因此如何确定项目风险应对策略并从中选择最优策略是项目风险管理的一个重要研究问题，也是学术界和实践界比较关注的一个议题，具有重要的理论意义和实际意义。

本书的主要目的是介绍笔者近年来关于项目风险应对决策理论与方法的研究成果。全书共分 10 章。第 1章介绍了考虑次生风险的项目风险应对策略选择方法，这里的次生风险是指由于实施原生风险的应对策略而直接导致的风险。第 2 章和第 3 章分别介绍了考虑消极风险关联、同时考虑消极风险关联和积极风险关联的项目风险应对策略选择方法。第4章介绍了考虑项目风险关联、项目质量、项目工期等的项目风险应对策略选择方法。第5章介绍了基于蝴蝶结分析法（Bow-tie）的项目风险应对预防策略和保护策略选择方法。第6章介绍了基于项目风险应对策略的效果与策略本身、风险特性以及所投入预算之间关系分析的项目风险应对预算分配方法。第7章介绍了基于预防和保护视角的在项目风险应对策略中分配有限预算的方法。第8章介绍了优化模型与案例分析相结合的项目风险应对策略选择方法。第9章介绍了项目风险应对决策支持系统的设计与实现。第10章介绍了考虑乘性背景风险和加性背景风险的项目投资决策分析方法。

本书涉及的研究工作得到了笔者承担的国家自然科学基金（71871050、72001150）、辽宁省"兴辽英才计划"（XLYC1805012）等项目的资助，同时还要感谢经济科学出版社袁溦编辑给予的支持。

本书共28万字，由张尧和佐飞共同撰写，其中佐飞参与撰写6万字共计4章。

本书的一些内容是探索性的研究成果，由于作者水平有限，书中的观点有许多是不成熟的，许多提法和叙述难免不妥以及有疏漏之处，恳请读者给予批评指正。

作　者

2022 年 6 月

目录
CONTENTS

| 第 1 章 |

考虑次生风险的项目风险
应对策略选择方法

项目风险被定义为导致损害或损失的不确定事件，由于它对项目目标比如进度、成本和质量会产生影响，因此在项目管理中被认为具有威胁性[1,2]。特别是在项目进度安排中，项目管理者对项目每项活动所涉及的风险知之甚少，这在一定程度上可能导致工期延误，从而相应地导致预算超支和质量下降[3-5]。例如，在地铁项目中，隧道掘进机等关键设备的故障会使开挖推迟数天甚至数周，如果通过投资新设备来应对，则会消耗更多时间。这将导致活动的时间延迟。但是，如果提前制订了备用设备等计划，则时间延迟将被控制在可接受的水平。因此，在安排项目时，识别和评估可能的风险，并通过确定和执行风险应对方案来处理这些风险以减少对项目的负面影响至关重要[6-10]。

希尔森（Hillson）认为，如果风险应对措施不正确，风险识别和风险评估的效果将会减弱[11]。在实践中，风险应对与风险识别或风险分析相比并没有得到足够的重视，而且缺乏一个被广泛接受的模型或工具来选择合适的应对策略，也没有一个标准的流程供项目管理者去遵循[11-13]。根据项目管理协会（project management institute，PMI）的定义，在风险应对阶段通常采用四种应对风险的策略，即风险规避、风险转移、风险缓解和风险接受[14]。这四种策略由项目管理者根据风险的严重程度、资源的可用性以及项目目标相关的因素来选择。具体而言，面对被评估为微小损失的风险，项目管理者的选择可以是接受其损失而不采取进一步行动，或者通过保险将其转移给第三方。相反，如果风险对活动执行甚至对项目目标的实现起到至关重要的影响，则需要采用风险规避和风险缓解等策略。具体而言，风险规避是指消除风险带来的威胁，而风险缓解则是将风险发生的概率或影响降低到可接受的水平。为了应对风险，一般通过从原始计划中删除与该风险相关的活动来实现风险的规避。这样的举措虽然有效，但可能会导致项目管理的失败，因为新的活动会带来新的风险。相比之下，风险缓解似乎更实用，它通过选择和实施一组新的风险应对方案来降低与活动相关的风险。因此，选择恰当的风险应对方案来降低项目内的风险是风险应对阶段的主要工作[4,15]。本章旨在提出一种选择最优风险应对方案集合的方法，以减轻风险并保证项目能够实现其目标。

大多数现有的风险应对方案选择方法主要侧重于减轻原生风险，而没有意识到在所选风险应对方案实施过程中可能发生的次生风险[4,16-18]。根据项目管理知识体系指南（project management body of knowledge，PMBOK）定义，次生风险的发生可以被视为实施应对原生风险的行动的直接结果。例如，以海上管道项目中较常见的风险为例，当管道发生堵塞时，一个可行的风险应对方案是通过管道发送管道干预工具（pipeline inspection gadget，PIG）。然而，如果该工具卡在管道中间，那么就会产生次生风险[19]。与原生风险类似，次生风险也能够对整个项目产生负面影响。因此，项目管理者需要决定哪些原生风险缓解行动不应该实施以避免次生风险的发生，以

项目风险应对决策理论与方法

及如何处理那些由原生风险应对方案引起的次生风险。一般来说，PIG 被卡住时，通常会导致管道爆裂甚至环境破坏的后果，所以一般需要采取次生风险应对方案来应对该风险，例如增加水压[20]。

此外，在原生风险应对方案选择过程中还应考虑其实施过程中产生的次生风险。因为次生风险与原生风险类似，对项目绩效有负面影响，应妥善处理。在大多数现有的确定风险应对方案的方法中很少可以确定次生风险应对方案集合，也无法阐述清楚次生风险对项目目标的影响。因此，本章旨在回答以下问题：管理次生风险和原生风险的区别是什么？如何在考虑次生风险的情况下确定最佳风险应对方案集以及次生风险如何影响项目完工时间和成本？为此，本章提出了一种考虑原生风险和次生风险的风险应对方案优化选择模型。模型中，目标函数是在对每两个活动之间的优先关系施加时间限制的情况下，最小化总风险成本和加急成本的总和。然后通过为整个项目设置一个合理的截止日期并求解模型，可以获得一组最优的风险应对方案集合以及每个活动的最早开始时间。

目前，关于选择合适的风险应对方案的议题受到了不同角度的关注[21]。根据张和樊（Zhang and Fan）提出的分类，基于区域的方法、权衡的方法、工作分解结构的方法和优化模型方法被认为是用于分析和确定风险应对方案的四种主要方法[4]。除了这四种方法之外，还有决策树方法和基于案例的方法近年来也用于选择风险应对方案[9,16,17,22-24]。在上述方法中，优化模型方法与我们的研究最为相关。因此，下面将仅给出关于使用优化模型方法确定风险应对方案的文献综述，然后给出与次生风险相关的文献综述。

本 - 大卫和拉兹（Ben - David and Raz）率先认为风险应对方案的选择可以被建模为一个优化问题。他们利用优化模型得出了最具成本效益的风险应对方案集[12]。凯伊斯（Kayis）等基于本 - 大卫和拉兹的模型给出了一种风险应对方案选择方法[25]。在他们的模型中，最小化风险应对成本/风险比率上限是其目标函数，而预算和项目管理者对项目风险水平的要求则作为优化模型的约束。谢拉里（Sherali）等在事件树优化方法的基础上提出了一种分析模型，来分配可用的风险应对资源从而降低风险。该模型的目标函数是最小化一系列风险事件带来的总风险损失[26]。为了能在工程预算有限的大型工程项目中选择合适的风险应对方案，房（Fang）等构建了一个最小化期望风险损失的优化模型。该模型通过遗传算法（GA）进行求解，并在适应度函数中加入了预算约束[27]。

除了上述与成本相关的因素外，其他项目目标例如时间和质量也是需要被考虑的。例如，张和樊在构建风险应对方案优化选择模型时考虑了项目成本、项目持续时间和项目质量之间的权衡[4]。与上述以最小化总风险损失为目标的模型不同，其模型的目标函数被定义为风险应对效果的最大化。预算、时间和质量的风险影响控制则作为对风险应对方案的约束。然而，在更大的项目管理环境中，项目风险管理与项目进度管理有着密不可分的关系，因为特定活动中风险的发生可能会导致该活动及其后续活动的初始进度安排发生变化。因此，更多地关注项目风险管理中的调度问题，可以最大限度地减少与预定完工时间或预算的偏差。扎夫拉－卡维萨（Zafra－Cabeza）等提出了一种以成本和完工时间加权和为目标的混合整数优化模型，通过对模型的求解可以确定出最佳风险应对方案及活动的开始时间[10]。类似地，基里奇（Kılıç）等提出了双目标模型来解决项目调度中的风险应对问题[8]。在模型中，期望完工时间和项目总成本分别作为两个目标函数，最后他们利用遗传算法求解了该模型并获得了相应的最优风险应对方案。

原生风险应对方案在降低原生风险的概率或影响的同时也可能导致次生风险[14]。这些次生风险将导致项目工期延误或项目成本增加。因此，如何选择原生风险应对方案，避免次生风险发生，以及如何确定次生风险的应对方案，减少次生风险的负面影响，都是风险应对过程中的重要内容。

查普曼（Chapman）首先将次生风险的概念引入项目风险管理，并提出了时间进度风险分析的方法，该方法的实施步骤分为活动识别、原生风险识别、原生风险应对方案识别、次生风险识别、次生风险应对方案识别[28]。可见，在其风险管理的框架下当项目管理者实施了原生风险应对方案识别后，就需要识别次生风险，因为次生风险很可能作为实施原生风险应对方案的直接结果而出现。在项目风险管理的实践中，该方法最初被应用于海上项目，随后也被适用于各类工程项目[19]。然而，该方法忽略了风险应对方案选择过程中的资源约束，这很可能导致所选择的风险应对方案在实际中无法实现。

为了避免该问题，本 – 大卫和拉兹引入了优化模型来确定原生风险应对方案的集合并将次生风险的期望损失视为原生风险应对方案的额外实施成本，该模型在有限的风险应对预算内最小化总风险成本[12]。通过求解模型，可以确定用于应对原生风险的应对方案。但是在本 – 大卫和拉兹的研究中并未提及如何确定次生风险应对方案。萨耶德侯赛尼（Seyedhoseini）等将项目风险管理定义为一个迭代过程，并指出次生风险也应该像原生风险一样进行应对。与本 – 大卫和拉兹的方法不同，萨耶德侯赛尼等给出的优化模型不仅可以获得原生风险应对方案集合，还可以获得次生风险应对方案集合[29]。白（Bai）等提出了一种多阶段项目风险管理方法，以便更好地应对次生风险带来的影响[30]。该方法将风险应对的过程分为原生风险阶段和次生风险阶段。首先，在原生风险阶段，通过分析当前风险可先确定出风险应对方案集合。其次，在次生风险阶段，在识别和分析次生风险的基础上确保次生风险造成的期望损失始终低于原生风险造成的损失。

综上所述，上述所有方法都从不同角度对风险应对方案的选择和次生风险的应对做出了一定贡献。但是，这些方法仍然存在一些局限，特别是已有的模型并没有在考虑项目调度和次生风险的前提下确定出一组最佳风险应对方案。因此，我们尝试构建一个优化模型来确定最优的风险应对方案组合，以减轻原生风险和次生风险给项目带来的影响，并得出每个活动的最早开始时间。

1.1　原生风险和次生风险

根据《项目管理知识体系指南》（PMBOK）的定义，项目风险是一种不确定的事件，一旦该事件发生，就可能会对项目目标产生积极或消极的影响。在本章中，我们根据项目风险的定义和来源将项目风险分为原生风险和次生风险。原生风险通常来自项目活动的不确定性，而次生风险主要来自原生风险的风险应对方案的实施。因此，次生风险的识别和分析是在原生风险评估之后进行的，而原生风险的识别和分析是在活动识别和分析完成后进行的[19]。接下来，为了便于分析考虑次生风险的风险应对方案选择问题，简要介绍原生风险和次生风险的一些基本概念。

1.1.1　原生风险

在现有的大多数文献中，项目风险通常是指原生风险或初始风险，它源于项目活动的不确定性或项目计划的缺陷，应予以识别并进行分析从而妥善处理风险[30,31]。识别完成后，需要通过测量其严重性（R）来分析原生风险，可以表述为 $R = P \times I$，其中 P 为风险发生的概率，I 为风险发生后带来的影响[32]。在识别和分析原生风险后，应通过第 2.1 节中讨论的方法确定相应的原生风险应对方案，减轻风险带来的影响。一般来说，通过实施适当的风险应对方案可以很好地控制原生风险[30]。

1.1.2　次生风险

次生风险是指由于实施原生风险的应对方案而直接导致的风险。如果用变量 y 来描述是否实施了原生风险应对方案，则可以认为次生风险的严重程度表示为 $SR = P^s \times I^s \times y$，其中 P^s 为次生风险发生的概率，风险发生后带来的影响和决策变量则分别用 I^s 和 y 来表示。

与原生风险类似，在识别和分析后，次生风险需要由次生风险应对方案进行应对。此外也存在需要通过实施其他原生风险应对方案来规避次生风险的情况。这取决于次生风险的残余风险（即在应用次生风险应对方案后可能存在的剩余负面影响）是否高于原生风险。如果残余风险较高，则应不处理相应的原生风险或者选择其他原生风险应对方案来缓解该原生风险。例如，在地铁建设项目中，原生风险"挡土墙严重变形"的期望损失为 1600 万美元。为了应对该原生风险，专家建议项目管理者拆除已经变形的墙，并用质量更好的水泥重建挡土墙。这样期望风险损失将从 1600 万美元减少到 1000 万美元。然而，如果实施该原生风险应对方案，又可能会引发山体滑坡的次生风险，而这个次生风险预计会造成 3000 万美元的损失。为了减轻该次生风险，又需要采用其他次生风险应对方案。如果采用这种次生风险应对方案，残余风险仍将损失 2000 万美元，这一损失高于原生风险应对方案。在这种情况下，项目管理者应该放弃应用原生风险应对方案或使用其他的原生风险应对方案或次生风险应对方案从而避免滑坡的次生风险造成更大的损失。

1.2 问 题 描 述

在实践中，项目管理者总是面临着一个棘手的问题，那就是在有限的预算和项目的完工日期之间进行权衡分析，尤其是考虑到执行过程中可能出现的次生风险时。本章旨在帮助项目管理者以最低的成本确定出一组最佳风险应对方案从而确保项目在预期的时间内完成。

首先假设在项目中有一组活动 $\{1, \cdots, N\}$，$i \in N$，它们被表示为单代号网络图中的节点。图中活动之间的序关系由节点间的弧线表示。项目中的活动 j，$j \in N$，只有其所有直接前序活动 i，$i \in P(j)$ 都完成才可以执行，其中 $P(j)$ 是第 j 个活动的直接前序活动集。由于风险导致的时间延迟，活动开始和结束时间并不确定。因此，为了将项目的完工时间缩短，不仅需要知道每个活动中需要加急的天数，还需要识别可能影响项目进度的风险事件。在模型中，使用集合 $\{1, \cdots, L\}$，$l \in L$，表示项目中存在的风险事件。在活动 i 中，可以确定出原生风险的子集 R^i。R^i 中所有元素都将对活动 i 的开始时间造成一定的延迟，延迟的时长为 q_{il}^{time}。风险除了对项目工期的影响外，还可能对项目造成一定的经济损失，q_{il}^{cost} 表示风险 l 对活动 i 造成的经济损失。

面对风险带来的负面影响，项目管理者可以选择可行的风险应对方案减少风险造成的损失和时间延迟。因此，对于已识别的风险可以确定出一组方案集合 $\{1, \cdots, K\}$，$k \in K$。在每个活动 i 中，定义一个基于风险应对方案子集 A^i，以减轻风险 l 带来的影响，而该子集中风险应对方案的成本可以表示为 c_{ikl}^{action}。与风险评估类似，每个方案 k 的实施效果也需要结合风险在特定活动中发生时造成的损失来进行评估。除了可以降低经济损失，方案还可以减少风险造成的工期延误，对于不同活动中的风险，专家及项目管理者也可以估计方案对缩短拖延的效果。具体来说，在每个活动 i 中实施该应对方案 k，$k \in A^i$ 后能够减少的拖延天数和经济损失可以分别表示为 e_{ikl}^{time} 和 e_{ikl}^{cost}。

在实施过程中，如果原生风险应对方案失败将会很大程度上降低其应对效果，甚至整个项目的进度可能也会因为行动的失败而受到阻碍。因此，在选择降低风险的风险应对方案时，项目管理者必须考虑实施原生风险应对方案可能导致的次生风险。在本书给出的模型中我们将应对原生风险 l，$l \in R^i$，而实施的原生风险应对方案 k，$k \in A^i$ 所导致的次生风险造成的经济损失和时间拖延定义为 q_{ilk}^{scost} 和 q_{ilk}^{stime}。此外，次生风险应对方案的应对效果可以通过 e_{ikl}^{stime} 和 e_{ikl}^{scost} 来进行表示，而 $c_{ikl}^{saction}$ 为实施次生风险应对方案所需的成本。

由于项目受到风险的影响，所以很可能会出现即使实施了相应的风险应对方案，项目也可能无法在既定日期内完成的情况。因此，项目管理者还需要考虑其他的方案来解决时间延迟问题，通过以单位成本 c_i^{crash} 使活动加急来缩短活动 i 的持续时间，并通过求解模型，获得每个活动 i 中的最优加急天数 x_i。

综上所述，每项活动的最终完成时间会受到六类时长的影响，分别是正常时长、原生风险和次生风险造成的时间延迟、原生风险应对方案和次生风险应对方案对时间的加快效果，以及加急时间。这六类时间影响之间的关系如图 1 - 1 所示。

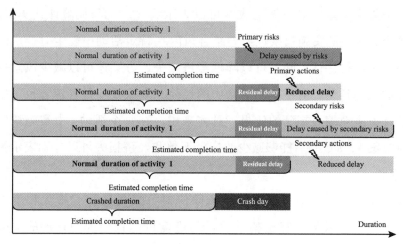

图1-1 六种持续时间之间的关系

注：Normal duration of activity 1：活动1的正常工期；Delay caused by risks：由风险造成的拖延；Primary risks：原生风险；Estimated completion time：预期完工时长；Residual delay：残余拖延；Reduced delay：被减少的拖延；Primary actions：原生风险应对方案；Secondary risks：次生风险；Secondary actions：次生风险应对方案；Crash day：加急天数；Crashed duration：加急后的工期。

资料来源：笔者绘制。

在构建模型之前，由于项目及其相关风险的复杂性[27,33,34]，本书做出以下假设。

假设1-1：所有的风险被认为是相互独立的。风险对活动的总影响可以通过将活动中发生的所有风险的损失加在一起来表示。

假设1-2：所有降低次生风险的应对方案一旦采用，那么就将在缩短时间和成本上产生预期的效果。

假设1-3：加急的成本随着加急的天数线性增加。

1.3 模型的建立

本节构建了一个风险应对方案选择的优化模型，模型的目标函数是在有限的项目完工时间内得出最小的总风险成本。根据布鲁克（Brucker）等的研究，该问题可以归类为时间成本权衡分析领域中的最后期限完工问题，它可以被表述为一类线性规划[35]。由于该模型涉及方案的选择，因此引入了整数决策变量来表示是否选择某个方案。因此，该模型可以表述为混合整数线性规划问题。接下来，本节将详细介绍目标函数和相关约束。

1.3.1　目标函数

在模型中，目标函数为最小化的总风险成本，它包含三项：原生风险成本 $Cost_{primary}$、次生风险成本 $Cost_{secondary}$ 和加急成本 $Cost_{crash}$。具体来说，原生风险成本 $Cost_{primary}$ 可以定义为式（1 – 1）：

$$Cost_{primary} = \sum_{i \in N} \sum_{l \in R^i} q_{il}^{cost} - \sum_{i \in N} \sum_{l \in R^i} \sum_{k \in A^i} e_{ikl}^{cost} y_{ilk} + \sum_{i \in N} \sum_{l \in R^i} \sum_{k \in A^i} c_{ikl}^{action} y_{ilk}$$

$$(1 – 1)$$

在式（1 –1）中，原生风险成本定义为风险应对方案的实施成本与采取行动后的残余风险损失的成本总和。类似地，次生风险成本可以表述为式（1 –2）：

$$Cost_{secondary} = \sum_{i \in N} \sum_{l \in R^i} \sum_{k \in A^i} q_{ilk}^{scost} y_{ilk} - \sum_{i \in N} \sum_{l \in R^i} \sum_{k \in A^i} e_{ikl}^{scost} y_{ilk}' + \sum_{i \in N} \sum_{l \in R^i} \sum_{k \in A^i} c_{ikl}^{saction} y_{ilk}'$$

$$(1 – 2)$$

其中，原生风险应对方案对二元决策变量 y_{ilk} 与次生风险是否发生的决策变量相同，因为次生风险总是由执行原生风险应对方案所触发。最后，目标函数中的最后一项是加急成本 $Cost_{crash}$，由式（1 –3）表示：

$$Cost_{crash} = \sum_{i \in N} c_i^{crash} x_i \qquad (1 – 3)$$

综上所述，该模型的总成本 $Cost_{total}$ 在考虑了原生风险成本

$Cost_{primary}$、次生风险成本 $Cost_{secondary}$ 和加急成本 $Cost_{crash}$ 后可以如式（1-4）所示：

$$\text{Minimize}\,Cost_{total} = Cost_{primary} + Cost_{secondary} + Cost_{crash} \qquad (1-4)$$

1.3.2 约束条件

优化模型中的四种主要约束类型是：时间约束、风险成本约束、决策变量约束和可选约束。这些约束的表述如下。

（1）时间约束。

所提出的优化模型旨在确定最佳风险应对方案集和最早开始时间，从而在给定的截止日期 T_{due} 之前实现最小的总成本。因此需要工期约束 $T_N \leqslant T_{due}$ 以确保项目完工时间 T_N（即最后一项活动的完成时间）小于预定工期 T_{due}。由于项目的完工时间 T_N 完全取决于其直接前任的完成时间，因此需要一个序关系约束，如式（1-5）所示：

$$T_j \geqslant T_i + d_i + d_i^{risk} - x_i, \ T_1 = 0, \ \forall(i, j): i \in P(j), \ i \in N, \ j \in N$$
$$(1-5)$$

式（1-5）中，第 j 个活动 T_j 的最早开始时间应大于其前一个活动 i 的最早结束时间。根据图1-1所示不同类型工期之间的关系，第 i 项活动的总工期包含三项：第 i 项活动的正常工期 d_i，原生风险和次生风险造成的时间延迟 d_i^{risk}，以及加急天数 x_i。第 i 个活动中的总风险延迟 d_i^{risk} 是指原生风险和次生风险得到应对后的剩余时间延迟，其约束如式（1-6）所示：

$$d_i^{risk} = \sum_{l \in R^i} q_{il}^{time} - \sum_{l \in R^i}\sum_{k \in A^i} e_{ikl}^{time} y_{ilk} + \sum_{l \in R^i}\sum_{k \in A^i} q_{ilk}^{stime} y_{ilk} - \sum_{l \in R^i}\sum_{k \in A^i} e_{ikl}^{stime} y_{ilk}'$$
$$(1-6)$$

在式（1-6）中，由原生风险和次生风险造成的时间延迟分别

项目风险应对决策理论与方法

由 $d_i^{primary} = \sum\limits_{l \in R^i} q_{il}^{time} - \sum\limits_{l \in R^i} \sum\limits_{k \in A^i} e_{ikl}^{time} y_{ilk}$ 和 $d_i^{secondary} = \sum\limits_{l \in R^i} \sum\limits_{k \in A^i} q_{ilk}^{stime} y_{ilk} -$

$\sum\limits_{l \in R^i} \sum\limits_{k \in A^i} e_{ikl}^{stime} y'_{ilk}$ 表示。一般来说，时间延迟 $d_i^{secondary}$ 需要比时间延迟

$d_i^{primary}$ 短。否则，项目管理者不该应对该原生风险从而避免次生风

险的发生。因此，优化模型中应包含约束条件 $d_i^{primary} \geqslant d_i^{secondary}$。

除了上面的约束，约束 $0 \leqslant d_i^{risk} \leqslant d_i^*$ 和约束 $0 \leqslant x_i \leqslant d_i - d_i^{min}$ 也需

要加入模型中，从而确保风险造成的时间延迟可以被控制在一定范

围内。另外，加急的天数也需要小于可以加急的最大天数。

（2）风险成本约束。

与 $d_i^{secondary}$ 和 $d_i^{primary}$ 之间的关系类似，原生风险成本 $Cost_{primary}$ 和

次生风险成本 $Cost_{secondary}$ 之间也存在着 $Cost_{primary} \geqslant Cost_{secondary}$ 的关系。此

约束可以确保次生风险成本 $Cost_{secondary}$ 不高于原生风险成本 $Cost_{primary}$。

此外，第 i 个活动的剩余风险成本应小于阈值 q_i^*，以保证该活动的

成功执行。剩余风险成本的约束可以用式（1-7）来描述：

$$\sum\limits_{l \in R^i} q_{il}^{cost} - \sum\limits_{l \in R^i} \sum\limits_{k \in A^i} e_{ikl}^{cost} y_{ikl} + \sum\limits_{l \in R^i} \sum\limits_{k \in A^i} q_{ilk}^{scost} y_{ilk} - \sum\limits_{l \in R^i} \sum\limits_{k \in A^i} e_{ikl}^{scost} y'_{ilk} \leqslant q_i^*$$

$$(1-7)$$

（3）决策变量约束。

该模型需要两个二元决策变量 y_{ilk} 和 y'_{ilk}，其中，y_{ilk}，$y'_{ilk} \in \{0,$

$1\}$，$\forall i \in N$，$\forall k \in K$，$\forall l \in L$，这两个决策变量用来表示是否选择

原生风险应对方案和次生风险应对方案来降低相应的风险。此外，

应该对这两个决策变量施加约束 $y_{ilk} \geqslant y'_{ilk}$，以确保只有在实施了原生

风险应对方案的情况下，次生风险应对方案的决策变量 y'_{ilk} 才有意义。

（4）可选约束。

可选约束包括可能加在优化模型上的任何其他约束，其中质量

约束和风险应对方案之间的关系约束是现有方法中比较常见的两种

可选约束。具体而言，质量约束是指风险导致的质量降低可以被限

制在一定范围内。关系约束用于描述风险应对方案之间的关系，以便可以确定风险应对方案的恰当组合。一般而言，现有优化模型中主要包括两类约束，即互斥约束和蕴涵约束。互斥约束是指两个风险应对方案应相互排斥不能同时选择，蕴涵约束是指两个风险应对方案需要同时选择才能产生一定的应对效果。由于本章主要关注的是次生风险对风险应对方案选择的影响，因此没有考虑这些可选约束。

1.4　案例研究

1.4.1　案例介绍

为了验证所提出模型的可行性和有效性，本节以中国 S 城市的某建设项目为例进行模型的应用。具体而言，我们的案例研究选择了地铁建设中易受大多数常见风险影响的路段，以下将其命名为路段 Q。

Q 段位于 S 市闹市区，是地铁 10 号线的重要组成部分。该段包括站台 A 和隧道区间 B。A 站总建筑面积 5200 平方米，基坑开挖深度 13 米。A 站主体结构总轮廓长 176.5 米，标准断面宽度 18.9 米。由于地下公用设施安装复杂，车站建设采用明挖法。A 站一侧是两条平行的隧道，通往下一站。具体而言，隧道 A 和隧道 B 的长度分别为 970 米和 956 米。根据 Q 段的地质条件，两条隧道掘进采用盾构法。

整个施工过程可分为四个阶段：准备工作、车站建设、隧道掘进和工程验收。四个阶段进一步细化为 19 个活动，可以由图 1 - 2 的单代号网络进行表示。为了缩短项目时间，一些活动将同时进行。例如，当施工队在基坑施工和建造车站主体结构时，另一个施工队已经着手准备盾构机。在确定了具体活动及其优先级关系后，项目管理者估计了每个活动的正常执行时间，如表 1 - 1 所示。此外，表 1 - 1 还列出了完成每个活动的最大加急时间和单位加急成本。

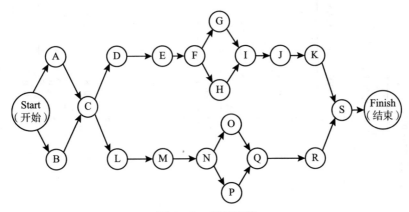

图 1 - 2　项目网络

　　在现实中，地铁建设项目容易受到风险的影响而造成损失，从而导致项目最终的失败[36,37]。根据中华人民共和国住房和城乡建设部发布的《地铁和地下工程建设风险管理指南（2008）》，风险管理须贯穿于项目从规划初期到项目验收的最后阶段。一般在地铁施工前，项目管理者会邀请专家识别可能存在的风险，评估风险概率和影响并制定相应的风险应对计划。一般来说清单法是进行风险识别的主要方法[38,39]。在使用清单法进行风险识别后，还需由专家对风险造成的损失和延迟进行深入的定量分析，风险评估结果如表 1 - 1 所示。根据过去处理类似风险的经验，项目管理者和专家可以制定出相应的

表1-1

各项活动信息及相关风险

活动序号	活动名称	前序活动	正常工期（天）	最小工期（天）	加急成本	总期望损失	总期望拖延（天）	可能的风险
A	交通管制	Start	10	6	0.02	0.05	5	风险 1
B	拆除现有地面建筑	Start	30	25	0.25	1.4	7	风险 2，风险 3
C	施工准备	A，B	31	28	0.01	0.01	10	风险 4
D	地下连续墙成槽施工	C	60	56	0.38	14.53	29	风险 5，风险 6，风险 8
E	施工准备	D	10	7	0.05	—	—	风险 7，风险 9，风险 10
F	基坑开挖及 I 期主体结构施工	E	220	190	0.5	35.46	40	风险 11，风险 12
G	第二阶段基坑开挖及东侧施工准备	F	120	100	0.6	17.15	20	风险 12，风险 13
H	第二阶段基坑开挖及西侧施工准备	F	115	105	0.8	11.1	28	—
I	土方回填	G，H	16	12	0.05	—	—	—
J	重新开放交通	I	7	4	0.025	—	—	

　项目风险应对决策理论与方法

续表

活动序号	活动名称	前序活动	正常工期（天）	最小工期（天）	加急成本	总期望损失	总期望拖延（天）	可能的风险
K	附属结构施工	J	120	100	0.2	10.05	20	风险 7，风险 9
L	竖井施工	C	20	15	0.5	11.8	20	风险 9，风险 14
M	联络通道施工	L	50	40	0.1	2.5	15	风险 8，风险 14
N	盾构机准备	M	5	4	0.04	0.1	4	风险 5
O	隧道 A 开挖 970 米	N	545	510	0.4	9.82	30	风险 16，风险 19
P	隧道 B 开挖 956 米	N	530	500	0.4	15.21	45	风险 17，风险 18
Q	附属结构施工	O，P	90	75	0.24	—	—	—
R	竖井回填	Q	14	10	0.03	—	—	—
S	施工验收	R	20	15	0.01	—	—	—

风险应对方案。原生风险应对方案的实施成本和实施效果如表 1-2 所示。由于实施原生风险应对方案可能会出现次生风险，项目管理者和专家分析了拟议的原生风险应对方案，并在表 1-3 中列出了潜在的次生风险。例如，如果实施布置系列排水井或使用抽水机的方案来防止周围结构受到过量地下水危害的方案，则可能会出现地面不均匀沉降或地面沉降的次生风险。表 1-4 给出了所有关于次生风险应对方案的信息，包括次生风险影响、实施成本和次生风险应对方案的实施效果。

表 1-2　　　　　　　　原生风险和相应风险应对方案

活动	原生风险	原生风险应对方案	方案成本	经济方面应对效果	时间方面应对效果（天）
A	对市民造成的影响 R_1	A_1	0.01	0.04	4
B	管道爆裂 R_2	A_2	0.02	0.8	3
	瓦斯泄漏 R_3	A_2	0.02	0.4	3
C	施工进度不合理 R_4	A_3	0.01	0.03	7
D	机械损坏 R_5	A_4	2	4	10
	物料不达标 R_6	A_5	0.5	3	5
	结构失稳 R_8	A_7	5	7	10
F	地下水位过高 R_7	A_6	2	8	3
	地基变形 R_9	A_8	18	20	20
	空洞造成的坍塌 R_{10}	A_9	5	7	16
G	基坑加固失败 R_{11}	A_{10}	4	6	8
	基坑内倾 R_{12}	A_{11}	3	10	9
H	基坑内倾 R_{12}	A_{11}	6	8	20
	钢筋混凝土质量问题 R_{13}	A_{12}	0.5	2	6
K	地下水位过高 R_7	A_6	2	4.5	3
	地基变形 R_9	A_8	5	5	15

续表

活动	原生风险	原生风险应对方案	方案成本	经济方面应对效果	时间方面应对效果（天）
L	地基变形 R_9	A_8	5.6	7.2	10
	坍塌 R_{14}	A_{13}	1.5	3.6	5
M	结构失稳 R_8	A_7	1.2	1.8	8
	坍塌 R_{14}	A_{13}	0.5	0.6	5
N	轴线偏离 R_{15}	A_{14}	0.86	1	3
O	挖掘面不稳定 R_{16}	A_{10}	3.8	5.2	15
	启动盾构机失败 R_{19}	A_{14}	0.86	1.2	8
P	沙质土样挖掘 R_{17}	A_{15}	4	7	20
	挖掘遇流沙 R_{18}	A_{15}	4	7.2	22

表 1 - 3　　　　　原生风险应对方案和可能的次生风险

方案	原生风险应对方案	次生风险	次生风险名称
A_1	密切关注舆论，尽量减少噪声影响	—	—
A_2	派抢险队对漏点进行补救	SR_1	人员伤亡
A_3	邀请专家重新设计进度表	—	—
A_4	日常的机械维护和修理	—	—
A_5	更换供应商	SR_2	订购时间增长
A_6	放置排水井或使用泵来防止周围结构受到过量地下水的伤害	SR_3	排水过程中可能出现不同程度的地面沉降
A_7	采用先进的支撑系统，增加挡土墙的稳定性	—	—
A_8	拆除变形墙，用优质水泥重建	SR_4	拆除过程中可能诱发滑坡
A_9	洞穴探测及填补	—	—
A_{10}	采用三次注浆技术对地基加固	SR_5	地基加固过程中的均匀性受到影响且加固难度增大
A_{11}	采用台阶法全断面预灌浆	—	—
A_{12}	使用添加剂	SR_6	混凝土强度不稳定

方案	原生风险应对方案	次生风险	次生风险名称
A_{13}	使用振动钻孔和切割机去除损坏的部分	SR_7	开挖可能导致地表沉降和开挖面过度流失
A_{14}	采用姿态控制系统，尽量减少地面干扰	—	—
A_{15}	使用地面冻结方法改善土壤的水力学特性（强度、刚度和渗透性）	SR_8	过量的土流失

表1-4　　　　次生风险和次生风险应对方案

活动序号	原生风险	方案序号	次生风险	次生风险损失	次生风险拖延（天）	次生风险应对方案成本	时间方面应对效果（天）	经济方面应对效果
B	R_2	A_2	SR_1	1	3	0.8	3	1
	R_3	A_2	SR_1	1	3	0.8	3	1
D	R_5	A_4	—	—	—	—	—	—
	R_6	A_5	SR_2	0.01	10	0.05	9	0.01
	R_8	A_7	—	—	—	—	—	—
F	R_7	A_6	SR_3	5	10	2.5	8	4.9
	R_9	A_8	SR_4	3.5	6	1.6	6	3.2
	R_{10}	A_9	—	—	—	—	—	—
G	R_{11}	A_{10}	SR_5	2	8	0.9	7	1.8
	R_{12}	A_{11}	—	—	—	—	—	—
H	R_{12}	A_{11}	—	—	—	—	—	—
	R_{13}	A_{12}	SR_6	9.2	15	3.2	13	8.9
K	R_7	A_6	SR_3	3	6	1.3	5	2.9
	R_9	A_8	SR_4	2.4	4	0.8	3	2.1
L	R_9	A_8	—	—	—	—	—	—
	R_{14}	A_{13}	SR_7	7.5	10	1.8	8	7.3
M	R_8	A_7	—	—	—	—	—	—
	R_{14}	A_{13}	SR_7	8.2	15	2.6	12	7.9

续表

活动序号	原生风险	方案序号	次生风险	次生风险损失	次生风险拖延（天）	次生风险应对方案成本	时间方面应对效果（天）	经济方面应对效果
P	R_{17}	A_{15}	SR_8	2.5	8	0.8	7	2.4
	R_{18}	A_{15}	SR_8	1.6	10	0.5	10	1.5

1.4.2　数据收集

活动数据如表 1-1 所示，由项目管理者根据相关标准和施工条件综合评估确定。例如，为了估算活动 O 的工期，项目管理者会首先参考相关部门建议的标准工期，然后根据可用的盾构机数量、人力和其他可用资源来调整这个工期。

为了获得表 1-1 中的原生风险数据和表 1-2 中的原生风险应对方案数据，项目管理者召集了一个由 3 名专家和 2 名从业人员组成的评估小组。他们首先评估风险概率，然后从损失和时间延迟两个方面对风险影响进行估计。最后，通过分别乘以风险概率和相应的风险影响来计算期望损失和期望时间延迟。比如 R_2 的概率是 0.8，如果发生会造成 5 天的延迟。那么期望时间延迟为 4 天。R_3 的期望时间延迟可按同样方法计算为 3 天。那么由 R_2 和 R_3 引起的活动 B 的总延迟可以通过将这两个期望时间延迟相加来计算。专家组在对原生风险进行分析后，根据自身经验确定了原生风险应对方案并估算其实施效果和实施成本，如表 1-2 所示。次生风险如表 1-3 所示，也可从风险概率和风险影响方面进行评估，从而计算出期望损失和期望时延。

为了帮助项目管理者将这些获得的数据输入到优化模型中，本章开发了一个基于矩阵实验室软件（MATLAB）的图形用户界面，如图 1-3 所示。项目管理者可以使用该工具输入评估结果，该工具会将专家输入的数值导入到优化模型中。在该工具的支持下，收集项目管理者和专家的意见和判断会变得方便和高效。

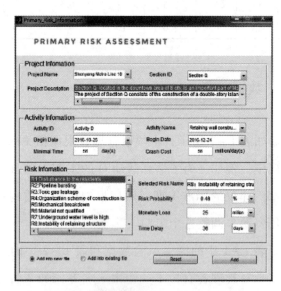

（a）原生风险评估（primary risk assessment）

（b）次生风险评估（secondary risk assessment）

项目风险应对决策理论与方法

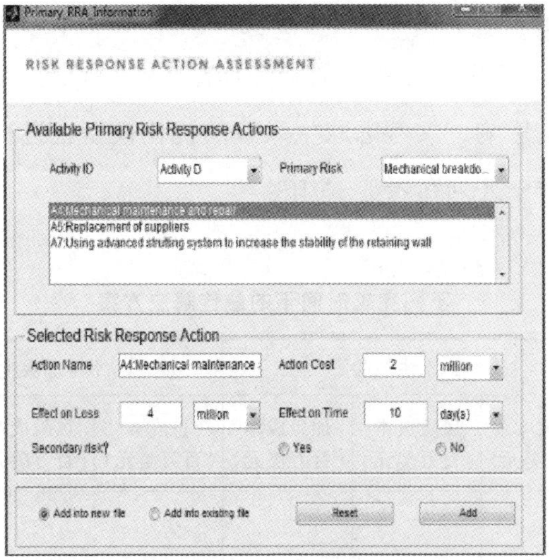

（c）风险应对方案评估（risk response action assessment）

图 1 – 3　MATLAB – GUI 工具的快照

1.4.3　计算结果

收集数据后可以对优化模型进行求解。以活动 D 的时间约束为例，根据式（1 – 6），活动的风险延迟可描述为：

$$d_{5(D)}^{risk} = (29 - 10 \times y_{554} - 5 \times y_{565} - 10 \times y_{587}) + (10 \times y_{565} - 9 \times y'_{565})$$

活动 D 与其后续活动 E 之间的优先关系可以根据式（1 – 5）来描述，如下所示：$T_{6(E)} \geqslant T_{5(D)} + 60 + d_{5(D)}^{risk} - x_{5(D)}$。目标函数和其他约束的公式也可以根据式（1 – 1）至式（1 – 7）描述。在完成模型的数据录入后，LINGO 12.0 软件将被用于求解该案例的优化模型。为了分析考虑次生风险对总成本和风险应对方案最优集的影响，考虑次生风险和不考虑该风险下不同工期约束下的目标函数值以及最优方案集合被计算得出。在下文中，计算结果将从时间成本权衡和最佳风险应对方案集的差异两个方面展开分析。

为分析项目完工时间、风险因素和加急成本之间的关系，我们得出了在既定工期下风险成本、加急成本和总成本的数值。这些结果被列在表1-5中，其相应的趋势如图1-4所示。此外，为了分析次生风险的影响，仅考虑原生风险的优化模型也进行了求解，该模型的最优解一并列在表1-5中。

表1-5　　　　　　不同完工时间下的最佳解决方案

工期 （天）	考虑次生风险			不考虑次生风险		
	总成本 （百万美元）	风险成本 （百万美元）	加急成本 （百万美元）	总成本 （百万美元）	风险成本 （百万美元）	加急成本 （百万美元）
不可行	—	—	—	—	—	—
765	123.67	97.48	26.19	94.88	77.09	17.79
770	119.67	97.48	22.19	91.78	77.09	14.69
775	115.67	97.48	18.19	89.58	77.09	12.49
780	112.27	97.48	14.79	87.58	77.09	10.49
785	109.97	97.48	12.49	85.58	77.09	8.49
790	107.97	97.48	10.49	83.58	77.09	6.49
795	105.97	97.48	8.49	82.18	77.09	5.09
800	103.97	97.48	6.49	80.97	77.09	3.88
805	102.57	97.48	5.09	79.77	77.09	2.68
810	101.36	97.48	3.88	78.57	77.09	1.48
815	100.16	97.48	2.68	77.93	77.09	0.84
820	98.96	97.48	1.48	77.43	77.09	0.34
825	98.2	97.06	1.14	77.20	77.09	0.11
830	97.7	97.06	0.64	77.13	77.09	0.04
835	97.26	97.06	0.2	77.09	77.09	0

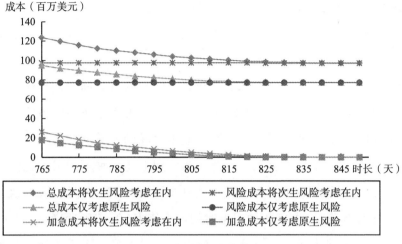

图1-4 时间成本曲线

如图1-4所示,很明显可以看出无论是否考虑次生风险,三种成本的总体趋势是类似的。首先,随着项目完工时间约束的放松,加急成本也相应降低,这同经典的时间成本曲线相一致。当项目的截止日期的约束被进一步放松至更多天数时,加急成本的下降速度会放缓直到保持不变。当截止时间约束超过835天时,无论是否考虑次生风险,加急成本都不会继续下降并保持在接近零数值不变。其次,风险成本与加急成本相比下降的幅度并不是很大,具体来说风险成本从820天开始即保持不变。当截止日期超过820天时,考虑次生风险的模型的风险成本的数值会出现小幅下降。而对于仅考虑原生风险的优化模型,风险成本的数值将在截止日期约束超过820天后保持在77.09百万美元。最后,由于总成本是由加急成本和风险成本组成,因此其趋势与加急成本的下降曲线相似。此外,如果项目完工时间小于835天,考虑次生风险的总成本曲线的斜率比只考虑原生风险的总成本曲线的斜率更大。

尽管在次生风险的影响下,三项成本的总体趋势没有发生明显变化,但在两种不同的情况下,三项成本数值存在着较大的差异。

如表 1-5 所示，两个模型在加急成本之间的最大差异在 765 天时为 8.40 百万美元。随着时间约束的放宽，两者差异开始缩小，直至两个模型的加急成本在 835 天或超过 835 天时降至最低值。对于风险成本，当项目完工时间在 820 天或以下时，两者之间的差异保持不变。但在时间约束放松至 820 天以上时，考虑次生风险的风险成本下降到 97.06 百万美元，两个风险成本之间的差额从 20.39 百万美元减少到 19.97 百万美元。因此，考虑到上述三种不同成本之间的关系，这两种总成本之间的差异也相应变化，765 天时的最大值为 28.79 百万美元，835 天或以上时的最小值为 20.17 百万美元。

除了与成本相关的变量外，该模型获得的另一个重要结果是最优的风险应对方案集。为了研究次生风险对风险应对方案选择的影响，当项目完工时间定义在 765 天到 820 天之间时，我们尝试分析被应对的原生风险和被选定的原生风险应对方案。选择这一区间的原因是在该范围内，对时间约束进行调整，风险成本和最优风险应对方案集不发生任何变化，因此便于分析次生风险带来的影响。具体而言，在该时间约束内保持其他条件不变的情况下，对本章给出的模型进行修改，即去掉所有涉及次生风险的约束。从而得到仅考虑原生风险的优化模型以及通过求解该模型后得到的最优风险应对方案集。

通过求解这两个模型，可以得到被应对的风险和最优的风险应对方案集，这些结果如表 1-6 所示。为了明确对风险应对方案的选择造成影响的次生风险，我们将次生风险与次生风险应对方案一起列于表 1-6 中。从表 1-6 可以看出在考虑次生风险时，一些原生风险并没有被应对，这可能是由于它们对应的原生风险应对方案会导致次生风险的发生。例如，在二期结构施工的活动 H 中，由于 R_{13} 会引发次生风险 SR_6，因此不选择 A_{12} 来进行缓解。该情形同样适用于活动 B 中的 R_2、活动 F 中的 R_9 和活动 M 中的 R_{14}。但是，在某些情况下即使某些原生风险应对方案会引发次生风险，但考虑到时间限制和其他因素后仍然需要选择这些原生风险应对方案，根据表 1-2 和表 1-3 给出的信息可以看出应对风险 R_7 的 A_6 有可能触发 SR_3，但它仍在被模型选择。类似的情况同样出现在活动 B、活动 G、活动 L 和活动 O。

表 1-6　　　　　　　　　　最佳风险应对方案集

活动	考虑次生风险		不考虑次生风险		次生风险	次生风险应对方案
	被应对的风险	选中的风险应对方案	被应对的风险	选中的风险应对方案		
A	R_1	A_1	R_1	A_1		
B	R_3	A_2，A_2	R_2，R_3	A_2	SR_1	Y
D	R_5	A_4	R_5	A_4		
F	R_7，R_{10}	A_6，A_9，A_8	R_7，R_{10}，R_9	A_6，A_9	SR_3	Y
G	R_{11}，R_{12}	A_{10}，A_{11}	R_{11}，R_{12}	A_{10}，A_{11}	SR_5	Y
H	R_{12}	A_{11}，A_{12}	R_{12}，R_{13}	A_{11}		
K	R_7	A_6	R_7	A_6	SR_3	Y
L	R_9，R_{14}	A_8，A_{13}	R_9，R_{14}	A_8，A_{13}	SR_7	Y
M	R_8	A_7，A_{13}	R_8，R_{14}	A_7		
O	R_{16}，R_{19}	A_{10}，A_{14}	R_{16}，R_{19}	A_{10}，A_{14}	SR_5	N
P	R_{17}，R_{18}	A_{15}，A_{15}	R_{17}，R_{18}	A_{15}，A_{15}	SR_8	Y

综上所述，次生风险的发生虽然对原生风险应对方案的选择有显著影响，但不能成为决定风险应对方案选择结果的决定性因素。也就是说，项目完工时间约束和模型中与成本相关的参数等其他因素也对最终的风险应对方案选择结果有影响。

1.5　本章小结

　　为了保证项目进度顺利进行，选择合适的风险应对方案来降低原生风险和次生风险非常重要。在本书中，我们给出了用于确定最优风险应对方案集合的优化模型，该模型考虑了项目调度和次生风险。通过求解该模型，可以得到原生风险应对方案，次生风险应对方案以及每个活动的最早开始时间。通过对模型结果的分析发现次生风险对风险应对决策有显著影响。

　　从计算结果中可以得出两个管理启示。首先，考虑次生风险后的总成本明显高于不考虑次生风险的总成本，因此项目管理者有必要准备足够的预算来减轻次生风险的影响或加急项目活动。其次，选择合适的风险应对方案来降低原生风险和次生风险要求项目管理者考虑与时间和成本相关的所有因素，而不仅仅是次生风险本身。在实践中，即使一些原生风险应对方案可能会引发次生风险，但仍需要选择。

　　另外本书仍有一些局限性。为了简化模型从而使得模型的重点在于次生风险本身，本书假设项目风险是相互独立的。但是，在项目实践中普遍存在着项目风险相互影响的情况。所以如果放宽这个假设，应该同时考虑原生风险和次生风险的相互依存关系。可以通过更新相应的风险期望损失值来考虑原生风险之间的风险依赖关系。风险期望损失值既可以是经济损失也可以是时间拖延，这种更新可以在现有方法的基础上进行修改[40,41]。例如，黄（Hwang）等将风险期望损失值的表达式更新为 $R = P \times I \times ID$，其中 ID 是风险依赖的强度，可以在决策试验和评价试验法（decision making trial and evaluation laboratory，DEMATEL）的帮助下计算[41]。房（Fang）等在原始风险期望损失的基础上增加了乘数，以便在风险分析过程中考虑风险的相互作用，其中乘数被称为转移概率，而这个转移概率可以通过设计结构矩阵（design structure matrix，DSM）的方法进行建模和计算[40]。通过这些方式，考虑了原生风险之间的风险依赖关系，模型的形式不会改变。因为模型中期望损失和拖延只是参数，并没有涉及变量。但是，除了原生风险之间的风险依赖性外，还应考虑次生风险之间的关系，以更新次生风险的期望损失和期望拖延。鉴于次生风险与原生风险在管理上的差异，我们认为在对次生风险之间的风险依赖关系建模的过程中，还应考虑其他一些因素。尽管如此，在现有文献中很少看到对这些因素的研究。因此，未来研究的一个可能方向是对次生风险之间的依赖关系进行建模，并研究原生风险关联作用和次生风险关联作用对风险应对方案选择的影响。

此外，为了避免第三级风险或更深阶段风险的发生，我们做出第二个假设。由于线性规划方法在放松这一假设的情况下可能无法描述这类动态过程，因此，未来研究的一个可能方向是使用动态规划来描述项目风险管理的动态过程或多阶段风险应对。未来的研究应更多地关注使用先进技术（如传感器、射频技术和虚拟现实）来收集风险概率或风险影响的数据，以便专家组和项目管理者可以参考这些数据，从而获得更准确的风险评估结果[37,42]。未来还应借助现有技术或理论，如随机理论或模糊集理论来表征数据收集中的不确定性。

第 2 章

考虑风险关联的项目风险
应对策略选择方法

在实践中，项目风险管理是项目成功的关键。在许多情况下，风险管理不当会导致项目的失败。为此，利益相关者通常会要求项目管理者控制项目风险导致的项目计划偏差。一般来说，项目风险管理过程包括三个主要阶段：风险识别、风险分析和风险应对。风险识别是识别和记录相关风险的过程。风险分析是根据项目风险发生的概率和影响等特征对项目风险进行评估的过程。风险应对是制定和确定风险应对策略以减少风险损失的过程。在这些阶段中，我们更关注在减轻项目风险的负面影响方面发挥重要作用的风险应对。一旦确定和分析了风险，就必须选择适当的风险应对策略以减少项目实施中的风险损失。因此，风险应对策略选择被认为是项目风险管理中的重要问题。

目前一些学者从不同的角度关注了风险应对策略的选择。现有研究中涉及的方法主要可以分为四类：基于区域的方法、权衡的方法、基于工作分解结构的方法和优化模型方法[4]。下面简要描述优化模型方法，因为现有文献中的优化模型方法与我们的工作最密切相关。本－大卫和拉兹提出了一个优化模型，以最小化预期风险损失和风险应对成本的总和来获得最优的风险应对策略[12]。本－大卫等通过将风险应对策略之间的相互作用作为模型约束进一步拓展了该模型[43]。凯伊斯等建立了一个风险应对策略选择模型，旨在有限的预算内，最大限度地减少上限缓解成本/风险比与项目产生的缓解成本/风险比之间的差异[25]。此外，为了在可接受的风险水平下降低风险预防和风险适应成本的总和，范（Fan）等也构建了相应的数学模型，根据风险应对策略与相关项目特征之间的关系选择风险应对策略[13]。为了解决选择风险应对策略的问题，房等开发了一个数学模型，其中在目标函数中考虑了预算要求、风险应对效果和应对成本[27]。他们在模型中引入了两个参数，参数引入的目的一是进行预算与应对效果之间的权衡，二是反映项目管理者对预算超支的厌恶程度。尼克（Nik）等不仅考虑了风险应对成本、预算约束和预期风险损失，还考虑了项目时间和项目质量，并为此构建了旨在确定最佳风险应对策略集合的多目标模型[44]。该模型将最小化风险应对成本、预期时间损失和预期质量损失分别作为三个目标，并赋予每个目标权重，将多目标模型转变为单目标模型。张和樊提出了一个同时考虑项目成本、项目进度和项目质量之间权衡的优化模型[4]。该模型可用于通过最大化估计的风险应对效果来选择风险应对策略。

　　然而，现有的方法仍然存在一些局限性。例如，在实践中项目风险之间一般是具有关联性的，除了房等外，上述研究都假设风险是独立的[27]。在房等的研究中，提出了一种基于设计结构矩阵的风险关联关系分析方法。在该方法中，识别出的风险关联以二进制数值的形式表示，风险关联的强度使用层次分析法的原理计算。事实上在风险分析的过程中，风险关联性已经受到了关注。例如，在许多现有研究中，贝叶斯网络（Bayesian network）已被系统地用于描述一种风险如何对另一种风险施加影响[45,46]。由于贝叶斯网络的非循环特性，这种方法只能适用于定义任意两个风险之间的单向因果关系。然而，在实践中风险之间的关系不一定是因果关系，而是相互依存的。因此，为了填补这一空白，在进行风险关联分析时，认知地图和社交网络分析被用作贝叶斯网络的替代方案[47,48]。但是，类似于房等采用的方法，这两种方法也是使用数值来衡量风险关联的强度。由于人们通常对风险关联的强度有模糊的认识，并且无法用精确的数值来进行估计，因此更现实的方法可能是使用语言变量来进行风险关联强度的估计和分析。

为了解决风险应对策略的选择问题，本章提出了一种考虑项目风险关联性的决策分析方法。在该方法中，使用语言变量来评估每对风险之间的关联关系，然后应用 MACBETH 方法来计算风险关联的强度[49,50]。之后，考虑风险特征和风险关联关系，构建选择风险应对策略的优化模型。通过分析模型的计算结果，我们得到了一些结论和管理启示。

2.1　项目风险关联分析

2.1.1　项目风险关联关系的确定

随着项目复杂程度的增高，风险之间的关联关系开始普遍存在于项目中[51]。项目风险关联关系是指项目中两个风险之间的一种关联作用，这种关联作用会影响另外一个风险发生的概率或者风险发生后带来的损失[52]。在两个项目风险之间主要有三种不同的风险关联关系。给定一组项目风险集合 R 中的两个任意的风险 R_i 和 R_j，其中 R_i，$R_j \in R$。如果风险 R_i 会对风险 R_j 造成一定影响，那么这种关系可以被描述为 $R_i \rightarrow R_j$。第一种情形是风险 R_j 关联于风险 R_i，并且风险 R_j 是风险 R_i 的后序风险，而风险 R_i 是风险 R_j 的前序风险。类似地，第二种情形是风险 R_i 关联于风险 R_j，可以描述为 $R_j \rightarrow R_i$，此时风险 R_j 不再是风险 R_i 的后序风险而成为风险 R_i 的前序风险。第三种情形是两个风险之间相互关联，可以描述为 $R_j \leftrightarrow R_i$，在这种情形下两个风险互为前（后）序风险。

2.1.2　项目风险关联强度的计算

为了确定项目风险之间的关联强度，提出了基于 MACBETH 的风险关联强度计算方法。MACBETH 方法最早是由巴纳科·斯塔和范斯尼克（Banae Costa and Vansnick）提出的一种交互式多属性决策方法[50]。不同于其他的多属性决策方法直接使用数值获取项目管理者偏好的方法，MACBETH 方法使用不同语言刻度对项目管理者吸引力的差异进行描述从而获得项目管理者的主观偏好。由于大多数项目管理者以及专家对风险之间的关联程度只有比较模糊的认识，不容易通过精确的数值对项目风险强度进行分析，因此采用 MACBETH 方法中的语言刻度来分析该强度是更加合理的办法。除此之外，相比于应用最为广泛的多属性决策方法即层次分析法（analytic hierarchy process，AHP），MACBETH 方法可以使项目管理人员更加容易地达成一致性判断[53]。在使用 MACBETH 方法的过程中，一旦管理者出现了不一致的语言判断，MACBETH 方法会指出造成该不一致判断的原因并告诉管理者如何改进不一致判断。由于 MACBETH 方法具有鲜明的特点，所以一经提出也受到了众多学者的关注。至今，已有大量的研究使用 MACBETH 方法进行多属性决策问题的求解[54]。

基于 MACBETH 的项目风险关联强度计算方法可以分为三个步骤。第一步是确定每个项目风险和其他风险的关联关系，并确定出每个项目风险的前后序风险集合。第二步是构建项目风险之间的比较矩阵，并通过语言变量对项目风险之间的关联强度进行评价。第三步是通过集结每个项目风险与其他项目风险的关联强度，从而确定出每个项目风险最终的风险关联强度。

步骤 1：确定每个项目风险的前后序风险集合。

假设一组专家以及项目管理者 $e = \{e_1, \cdots, e_l\}$ 被邀请对项目风险之间的关联强度进行分析。经过专家 e_k，$e_k \in e$ 对该项目中存在的风险集合 $R = \{R_1, \cdots, R_n\}$ 的分析，可以得出风险 R_j，$R_j \in R$ 的前序风险集合 τ_j^k，$j = 1, \cdots, n$，$k = 1, \cdots, l$。该集合中包含所有会对项目风险 R_j 造成影响的前序风险。类似地，专家也可以确定出该风险的后序风险集合 ζ_j^k，$j = 1, \cdots, n$，$k = 1, \cdots, l$。如果集合 ζ_j^k 和 τ_j^k 是空集，则说明风险 R_j 是独立的。

以风险 R_{11} 为例，专家 e_1 针对风险 R_{11} 的前序风险进行分析得出了 R_{11} 的前序风险集合 τ_j^k，其中 $\tau_j^k = \{R_1, R_9, R_{10}\}$。类似地，专家 e_1 针对风险 R_{11} 的后序风险进行分析得出了 R_{11} 的后序风险集合 ζ_j^k，其中 $\zeta_j^k = \{R_1, R_7, R_8\}$。可以看出风险 R_{11} 与风险 R_1 之间存在互相关联关系即 $R_{11} \leftrightarrow R_1$。专家 e_1 针对风险 R_{11} 进行风险关联关系分析后所确定的后序风险集合 ζ_j^k 和前序风险集合 τ_j^k 共同构成了关于风险 R_{11} 的风险网络图，如图 2 – 1 所示。

步骤 2：构建风险的前、后序关联强度的语言评价矩阵。

在获得了每个风险的前、后序风险集合后，每个专家需要对集合中的任意两个风险进行两两比较。为了能给专家提供恰当的语义表达式，需要预先定义一个有限的语义集合 $S = \{s_0, s_1, \cdots, s_T\}$，

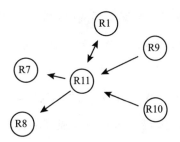

图 2 – 1　R_{11} 的风险网络

其中 s_β 表示集合 $S = \{s_0,\ s_1,\ \cdots,\ s_T\}$ 中的第 β – th 个语义变量。在本方法中，定义了 7 标度的风险关联强度语义评价集合实现风险关联强度的评价。更具体地，这 7 个标度为 $S = \{s_0 = $无/No（N），$s_1 = $很弱/very weak（VW），$s_2 = $弱/weak（W），$s_3 = $中等/moderate（M），$s_4 = $强/strong（S），$s_5 = $很强/very strong（VS），$s_6 = $极端/extreme（E）$\}$。通过使用该语义集，专家可以得到集合中的任意两个风险的比较矩阵。以集合 τ_j^k 为例，在该集合中任意两个风险 R_ε 和 R_δ，R_ε，$R_\delta \in R$，由专家 e_k 给出的语义判断矩阵如式（2 – 1）所示：

$$\underset{R_\varepsilon, R_\delta \in \tau_j^k}{LP^k} = (lp_{\varepsilon\delta}^k)_{|\tau_j^k| \times |\tau_j^k|},\ j = 1,\ \cdots,\ n,\ k = 1,\ \cdots,\ l$$

$$(2 – 1)$$

其中 $lp_{\varepsilon\delta}^k$ 是集合 τ_j^k 中的风险 R_ε 和风险 R_δ 由专家 e_k 给出的风险关联强度值。下角标 $|\tau_j^k|$ 表示集合 τ_j^k 中的元素个数，$|\tau_j^k|$ 在表示集合中元素的同时也定义了该语言判断矩阵的维度。在风险关联强度语言矩阵构建的过程中，一旦专家给出不一致的强度评价，MACBETH 方法所提供的 M 软件便会给出造成这种不一致性的原因，以及相应的解决办法直到专家给出一致的风险强度评价。以风险 R_{11} 为例，根据步骤 1 可知 R_{11} 的前序风险集合 $\tau_{11}^k = \{R_1,\ R_9,\ R_{10}\}$，该集合中有三个风险分别是 R_1、R_9 和 R_{10}，因此语义判断矩阵为三维

的方阵如图 2-2 所示。专家需要两两比较该矩阵的元素相对于风险 R_{11} 的关联强度。例如专家 e_1 通过分析和判断，认为当风险 R_{10} 和风险 R_9 均为风险 R_{11} 的前序风险时，风险 R_{10} 相比于风险 R_9 对风险 R_{11} 的关联强度是存在 $s_2 = W$ 这个标度的。以此类推，专家可以对前序风险集合中的所有风险进行风险关联强度的比较。

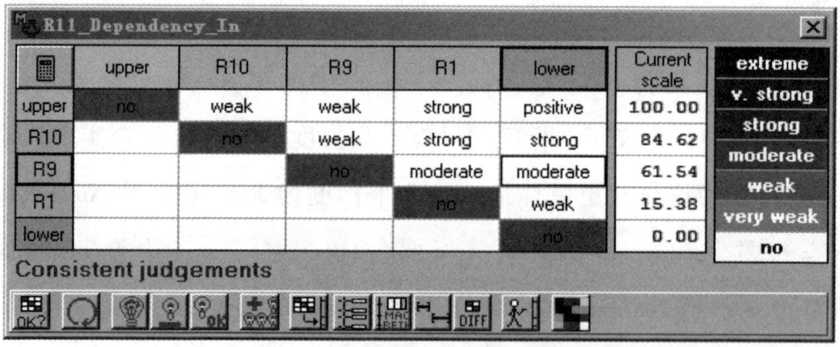

图 2-2　风险 R_{11} 前序风险的语义评价

注：consistent judgements：一致性判断；upper：上限；lower：下限；current scale：当前标度，下同。

类似地，对于后序风险集合 ζ_j^k，针对集合中的任意两个风险 R_θ 和 R_v，R_θ，$R_v \in R$，由专家 e_k 给出的语义判断矩阵有式（2-2）的形式：

$$\underset{R_\theta, R_v \in \zeta_j^k}{LS^k} = \left(ls_{\theta v}^k \right)_{|\zeta_j^k| \times |\zeta_j^k|}, \quad j = 1, \cdots, n, \quad k = 1, \cdots, l$$

$$(2-2)$$

$ls_{\theta v}^k$ 是集合 ζ_j^k 中的风险 R_θ 和风险 R_v 由专家 e_k 给出的风险关联强度值。$|\zeta_j^k|$ 则表示集合 ζ_j^k 中元素的个数，同时也表示着该判断矩阵的维度。具体的，以风险 R_{11} 为例，根据步骤 1 可知 R_{11} 的后序风险集合 $\zeta_{11}^k = \{R_1, R_7, R_8\}$，该集合中有三个风险分别是 R_1、R_7 和 R_8，因此语义判断矩阵为三维的方阵，如图 2-3 所示。专家需要两两比较该矩阵的元素相对于风险 R_{11} 的关联强度。例如专家 e_1 通过

分析和判断，认为当风险 R_1 和风险 R_8 均为风险 R_{11} 的后序风险时，风险 R_1 相比于风险 R_8 对风险 R_{11} 的关联强度是存在 $s_3 = M$ 标度的。依此类推，不同专家可以对后序风险集合中的所有风险进行风险关联强度的比较。

M	R11_Dependency_Out					Current scale	
	upper	R1	R8	R7	lower		extreme
upper	no	very weak	moderate	strong	positive	100.00	v. strong
R1		no	moderate	strong	extreme	91.67	strong
R8			no	moderate	moderate	58.33	moderate
R7				no	weak	25.00	weak
lower					no	0.00	very weak
							no

Consistent judgements

图 2 – 3　风险 R_{11} 后序风险的语义评价

步骤 3　计算每个风险的前、后序关联强度。

通过 MACBETH 方法可以计算出这两个矩阵所对应风险 R_j 的前序关联强度和后序关联强度 $d_{j,t}^k$ 以及 $d_{q,j}^k$。最后，通过集结多个专家的意见，可以确定出每个风险 R_j 的集结前序关联强度 D_j 和集结后序关联强度 $\overline{D}_j$。D_j 和 $\overline{D}_j$ 可以分别通过式（2 – 3）以及式（2 – 4）计算得出：

$$
D_j = \frac{\dfrac{1}{l} \sum_{k=1}^{l} \sum_{t=1,R_t \in \tau_j^k}^{n} d_{j,t}^k}{\max_k \sum_{t=1,R_t \in \tau_j^k}^{n} d_{j,t}^k}, \ j = 1, 2, \cdots, n, \ k = 1, \cdots, l
$$

$$(2 – 3)$$

$$
\overline{D}_j = \frac{\dfrac{1}{l} \sum_{k=1}^{l} \sum_{q=1,R_q \in \zeta_j^k}^{n} d_{q,j}^k}{\max_k \sum_{q=1,R_q \in \zeta_j^k}^{n} d_{q,j}^k}, \ j = 1, 2, \cdots, n, \ k = 1, \cdots, l
$$

$$(2 – 4)$$

2.2　项目风险应对方案优化选择模型的构建

在确定了项目风险之间的关联程度后，需要重新评价每个项目风险的重要程度，构建项目风险应对方案优化选择模型。首先，描述风险应对方案优选问题的基本构造并给出相应的变量名称及解释。其次，分析项目管理者的风险偏好，并给出可以描述该偏好的效用函数。最后，构建以该期望效用函数为目标函数的最优化模型。该优化模型考虑了项目管理者的风险态度以及项目风险之间的关联程度。

2.2.1　问题描述

在项目中存在风险集合 $R = \{R_1, R_2, \cdots, R_n\}$，其中 R_j 表示该集合中的第 j 个风险。为了应对项目中的风险，项目管理者需要提出一系列的风险应对方案，从而构成项目风险应对方案集合 $A = \{A_1, A_2, \cdots, A_m\}$，其中 A_i 表示该集合中的第 i 个风险应对方案。每个风险应对方案需要一定的实施成本 C_i，并会对降低风险的严重程度起到一定的应对效果。对项目风险应对方案进行优化选择的目的在于项目管理者需要在有限的预算内选择最优的风险应对方案 A_i 去应对风险 R_j，从而实现风险应对效果最大化的目的。下面对本章节所涉及的变量及符号做如下的说明：

R：风险事件集合，$R = \{R_1, R_2, \cdots, R_n\}$；

A：风险应对方案集合，$A = \{A_1, A_2, \cdots, A_m\}$；

B：实施风险应对方案的预算；

R_j：第 j 个风险事件，$j = 1, 2, \cdots, n$；

A_i：第 i 个风险应对方案，$i = 1, 2, \cdots, m$；

x_{ij}：决策变量。如果风险应对方案 A_i 被选择去应对风险 R_j，那么决策变量 x_{ij} 等于 1，否则该决策变量为 0；

C_i：实施风险应对方案 A_i 的成本；

P_j：风险 R_j 的发生概率，其中 $P_j \in [0, 1]$；

I_j：风险 R_j 发生后带来的损失；

Q_j：风险 R_j 的期望损失；

$\overline{Q_j}$：标准化后的风险期望损失；

Q_{ij}：风险 R_j 被风险应对方案 A_i 应对后的期望损失值；

F_j：风险 R_j 被风险应对方案 A_i 应对后期望损失值下降的程度；

$\overline{F_j}$：风险 R_j 被一系列的风险应对方案应对后，期望损失值下降的平均程度。

2.2.2　期望效用分析

考虑风险关联关系的项目风险应对方案优化选择模型在确定最优风险应对方案集时不仅考虑项目风险严重程度、风险关联程度这些影响方案选择的因素，还考虑了项目管理者风险偏好并引入了恰当的描述该偏好的效用函数。最后以最大化项目管理者的期望效用值为目标构建优化模型。为了能构建出合适的优化模型，需要阐述一般情形下项目管理者的风险偏好以及适用的效用函数。除此之外，还需要详细阐述将风险严重程度以及风险关联程度考虑进效用函数的具体方法和步骤。

在项目风险管理中，大多数项目管理者的风险偏好都属于风险规避类型。造成项目管理者具有风险规避型偏好的原因主要是因为大多数的具有风险关联现象的项目，基本都具有规模大、建设周期长等特点，且该类型项目一般只会被建设一次。这意味着项目管理者在面对该类型的项目时，往往面临着很多不确定性。而且，对项目管理者来说，他们仅有一次机会去实施相应的项目风险管理活动并要保证项目目标实现。在这样一种情形下，项目管理者会非常谨慎地选择项目风险应对方案去应对风险。也就是说，他们会更关注于风险应对失败的一方面，而不是应对成功的一方面[55]。

为了能够定量地描述项目管理者的风险规避偏好，通过问卷调查的方法确定了项目管理者的效用函数的相关参数，并引入符合项目管理者偏好的风险规避型效用函数。风险规避函数和效用函数之间的关系如式（2-5）所示：

$$r(x) = \frac{-u''(x)}{u'(x)} \qquad (2-5)$$

其中，变量 x 是项目管理者或者决策者在经济上的收益，$u(x)$ 为效用函数，是衡量对于项目管理者变量 x 所能带来的满足或者效用，$r(x)$ 为风险规避函数。当风险规避函数 $r(x) > 0$ 时，效用函数 $u(x)$ 为风险规避型效用函数。反之当风险规避函数 $r(x) < 0$ 时，效用函数 $u(x)$ 为风险偏好型效用函数。当 $r(x) = 0$，效用函数 $u(x)$ 为风险中立型效用函数。一般地，风险规避类型的效用函数可以分为三个主要类型：对数效用函数、指数效用函数以及幂指数效用函数[56]。具体地，指数效用函数的具体形式如下所示：

$$u(x) = 1 - \exp(-\alpha x), \ x > 0, \ \alpha > 0$$

对数效用函数的具体形式如下所示：

$$u(x) = c \cdot \ln(x), \ x > 0, \ c > 0$$

幂指数效用函数的具体形式如下所示：

$$u(x) = \begin{cases} \dfrac{s^{c+1} - (s-x)^{c+1}}{(c+1) \cdot s^c} & x < s \\[2mm] \dfrac{s}{(c+1)} & x \geq s \end{cases}, \ s > 0, \ c > 0$$

根据式（2-5），可知以上三种效用函数所对应的风险规避函数。具体地，针对指数效用函数的风险规避函数有如下的形式：

$$r(x) = \alpha, \ x > 0$$

对于对数效用函数的风险规避函数有如下的形式：

$$r(x) = \frac{c}{x}, \ x > 0$$

对于幂指数效用函数的风险规避函数有如下的形式：

$$r(x) = \frac{c}{s - x}, \ x < s$$

以上几种效用函数中，指数效用函数及其对应的风险规避函数可以很好地描述个人以及企业风险规避行为，并且可以很好地近似一般情形下的风险规避型效用函数[57,58]。在实际中，指数效用函数也被广泛地应用在物流中的库存管理、工程项目中的合同设计、研发项目中的项目风险管理等领域[57,59-61]。因此，引入指数效用函数 $u(x) = 1 - \exp(-\alpha x)$ 描述项目管理者的风险规避偏好，并用风险规避函数（系数）α 表示项目管理者的风险规避程度，并且认为风险规避系数 α 的倒数应为项目风险应对预算的六分之一[62]。

在确定了效用函数后，还需要重新评估每个风险的相对重要性。一方面，由于考虑了风险关联作用，风险的重要程度已经不能仅根据风险的期望损失值确定。另一方面，在计算项目管理者的期望效用时，除效用函数外还需要每个风险的相对重要数值，并将此数值作为效用分析中与效用函数相乘的乘子从而获得最终的期望效用值。风险的相对重要性可以从两个方面进行确定，一是风险自身的属性值，二是风险的风险关联方面带来的影响。影响每个风险自身属性值的因素又可以被分为两个方面：一方面是风险的期望损失值 $\overline{Q}$，另一方面是每个风险的期望损失降低值 $\overline{F}$。风险 R_j 的期望损失值 Q_j 和风险 R_j 的期望损失降低值 F_j 可以分别通过式（2-6）和式

（2-7）计算出：

$$Q_j = P_j \times I_j, \quad j = 1, 2, \cdots, n \qquad (2-6)$$

$$F_j = \frac{(Q_j - Q_{ij})}{Q_j}, \quad j = 1, 2, \cdots, n, \quad i = 1, 2, \cdots, m \quad (2-7)$$

由于期望损失值 $\overline{Q}$ 和期望损失降低值 F_j，以及需要考虑的前序风险关联值 D 和后序风险关联值 $\overline{D}$ 分别属于不同量纲下的四个标度，为了使得出的风险相对重要程度的数值有意义，需要分别对期望损失值 $\overline{Q}$ 和期望损失降低值 F_j 进行标准化处理。标准化后的风险期望损失值 $\overline{Q}$ 和风险的平均期望损失降低值 $\overline{F}$ 可以分别通过式（2-8）和式（2-9）进行计算：

$$\overline{Q_j} = Q_j \Big/ \sum_{j=1}^{n} Q_j, \quad j = 1, 2, \cdots, n \qquad (2-8)$$

$$\overline{F_j} = (1/\vartheta) \cdot \sum_i \frac{(Q_j - Q_{ij})}{Q_j}, \quad j = 1, 2, \cdots, n, \quad i = 1, 2, \cdots, m$$

$$(2-9)$$

在式（2-9）中，ϑ 表示应对风险 R_j 的风险应对方案的数量，标准化后的风险期望损失值 $\overline{Q}$ 和风险的平均期望损失降低值 $\overline{F}$ 均为 0～1 区间的实数。为了能得出风险在风险自身方面的属性值，需要在得出标准化后的风险期望损失值 $\overline{Q}$ 和风险的平均期望损失降低值 $\overline{F}$，计算出这两个属性值对应的权重系数 $W_{\overline{Q}}$ 和 $W_{\overline{F}}$。由于标准化后的期望损失值 $\overline{Q}$ 和每个风险的平均期望损失降低值 $\overline{F}$ 的确定均是由专家及项目管理者主观判断得出，如果在确定两个属性值对应的权重系数 $W_{\overline{Q}}$ 和 $W_{\overline{F}}$ 时继续使用主观的方法确定，会使得最终的结果具有偏离客观事实的情况。因此，为了能使得计算出的结果更加合理，在确定权重系数 $W_{\overline{Q}}$ 和 $W_{\overline{F}}$ 时采用基于客观数据确定权重的熵权法，从而使得风险自身属性值的确定更具有科学性[63,64]。根据熵权法的原理，权重系数 $W_{\overline{Q}}$ 和 $W_{\overline{F}}$ 的确定可以分别通过式（2-10）和式（2-11）得出：

$$W_{\bar{Q}} = \frac{\sum\limits_{j=1}^{n} \bar{Q}_j \cdot \ln(\bar{Q}_j)}{\sum\limits_{j=1}^{n} \bar{Q}_j \cdot \ln(\bar{Q}_j) + \sum\limits_{j=1}^{n} \bar{F}_j \cdot \ln(\bar{F}_j)},$$

$$j = 1, 2, \cdots, n, \ W_{\bar{Q}} \in [0, 1] \qquad (2-10)$$

$$W_{\bar{F}} = \frac{\sum\limits_{j=1}^{n} \bar{F}_j \cdot \ln(\bar{F}_j)}{\sum\limits_{j=1}^{n} \bar{Q}_j \cdot \ln(\bar{Q}_j) + \sum\limits_{j=1}^{n} \bar{F}_j \cdot \ln(\bar{F}_j)},$$

$$j = 1, 2, \cdots, n, \ W_{\bar{F}} \in [0, 1] \qquad (2-11)$$

类似地，风险关联属性值的确定也可以被分为两个方面，一是当每个风险 R_j 作为前序风险时的风险关联值 D_j，二是每个风险 R_j 作为后序风险时的风险关联值 $\bar{D}_j$。相应地，前序风险关联值 D 和后序风险关联值 $\bar{D}$ 所对应的权重系数 W_D 和 $W_{\bar{D}}$ 也可以通过熵权法确定。因为风险关联值 D 和 $\bar{D}$ 同标准化后的期望损失值 $\bar{Q}$ 和每个风险的平均期望损失降低值 $\bar{F}$ 一样，都是由项目管理者主观确定的。为了能体现出风险关联属性值确定的科学性，需要采用主客观相结合的方法。权重系数 W_D 和 $W_{\bar{D}}$ 可以分别通过式（2-12）和式（2-13）得出：

$$W_D = \frac{\sum\limits_{j=1}^{n} D_j \cdot \ln(D_j)}{\sum\limits_{j=1}^{n} D_j \cdot \ln(D_j) + \sum\limits_{j=1}^{n} \bar{D}_j \cdot \ln(\bar{D}_j)},$$

$$j = 1, 2, \cdots, n, \ W_D \in [0, 1] \qquad (2-12)$$

$$W_{\bar{D}} = \frac{\sum\limits_{j=1}^{n} \bar{D}_j \cdot \ln(\bar{D}_j)}{\sum\limits_{j=1}^{n} D_j \cdot \ln(D_j) + \sum\limits_{j=1}^{n} \bar{D}_j \cdot \ln(\bar{D}_j)},$$

$$j = 1, 2, \cdots, n, \ W_{\bar{D}} \in [0, 1] \qquad (2-13)$$

在式（2-10）~式（2-13）中，权重系数 $W_{\bar{Q}}$ 和 $W_{\bar{F}}$ 的和为1。类似地，权重系数 W_D 和 $W_{\bar{D}}$ 的和也为1。最终每个风险 R_j 的相对重要性 λ_j，$\lambda_j \in [0,1]$ 可以通过集结以上的权重和属性值得到，具体如式（2-14）所示：

$$\lambda_j = \eta(W_D D_j + W_{\bar{D}} \bar{D}_j) + (1-\eta)(W_{\bar{Q}} \bar{Q}_j + W_{\bar{F}} \bar{F}_j), \quad j = 1, 2, \cdots, n$$

$$(2-14)$$

在式（2-14）中偏好系数 η，$\eta \in [0,1]$ 表示项目管理者对风险关联属性的关注程度，与之对应的 $1-\eta$ 表示项目管理者对风险自身属性的关注程度。该系数的确定与项目的复杂程度、项目管理者对风险的认识以及项目管理者的经验有着密切的关系。例如，当项目的复杂程度增高时，该偏好系数应该被赋予更高的值。因为，在这种情形下项目管理者应该更关注风险之间的关联关系。

2.2.3 模型构建

在获得了描述项目管理风险规避偏好的效用函数以及每个风险所对应的相对重要程度后，可以得到项目管理者的期望效用表达式。同期望效用函数的表达式类似，该表达式是将每个风险的相对重要程度与效用函数的效用值相乘而得到的。最终，在获得管理者期望效用函数的基础上构建以最大化期望效用值为目标、以实施风险应对方案的成本小于预算为约束的优化模型。该模型的具体形式如式（2-15）~式（2-17）所示：

$$\max Z = \sum_{i=1}^{m} \sum_{j=1}^{n} \lambda_j \cdot u(x_{ij}) \qquad (2-15)$$

$$\text{s. t.} \quad \sum_{i=1}^{m} \sum_{j=1}^{n} c_i \cdot x_{ij} \leqslant B \qquad (2-16)$$

$$x_{ij} \in \{0, 1\}, \quad i = 1, 2, \cdots, m, \quad j = 1, 2, \cdots, n \qquad (2-17)$$

在该模型中，$u(x_{ij})$ 表示可以描述项目管理者风险规模偏好的指数型效用函数，结合上文所提出的具体情形，该效用函数的具体形式如式（2-18）所示：

$$u(x_{ij}) = 1 - \exp\{-\alpha \cdot x_{ij} \cdot [Q_j - (C_j + Q_{ij})]\} \quad (2-18)$$

其中式 $Q_j - (C_j + Q_{ij})$ 表示通过实施风险应对方案 A_i 去应对风险 R_j 后，项目管理者可以获得的经济收益。以风险 R_j 为例，该风险发生的概率为 0.4，风险发生后造成的经济损失为 4 万美元。根据式（2-6）可知该风险的期望损失值 $\overline{Q_j}$ 为 1.6 万美元。为了能降低该风险造成的期望损失值，项目管理者提出用风险应对方案 A_i 应对风险 R_j。根据专家的主观评价可知，风险应对方案 A_i 的实施成本为 4000 美元，并且可知如果该应对方案被应用到项目中可以使风险的期望损失值 $\overline{Q_j}$ 从 1.6 万美元降低到 5000 美元。根据 $Q_j - (C_j + Q_{ij})$ 可知，此时项目管理者可以获得的经济收益为 7000 美元。目标函数（2-15）旨在最大化项目管理者的期望效用值。约束（2-16）是确保实施被选择的风险应对方案的成本被控制在预算范围内。约束（2-17）是 0~1 变量约束，说明变量 x_{ij} 只能是在 0 和 1 这两个值中进行取值。该优化模型为纯整数优化问题，可以通过 LINGO 进行求解。为了能更清晰地解释该方法的具体步骤，该方法的整体框架如图 2-4 所示。

从图 2-4 可以看出，考虑风险关联作用的风险应对方案优化选择模型主要包括三个步骤：首先是对项目中风险进行识别与分析，这一步主要完成项目风险概率、影响的评估，项目风险关联关系的构建和关联强度的计算；其次，在此基础上更新每个项目风险考虑风险关联强度后的风险严重程度值，并确定描述项目管理者风险规避偏好的效用函数；最后，根据效用函数以及每个风险的严重程度值，构建项目风险应对方案优化选择模型，最终求解得出最优的项目风险应对方案组合。

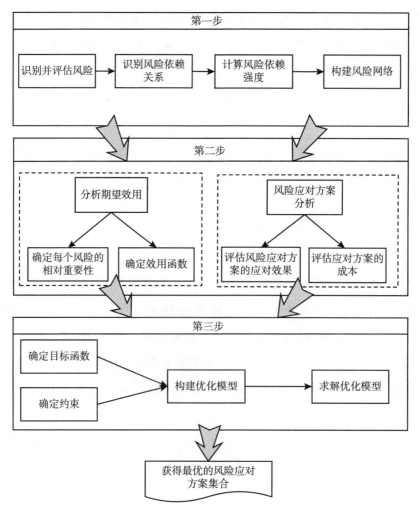

图 2 – 4　考虑风险关联的风险应对方案选择模型

2.3　潜在应用研究

　　本节将提出的风险应对方案优化选择模型应用到了一个实际的软件项目建设中从而说明该方法的可行性。在案例计算过程中的数据是某公司在构建医疗信息系统过程中所获取的数据。该公司是中国最大的信息技术（IT）解决方案与服务供应商，其主营业务包括：行业解决方案、产品工程解决方案及相关软件产品、平台及服务等。该医疗信息系统是由该公司的信息系统部门参与建设的，旨在为医院提供全面的药品信息服务、患者信息服务以及财务信息管理等方面的功能。下面将对案例背景进行简要介绍，并详细分析应用本方法后所得到的结果从而得到相应的管理启示。

2.3.1　案例介绍

为了应对该软件项目中的风险，首先需要对项目中可能存在的风险进行风险识别。在本案例中，风险识别是采用结合风险清单法和头脑风暴法两种方法完成的，也就是说项目管理者首先通过收集已有文献中被认为普遍存在于软件项目中的风险并将这些风险进行分类整理从而形成风险清单，然后将这些风险清单发放给参与风险识别的专家与团队并让参与风险识别的人员进行头脑风暴，最终确定出该项目中存在的风险。在风险识别的过程中，项目管理者将收集并汇总好的风险清单发放到专家的手中。清单中的风险主要是来源于施密特（Schmidt）等、巴尔卡（Barki）等和华莱士（Wallace）等对于软件项目风险的相关研究[65-67]。其中，施密特等认为在软件项目中普遍存在 33 种风险，并根据德尔菲（Delphi）法将这 33 种风险分为 14 个类别。巴尔卡等通过收集世界各地 120 个软件项目建设中发生的风险并将这些风险分类汇总，从而总结出 35 种关键软件项目风险并将这 35 种风险分为 5 类。华莱士等提出并测试了软件项目风险的实证模型，并通过验证模型得出了 6 类 27 个风险。在本案例中所涉及的所有风险均是来源以上研究中存在的风险，项目管理者对以上的风险进行了汇总与分类，并进行筛选从而移除了该项目中不可能发生的风险。

在该风险清单中的所有风险被确定后，专家需要对该清单中的风险进行进一步筛选。结合项目的特点选择并确定出他们认为该项目中可能发生的风险，增加他们认为可能发生的但是清单中却没有的风险，修改清单中描述不恰当的风险。最后，被更新后的风险清单需要被反复讨论直到所有专家都对清单中的风险达成一致。在完成了项目风险识别后，专家还需要给出风险清单中每个风险的发生概率以及发生后可能造成的损失。通过专家讨论，最终该项目中存在的风险以及每个风险的发生概率和损失被列在表 2-1 中。如表 2-1 中所示，可知风险 R_1 属于控制类风险，并且该风险发生的概率为 60%。如果其发生将会造成 1.98 万美元的损失。

表 2-1　　　　　　　　　项目中可能发生的风险列表

风险	风险名称	风险类别	概率	影响（天）	期望损失（千美元）
R_1	缺乏管理使命感和支持	控制类	0.60	33	19.80
R_2	缺乏有效的管理方法	控制类	0.68	14	9.52
R_3	使用了客户不熟悉的需求分析技术	用户类	0.28	18	5.04
R_4	客户需求更改	用户类	0.55	25	13.75
R_5	不明确的系统需求	用户类	0.58	20	11.60
R_6	缺乏足够的客户参与度	用户类	0.90	10	9
R_7	客户不愿意参与项目的需求分析	合同类	0.60	30	18
R_8	没有有效地管理客户的诉求	合同类	0.35	43	15.05
R_9	研发团队成员不够积极	组织类	0.90	18	16.20
R_{10}	研发团队内部沟通不顺畅	组织类	0.62	30	18.60
R_{11}	不稳定的组织环境	组织类	0.82	22	18.04

续表

风险	风险名称	风险类别	概率	影响（天）	期望损失（千美元）
R_{12}	对开发过程中所需的技术认识不充分	技术类	0.29	25	7.25
R_{13}	使用了新的模块	技术类	0.61	28	17.08
R_{14}	没有识别出研发过程中的关键环节	技术类	0.38	24	9.12
R_{15}	对项目里程碑界定不清晰	技术类	0.46	30	13.80

然后，需要对项目中的风险进行风险关联关系的确定及关联强度的计算。根据专家的讨论可以得出该软件项目中的风险具有如图 2-5 所示的项目风险网络图。在图 2-5 中，每一个圆圈代表一个项目风险，而圆圈的大小代表该风险的严重程度。圆圈越大说明该风险造成的期望损失值就越大，反之亦然。在此基础上，可以确定出风险之间的关联强度。每个风险 R_j 的前序关联强度 D_j 和后序关联强度 $\overline{D}_j$ 如表 2-2 所示。

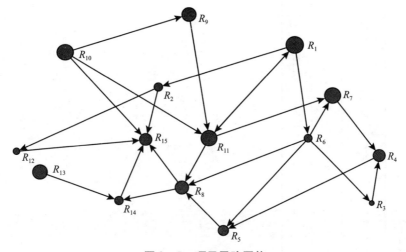

图 2-5 项目风险网络

表 2 – 2　　每个风险的关联强度值

关联强度	R_1	R_2	R_3	R_4	R_5	R_6	R_7	R_8	R_9	R_{10}	R_{11}	R_{12}	R_{13}	R_{14}	R_{15}
D_j	0.831	0.583	0.306	0.348	0.171	0.870	0.333	0.434	0.398	1	0.906	0.421	0.243	0.238	0
$\bar{D}_j$	0.244	0.303	0.389	0.522	0.537	0.221	0.586	0.631	0.374	0	0.890	0.278	0	0.521	1

　项目风险应对决策理论与方法

在构建了风险网络并确定了风险之间的关联强度之后，项目管理者和专家需要提出相应的项目风险应对方案应对当前项目中存在的风险。与风险识别的方法类似，风险应对方案的提出主要根据专家的经验，经过多名专家与项目管理者的商讨，共 18 个备选项目风险应对方案被确定出来，这些项目风险应对方案主要来源于阿卜杜勒 – 拉赫曼（Abdul – Rahman）等对软件项目风险应对的研究[68]。这些风险应对方案的名称、应对效果、应对成本以及每个应对方案所能应对的风险被列在表 2 – 3 中。以应对方案 A_1 "在设计阶段聘请咨询公司帮助完成项目管理" 为例，可知该方案以 8000 美元的成本可以将风险 R_1 "缺乏管理使命感和支持" 的期望损失值从 1.98 万美元降低至 9900 美元。

表 2 – 3   风险应对方案列表及其相关信息

方案	备选风险应对方案	成本（千美元）	风险	应对效果（千美元）
A_1	在设计阶段聘请咨询公司帮助完成项目管理	8	R_1	$Q_{1,1} = 9.9$ 而不是 19.8
A_2	优化需求分析的流程	6	R_4	$Q_{2,4} = 5.7$ 而不是 13.8
			R_5	$Q_{2,5} = 4.4$ 而不是 11.6
			R_8	$Q_{2,8} = 9$ 而不是 15.05
A_3	减少系统的冗余功能	8.5	R_5	$Q_{3,5} = 3$ 而不是 11.6
A_4	培养关键团队成员并建立正确的团队理念	5	R_9	$Q_{4,9} = 11$ 而不是 16.2
A_5	聘请咨询公司对开发团队的员工进行培训	10	R_7	$Q_{5,7} = 1.1$ 而不是 12
A_6	制定一个全面的用户使用手册	1.2	R_3	$Q_{6,3} = 3$ 而不是 5.04
A_7	改善工作环境和尽量满足员工的需求	8	R_9	$Q_{7,9} = 1$ 而不是 16.2

方案	备选风险应对方案	成本（千美元）	风险	应对效果（千美元）
A_8	对项目管理者提供管理培训	7	R_{10}	$Q_{8,10}=9.3$ 而不是 18.6
			R_2	$Q_{8,2}=1.5$ 而不是 9.52
A_9	构建全面的知识数据库	2	R_{12}	$Q_{9,12}=4.3$ 而不是 7.25
A_{10}	适用替代开发技术	9	R_{13}	$Q_{10,13}=7.8$ 而不是 17.8
A_{11}	制订劳动力短缺的应急计划	9	R_{11}	$Q_{11,11}=5.4$ 而不是 18.04
A_{12}	改善里程碑管理规则和监管制度	1.2	R_{15}	$Q_{12,15}=9$ 而不是 13.8
A_{13}	签订工程监理合同，并建立监督机制	8.5	R_{15}	$Q_{13,15}=4$ 而不是 13.8
A_{14}	重新识别研发过程中的关键环节	3	R_{14}	$Q_{14,14}=5$ 而不是 9.12
A_{15}	增加用户需求分析的访谈次数	3	R_5	$Q_{15,5}=6.4$ 而不是 11.6
A_{16}	聘请专业的项目管理团队	10	R_1	$Q_{16,1}=8$ 而不是 19.8
A_{17}	增加额外的访谈次数从而确保充分的客户沟通	5	R_6	$Q_{17,6}=3$ 而不是 9
A_{18}	聘请管理专家对项目管理人员进行在线指导	4	R_2	$Q_{18,2}=3.3$ 而不是 9.52

2.3.2 模型求解与结果分析

通过求解 2.2.2 章节提出的风险应对方案优化选择模型，项目管理者可以得到最优的项目风险应对方案集合，也可以确定出被应对的风险。为了分析不同参数下最优风险应对方案集合以及期望效用值的变化，需要对构建的优化模型进行多次求解并比较不同求解结果的差异。通过对模型的多次求解得出了在不同预算水平以及不同风险关联关注度下项目管理者的期望效用值。为了能更清晰地描述出预算、风险关联关注度和期望效用值三者之间的关系，这三者之间的趋势被绘制在图 2-6 中。

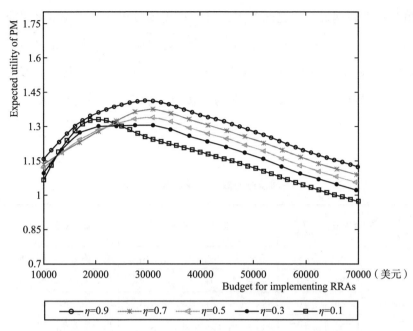

图 2 - 6　预算区间 [10，70] 内不同偏好系数下的期望效用值

注：Budget for implementing RRAs：实施风险应对方案的预算；Expected utility of PM：项目管理者的期望效用。

从图 2 - 6 中可以看出不同偏好系数下项目管理者的期望效用值与预算之间的关系。具体地，项目管理者的期望效用值将随着预算的增加而增加，当达到最大期望效用值后开始下降。例如，当偏好系数为 $\eta = 0.1$ 时，项目管理者的期望效用值在预算为 20000 美元时达到最大，然后将随着预算的继续增加而减少。随着偏好系数的变化，达到最大效用值时所对应的预算也发生变化。一般地，随着偏好系数的增大，达到最高效用值所需的预算也在增加。除此之外，还可以看出当项目管理者选取较大的风险关联偏好系数时所能获得的期望效用值会高于选取较小偏好系数所能获得的期望效用值。例如，当偏好系数为 $\eta = 0.9$ 时，项目管理者所获得的期望效用值将一直高于其他几组偏好系数下的期望效用值。除了分析期望值与预算和偏好系数之间的关系外，还需要分析在不同偏好系数与预算下最优的风险应对方案组合。为了能准确地获得最优的风险应对方案组合，以1000美元为步长对图2-6中的交叉区域进行反复求解。最终，不同偏好系数下的最优风险应对方案集合如表2-4所示。

表2-4　　　　　　　　　不同偏好系数下的最优方案集合

预算分配（美元）	效用值	偏好系数	最优方案集合	被应对的风险
18000	1.332	$\eta = 0$	$A_0^* = [A_6, A_7, A_{12}, A_{15}, A_{18}]$	$R_2, R_3, R_5, R_9, R_{15}$
	1.293	$\eta = 0.3$	$A_{0.3}' = [A_6, A_7, A_{12}, A_{15}, A_{18}]$	$R_2, R_3, R_5, R_9, R_{15}$
	1.266	$\eta = 0.5$	$A_{0.5}' = [A_6, A_7, A_{12}, A_{15}, A_{18}]$	$R_2, R_3, R_5, R_9, R_{15}$
	1.264	$\eta = 0.7$	$A_{0.7}' = [A_{11}, A_{12}, A_{15}, A_{18}]$	R_2, R_5, R_{11}, R_{15}
	1.352	$\eta = 0.9$	$A_{0.9}' = [A_{11}, A_{12}, A_{15}, A_{18}]$	R_2, R_5, R_{11}, R_{15}
27000	1.283	$\eta = 0$	$A_0'' = [A_2, A_6, A_7, A_{12}, A_{14}, A_{15}, A_{18}]$	$R_2, R_3, R_4, R_5, R_9, R_{14}, R_{15}$
	1.324	$\eta = 0.3$	$A_d^* = [A_6, A_7, A_{11}, A_{12}, A_{15}, A_{18}]$	$R_2, R_3, R_5, R_9, R_{11}, R_{15}$
	1.36	$\eta = 0.5$	$A_d^* = [A_6, A_7, A_{11}, A_{12}, A_{15}, A_{18}]$	$R_2, R_3, R_5, R_9, R_{11}, R_{15}$
	1.36	$\eta = 0.7$	$A_d^* = [A_6, A_7, A_{11}, A_{12}, A_{15}, A_{18}]$	$R_2, R_3, R_5, R_9, R_{11}, R_{15}$
	1.432	$\eta = 0.9$	$A_d^* = [A_6, A_7, A_{11}, A_{12}, A_{15}, A_{18}]$	$R_2, R_3, R_5, R_9, R_{11}, R_{15}$

从表2-4可以看出随着偏好系数取值的变化，最优的项目风险应对方案组合也会发生变化。当$\eta = 0$，最优的风险应对方案组合为A_0^*，此时所需要的风险应对预算为18000美元，项目管理者的最大的期望效用值为1.332。此时的最优项目风险应对方案组合A_0^*由风

险应对方案 A_6，A_7，A_{12}，A_{15} 和 A_{18} 构成，并且这些风险应对方案分别被用于应对风险 R_2，R_3，R_5，R_9 和 R_{15}。具体地，风险 R_2 即"缺乏有效的管理方法"被风险应对方案 A_{18} 即"聘请管理专家对项目管理人员进行在线指导"所应对。风险 R_3 即"使用了客户不熟悉的需求分析技术"被风险应对方案 A_6 即"制定一个全面的用户使用手册"所应对。风险 R_5 即"不明确的系统需求"被风险应对方案 A_{15} 即"增加用户需求分析的访谈次数"所应对。风险 R_9 即"研发团队成员不够积极"被风险应对方案 A_7 即"改善工作环境和尽量满足员工的需求"所应对。风险 R_{15} 即"对项目里程碑界定不清晰"被风险应对方案 A_{12} 即"改善里程碑管理规则和监管制度"所应对。在同等的预算水平下，$\eta=0.9$ 所能获得到的最大期望值为 1.352，对应的风险应对方案集合为 $A'_{0.9}$，在这个风险应对方案集合中包括风险应对方案 A_{11}，A_{12}，A_{15} 和 A_{18}。被应对的风险则是 R_2，R_5，R_{11} 和 R_{15}。相比于相同预算下的最优风险应对方案组合 A_0^*，应对方案和被应对的风险均发生了变化。具体地，风险 R_3 即"使用了客户不熟悉的需求分析技术"和风险 R_9 即"研发团队成员不够积极"没有被应对，取而代之的是风险 R_{11} 即"不稳定的组织环境"被风险应对方案 A_{11} 所应对。当分配给项目风险应对的预算为 27000 美元时，最优的风险应对方案组合不再是当 $\eta=0$ 时取得，而是当 $\eta=0.9$ 时取得。因为此时 $\eta=0$ 时取得的最大期望效用值 1.283 已经低于在预算为 18000 美元时取得的 1.352。除此之外，当 $\eta=0.3$，$\eta=0.5$，$\eta=0.7$ 和 $\eta=0.9$ 时，被选择的风险应对方案是相同的。此时的最优风险应对方案集为 A_d^*，在该集合中包括风险应对方案 A_6，A_7，A_{11}，A_{12}，A_{15} 和 A_{18} 被应对的风险有 R_3，R_5，R_9，R_{11} 和 R_{15}。相比于最优风险应对组合 A_0^*，风险应对方案组合 A_d^* 增加了风险应对方案 A_{11} 即"制订劳动力短缺的应急计划"，而被应对的风险也相应地增加了 R_{11} 即"不稳定的组织环境"。

下面对得出的计算结果进行分析并指出得出该结果的主要原因。从表 2 - 4 可以看出，当应对成本被分配为 18000 美元时应对方案集合 $A'_{0.3}$ 和 $A'_{0.5}$ 同最优方案集合是一致的，被应对的风险也都是 R_2，R_3，R_5，R_9 和 R_{15}。此时应对方案集合 $A'_{0.7}$ 和 $A'_{0.9}$ 中所选择的风险应对方案也是一致的，被应对的风险也是一致的都是 R_2，R_5，R_{11} 和 R_{15}。与此时的最优方案集合所应对的风险相比，被应对的风险由原来的 R_9 变为风险 R_{11}。如果从网络理论的视角进行分析，风险 R_{11} 节点的度为 6，其中包括该节点的出度 3（对其他三个风险节点造成影响）和入度 3（受其他三个风险节点影响）。也就是说在该项目中，风险 R_{11} 是风险 R_1，R_7 和 R_8 的前序风险即风险 R_{11} "不稳定的组织环境" 会对风险 R_1 "缺乏管理使命感和支持"、风险 R_7 "客户不愿意参与项目的需求分析" 以及风险 R_8 "没有有效地管理客户的诉求" 造成影响。同时 R_{11} 也是风险 R_1，R_9 和 R_{10} 的后序风险，也就是说风险 R_{11} "不稳定的组织环境" 会受到风险 R_1 "缺乏管理使命感和支持"、风险 R_9 "研发团队成员不够积极" 以及风险 R_{10} "研发团队内部沟通不顺畅" 这三个风险的影响。与风险 R_{11} 相比，风险 R_3 的度是 2，其中包括出度 1 即风险 R_3 "使用了客户不熟悉的需求分析技术" 会对风险 R_4 "客户需求更改" 造成影响，和入度 1 即风险 R_6 "缺乏足够的客户参与度" 会对风险 R_3 "使用了客户不熟悉的需求分析技术" 造成影响。所以，如果从网络理论中的连通性特点分析，风险 R_{11} 是明显比风险 R_3 重要，同理可以分析出风险 R_{11} 重要于风险 R_9。

除此之外，从这两个风险的风险关联强度也可以得出同样的结论。如表 2 - 2 所示，风险 R_{11} 的前、后序风险关联强度分别为 0.906 和 0.890；风险 R_9 的前、后序风险关联强度分别为 0.398 和 0.374。可以明显地看出风险 R_{11} 的风险关联强度高于风险 R_9，同理可以分析出风险 R_{11} 的风险关联强度高于风险 R_3。除了从风险关联强度以及风险网络的连通性特点分析之外，风险 R_{11} 的期望损失值也明显高于风险 R_3 和风险 R_9。具体地，在本项目中。风险 R_3 即"使用了客户不熟悉的需求分析技术"会给项目带来的期望损失为5040 美元；风险 R_9 即"研发团队成员不够积极"会给项目带来的期望损失值为 16200 美元，都低于风险 R_{11} "不稳定的组织环境"带来的 18040 美元的期望损失值。

因此，从以上三个方面都可以看出当分配的预算为 18000 美元时，应对方案集合 $A'_{0.7}$ 和 $A'_{0.9}$ 是比最优风险方案集合 A_0^* 更加合理的风险应对方案集合，因为这两个集合可以优先应对较严重的风险 R_{11} "不稳定的组织环境"。类似的分析同样可以应用到当分配的预算为 27000 美元的情形，因为风险 R_{11} 是比风险 R_4 和风险 R_{14} 更为重要的风险，所以最优方案集合 A_d^* 相比于方案集 A''_0 是更加合理的方案集合。根据上述的分析可知，风险关联需要被重视起来从而获得较高的期望效用值和更为合理的风险应对方案集合。尤其当项目预算吃紧时，项目管理者更应该把更多的注意力放到风险之间的关联关系上。

2.4 本章小结

通过分析当前大规模项目的特点，发现大多数的大规模项目中存在着项目风险关联的现象。通过回顾相关的文献也发现项目风险关联相关的研究问题引起了众多学者的广泛关注。因此在本章节中提出了一种考虑风险关联关系的项目风险应对方案优选方法。该方法旨在通过专家的经验定量分析项目中风险之间的相互关联强度，并通过优化模型的方法确定出一组最优的风险应对方案组合从而最大化项目管理者的期望效用。为了实现这个目的，给出了基于MACBETH 的风险关联强度计算方法，并在获得了风险关联强度值之后，更新了每个风险的重要程度。在更新风险重要程度的过程中，将影响风险重要程度的因素分为两个方面，一是风险自身的属性，二是风险之间相互关联的属性。风险的自身属性主要包括风险的期望损失和风险的可应对程度。风险的相互关联属性主要包括每个风险作为前序风险时的风险关联强度和每个风险作为后序风险时的风险关联强度。通过熵权法计算出每个属性的权重后，可以加权得出风险的相对重要性。最后，构建了考虑项目管理者风险规避偏好的优化模型，通过求解该模型可以获得最优的风险应对方案集合。

通过将提出的方法应用到实例中得到了两方面的管理启示：一是风险关联影响着项目风险应对方案的选择结果，这体现在项目管理者在考虑了风险关联作用之后的期望效用值将高于不考虑风险关联时的期望效用值；二是当项目预算紧张时，项目管理者应该更加关注项目风险之间的关联关系从而使得求解得出的风险应对方案组合更加合理。

| 第 3 章 |

考虑风险总关联的项目
风险应对策略选择方法

对于项目而言风险随时可能发生，风险的发生可能会为项目带来不利的影响，所以如何在项目实施过程中对风险进行有效的管理，对项目管理者来说是一项重要且艰巨的任务。项目风险管理的目的主要是及时识别出项目运行过程中的风险，即可能给项目带来损失的不确定事件或者情况，并对其进行综合评估，进而采取合适的措施进行应对，将风险对项目的消极影响降至最低程度，从而保证项目的成功运行[69]。当项目风险被识别与评估后，如果项目管理者不能采取有效的策略应对这些项目风险，将造成工期延误、投资增加甚至质量缺陷等后果，这些都会严重影响项目的进度与绩效水平。可见，如何进行准确的风险评估，并在此基础上选取有效的项目风险应对策略是项目管理者面临的亟须解决的现实问题。

近年来，有关项目风险应对策略选择的研究广受关注。现有的项目风险应对策略选择方法主要有：基于矩阵的方法，基于权衡的方法，基于工作分解结构（work breakdown structure，WBS）的方法，基于相似案例的方法以及基于优化的方法[4,70]。下面将针对与本书最相关的基于优化的方法进行简要阐述。本－大卫和拉兹首次采用优化方法来解决项目风险应对策略选择问题，构建了以最小化期望风险损失和风险应对成本之和为目标的优化模型[12]。在此基础上，本－大卫和拉兹考虑了策略之间的关系构建了新的优化模型，并给出了相应的求解算法[43]。之后，针对不同项目的实际情况，学者们构建了不同目标函数和约束条件的优化模型。凯伊斯等以成本/风险比率上界与项目的成本/风险比率之间的偏差最小化为目标函数，以预算为约束条件，建立优化模型来选择风险应对策略[25]；范等在可接受风险水平约束下，以最小化风险预防成本与风险缓解成本为目标构建优化模型[13]；杨莉和李南以项目风险应对成本和风险水平最小化为目标构建最优化模型[71]；尼克等考虑项目成本、工期、质量要求，以项目风险应对成本、期望工期损失和期望质量损失最小化为目标构建优化模型，然后将多目标最优化模型转化为单目标最优化模型，进而通过对单目标最优化模型的求解来选择项目风险应对策略[44]；张尧等综合考虑项目工期、质量以及风险应对成本等多个项目因素，以项目风险应对总收益最大化为目标，以项目工期和质量要求为约束构建优化模型[72]；张和樊基于 WBS 来描述项目各活动之间的关系，在此基础上以风险应对效果最大化为目标构建优化模型[4]。可见，项目风险应对策略选择的相关研究已经取得了一些成果，但多数研究假设项目风险之间是相互独立的，未考虑项目风险之间的关联作用对风险应对策略选择的影响。然而，实际项目中，风险往往是相互作用的[52]。目前，已有一些研究指出了项目风险之间的关联作用，并给出了相应的风险关联识别与评估的方法，如蒙特卡洛仿真方法、结构设计矩阵（DSM）方法、德尔菲法以及贝叶斯网络方法等[73]。上述方法为项目风险关联分析研究做出了一定贡献，但是绝大多数研究以风险关联的识别与评估为主，将其与项目风险应对相结合得几乎没有看到。近年来，学者们针对考虑风险关联情形下的项目风险应对决策问题进行了相关研究。张尧等考虑了两种背景风险以及背景风险与项目风险之间具有一定相关性的情形，构建了考虑两类背景风险的投资决策模型[74]；房等采用结构设计矩阵（DSM）来分析多个风险之间的关联，在此基础上构建了项目风险网络模型[27]；张尧等给出了考虑两个风险之间存在关联情形的项目风险应对策略选择模型[75]；佐飞和张尧在考虑风险之间相互作用的基础上构建了项目风险应对策略选择模型[76]；吴登生等从风险损失非可加性的角度考虑了不同风险之间的相关性，并构建了软件风险多目标优化模型进行风险控制[69]；李永海将历史案例与目标案例所涉及的风险之间的关联效用应用到项目风险应对的案例决策分析中[77]；张采用随机占优方法对项目风险之间的关联进行定量分析，进而构建了考虑风险关联的项目风险应对策略选择模型[73]；关欣等通过 MACBETH 方法评估风险关联，并将其用于项目风险应对策略选择模型的构建过程中，进而分析风险关联对项目质量、工期以及成本等的影响[78]。

可以看出，学者们在进行项目风险应对的相关研究时，已经开始关注项目风险关联及其对项目风险应对决策的影响[27,69,73-78]。但是，已有研究大多考虑的是项目风险之间的消极关联和直接关联，很少涉及项目风险之间的积极关联和间接关联[27,69,73-78]。实际中，项目风险之间的积极关联和间接关联也是普遍存在的。本章正是基于此，试图对不同风险关联情形下的风险应对决策结果进行比较，验证考虑项目风险之间的积极关联和间接关联的必要性。此外，目前大多数已有相关研究成果从风险期望损失的角度来衡量项目风险之间的关联程度，而且，由于项目中的风险众多且本书考虑了多种风险关联类型，如若从风险的发生概率和损失程度两个维度衡量风险关联，将会显著增加问题及模型的复杂性，考虑到理论上和实际中的可操作性，本章仅从风险期望损失的角度来综合度量风险之间的关联关系。另外，在上述考虑风险关联的项目风险应对决策问题的研究中，项目风险关联强度主要是依据专家的主观评估结果给出的，而专家的评估结果通常会存在不一致的情况，已有研究很少考虑这个问题并给出相应的处理方法[27,75,76,78]。针对这个研究局限，本章尝试采用 MACBETH 方法及其软件，对专家意见进行整合以及一致性调整。进一步地，已有研究在进行项目风险应对策略选择时很少考虑决策者的风险态度[73]。在实际的项目风险管理过程中，具体的风险应对工作如制定风险应对计划、确定采取哪些策略来应对项目风险等，都是由项目管理者或决策者做出的，这样项目管理者的风险态度就显得至关重要，甚至决定着项目的成败。出于这点考虑，我们引入项目管理者的风险态度及其相应的效用函数，并分析风险态度对项目风险应对决策的影响。

基于此，本章在以往研究的基础上给出考虑风险总关联的项目风险应对策略选择方法。首先，考虑项目风险之间的消极关联和积极关联以及直接关联和间接关联，给出基于 MACBETH 和 DEMATEL 的风险总关联评估方法；其次，在分析项目风险总关联的基础上，考虑项目管理者的风险态度，以项目管理者的期望效用最大化为目标，以风险应对预算为约束，构建项目风险应对策略选择优化模型，通过求解模型，可得到最优的风险应对策略集合；最后，通过实际案例验证本章所提出方法及模型的可行性和有效性，分析项目风险总关联对项目风险应对决策的影响，并得出相关研究结论。

3.1　基于 DEMATEL 方法的项目风险关联分析

在风险识别与评估过程中，一般假设各个风险之间是相互独立的，即各个风险之间没有互相影响，但实际中风险之间确实是相互关联的，本节重点研究如何对项目风险之间的关联影响程度进行分析，提出一种测量风险事件的关联关系的定性与定量研究结合的方法，即由多个专家对不同的风险事件之间的积极关联与消极关联关系分别通过语言变量进行判断，表达自己对风险事件的关联关系的观点以及排序，然后通过 M – MACBETH 软件进行专家意见的输入、一致性调整以及最终汇总整合各个专家意见直接关联矩阵，最后将该矩阵作为 DEMATEL 方法的直接关联矩阵进行计算，最终得到综合直接与间接关联的总关联矩阵。该章提出结合两种方法对项目风险事件之间的关联影响程度进行量化，这为后续章节进行考虑风险关联的项目风险应对策略选择模型的构建奠定风险关联关系的基础，详情如图 3 – 1 所示。

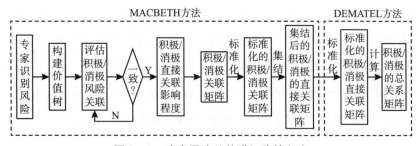

图 3 – 1　确定风险总关联矩阵的程序

3.1.1　项目风险关联的分析

实际中，项目管理者在新项目开始实施之前，通常会邀请富有经验的专家对项目可能存在的风险事件进行分析，以此对项目风险进行预见性的认识以及生成有效的应对方案。在对项目风险事件进行分析的过程中，由于项目的复杂性以及项目风险的多样性使得项目风险之间相互作用显得尤为重要，所以对项目风险关联的分析也极为重要。在项目风险关联的分析过程中，专家组需要判断存在何种项目风险，判断存在的项目风险之间是否存在关联作用以及判断项目风险之间关联的类型（如积极的直接关联、消极的直接关联、积极的直接和间接关联以及消极的直接和间接关联）等。由于专家在判断项目风险之间关联的类型时，极少会考虑到项目风险之间的间接关联作用，故本节进行项目风险分析时，专家最初给出的判断是项目风险之间的直接关联。

项目风险关联的分析不仅需要识别风险之间是否存在关联作用，同时还需要对项目风险之间的关联的影响程度进行评估，本书在进行项目风险之间的关联评估时会给出相应的间接关联的影响程度。以往研究在使用 DEMATEL 方法进行风险因素相关关系评估时，一般采用问卷调查法和专家评估法等主观评估方式获取直接关联矩阵，不可避免地存在专家评估意见不一致的情况，并且对于复杂问题而言，影响因素众多往往会导致计算过程复杂[79-82]。而 MAC-BETH 能较好地避免专家评估结果不一致的情形来量化专家的意见，因而被广泛应用于多属性问题的决策过程中。因此，本节采用 MACBETH 方法进行风险事件之间直接关联的评估，采用 DEMATEL 方法对风险事件之间的直接关联和间接关联进行综合评估。

3.1.2　基于 MACBETH 方法的直接关联矩阵的确定

本节将对如何运用 MACBETH 方法量化项目风险事件的直接关联影响程度进行详细阐述，通过对最初的 MACBETH 方法所研究问题的变化及相关概念的诠释得到三个新步骤，即邀请专家进行风险事件识别、构建风险价值树并对它们之间关联进行识别与评估，再次进行一致性调整，最后通过一系列的汇总整合得到直接关联矩阵，为 DEMATEL 方法进行项目风险事件的关联影响程度分析做准备。

在专家对项目风险进行识别与评估之前，先对本节将要涉及的相关符号与定义进行说明。

R：项目风险事件集，$R = \{R_1, R_2, \cdots, R_k\}$，其中 R_j 表示项目风险事件集中的第 j 个风险事件，$j = 1, 2, \cdots, k$。

E：对项目风险事件进行识别与评估的专家集，$E = \{E_1, E_2, \cdots, E_u\}$，其中 E_m 表示专家组中第 m 个专家，$m = 1, 2, \cdots, u$。

E_m^p：专家 E_m 对目标风险事件进行的积极关联评估集，$E_m^p = \{E_1^{m,p}, E_2^{m,p}, \cdots, E_k^{m,p}\}$，其中 $E_j^{m,p}$ 表示专家 E_m 对目标风险事件 R_j 进行积极关联评估，$j = 1, 2, \cdots, k$。

E_m^n：专家 E_m 对目标风险事件进行的消极关联评估集，$E_m^n = \{E_1^{m,n}, E_2^{m,n}, \cdots, E_k^{m,n}\}$，其中 $E_j^{m,n}$ 表示专家 E_m 对目标风险事件 R_j 进行消极关联评估，$j = 1, 2, \cdots, k$。

$I_j^{m,p}$：专家 E_m 对目标风险事件 R_j 进行评估后得到的积极关联矩阵，$I_j^{m,p} = [a_{j',j''}^{m,j,p}]_{k*k}$，其中 $a_{j',j''}^{m,j,p}$ 表示专家 E_m 认为目标风险事件 R_j 对风险事件 $R_{j'}$ 的积极影响不小于对风险事件 $R_{j''}$ 的积极影响，$j, j', j'' = 1, 2, \cdots, k, m = 1, 2, \cdots, u$。

$I_j^{m,n}$：专家 E_m 对目标风险事件 R_j 进行评估后得到的消极关联矩阵，$I_j^{m,n} = [a_{j',j''}^{m,j,n}]_{k*k}$，其中 $a_{j',j''}^{m,j,n}$ 表示专家 E_m 认为目标风险事件 R_j 对风险事件 $R_{j'}$ 的消极影响不小于对风险事件 $R_{j''}$ 的消极影响，$j, j', j'' = 1, 2, \cdots, k, m = 1, 2, \cdots, u$。

$\overline{I}_j^{m,p}$：在 M – MACBETH 软件中对矩阵 $I_j^{m,p}$ 进行一致性调整后得到的积极关联矩阵，$\overline{I}_j^{m,p} = [\overline{a}_{j',j''}^{m,j,p}]_{k*k}$，其中 $\overline{a}_{j',j''}^{m,j,p}$ 表示 M – MACBETH 软件调整专家 E_m 认为的目标风险事件 R_j 对风险事件 $R_{j'}$ 的积极影响程度不小于对风险事件 $R_{j''}$ 的积极影响程度，$j, j', j'' = 1, 2, \cdots, k, m = 1, 2, \cdots, u$。

$\overline{I}_j^{m,n}$：在 M – MACBETH 软件中对矩阵 $I_j^{m,n}$ 进行一致性调整后得

到的积极关联矩阵，$\bar{I}_j^{m,n} = \left[\bar{a}_{j',j''}^{m,j,n}\right]_{k*k}$，其中 $\bar{a}_{j',j''}^{m,j,n}$ 表示 M – MACBETH 软件调整专家 E_m 认为的目标风险事件 R_j 对风险事件 $R_{j'}$ 的消极影响程度不小于对风险事件 $R_{j''}$ 的消极影响程度，j，j'，$j'' = 1$，2，$\cdots$，k，$m = 1$，2，$\cdots$，u。

P^m：专家 E_m 评估所有目标风险事件的积极关联矩阵，$P^m = \left[p_{j,j'}^m\right]_{k*k}$，其中 $p_{j,j'}^m$ 表示专家 E_m 评估 j 个风险事件之间的积极关联矩阵中的风险事件 R_j 对风险事件 $R_{j'}$ 所产生的积极影响程度，j，$j' = 1$，2，$\cdots$，k，$m = 1$，2，$\cdots$，u。

N^m：专家 E_m 评估所有目标风险事件的消极关联矩阵，$N^m = \left[q_{j,j'}^m\right]_{k*k}$，其中 $q_{j,j'}^m$ 表示专家 E_m 评估 j 个风险事件之间的消极关联矩阵中的风险事件 R_j 对风险事件 $R_{j'}$ 所产生的消极影响程度，j，$j' = 1$，2，$\cdots$，k，$m = 1$，2，$\cdots$，u。

$\bar{P}^m$：对矩阵 P^m 进行标准化后的矩阵，$\bar{P}^m = \left[\bar{p}_{j,j'}^m\right]_{k*k}$，其中 $\bar{p}_{j,j'}^m$ 表示专家 E_m 评估 j 个风险事件之间的积极关联矩阵中的风险事件 R_j 对风险事件 $R_{j'}$ 所产生的积极影响程度的标准化值，j，$j' = 1$，2，$\cdots$，k，$m = 1$，2，$\cdots$，u。

$\bar{N}^m$：对矩阵 N^m 进行标准化后的矩阵，$\bar{N}^m = \left[\bar{q}_{j,j'}^m\right]_{k*k}$，其中 $\bar{q}_{j,j'}^m$ 表示专家 E_m 评估 j 个风险事件之间的消极关联矩阵中的风险事件 R_j 对风险事件 $R_{j'}$ 所产生的消极影响程度的标准化值，j，$j' = 1$，2，$\cdots$，k，$m = 1$，2，$\cdots$，u。

P：将 m 个专家评估的矩阵 $\bar{P}^m$ 进行集结后的直接关联矩阵，$P = \left[p_{j,j'}\right]_{k*k}$，其中 $p_{j,j'}$ 表示风险事件 R_j 对风险事件 $R_{j'}$ 所产生的集结了 m 个专家评估结果的积极关联程度，j，$j' = 1$，2，$\cdots$，k。

N：将 m 个专家评估的矩阵 $\bar{N}^m$ 进行集结后的直接关联矩阵，$N = \left[q_{j,j'}\right]_{k*k}$，其中 $q_{j,j'}$ 表示风险事件 R_j 对风险事件 $R_{j'}$ 所产生的集结了 m 个专家评估结果的消极关联程度，j，$j' = 1$，2，$\cdots$，k。

在进行每一个新项目之前，项目管理者都会邀请拥有丰富专业知识和经验的专家对项目中潜在的风险事件进行分析，因为每个新项目从本质上来说都是独一无二的，几乎没有以前的数据可以与之相匹配，所以专家必须对项目中潜在和相关的风险事件进行识别与评估。

实际中，专家们经常利用诸如"微弱""非常强"等一类自然的易于表达的人类语言变量评估风险事件之间的关联影响，而本书所用的 M－MACBETH 软件中对于风险关联的评估通过七种偏好强度进行：无（no）、很弱（very weak）、弱（weak）、中等（moderate）、强（strong）、很强（very strong）以及极端（extreme）。如果专家 E_m 认为目标风险事件 R_j 对风险事件 $R_{j'}$ 的积极（或消极）关联影响等于对风险事件 $R_{j''}$ 的积极（或消极）关联影响，则此时的 $a_{j',j''}^{m,j,p} = no$（或 $a_{j',j''}^{m,j,n} = no$），如果专家 E_m 认为目标风险事件 R_j 对风险事件 $R_{j'}$ 的积极（或消极）关联影响极其强烈地大于对风险事件 $R_{j''}$ 的积极（或消极）关联影响，则此时的 $a_{j',j''}^{m,j,p} = extreme$（或 $a_{j',j''}^{m,j,n} = extreme$）。首先，由项目管理者组建专家组，包含项目风险应对专家、安全与质量管理专家、合同管理专家、技术专家以及预决算专家等；其次，由专家组依据经验、历史案例以及项目实施的相关规范对项目中潜在与相关的风险事件进行识别进而为评估做准备；再次，专家组对已经识别的项目风险事件进行讨论协商，确定需要进行风险应对的项目风险事件集 R；最后，对项目风险事件集进行风险事件的直接关联分析（包含积极的直接关联和消极的直接关联）并得到积极和消极关联矩阵。

专家组对项目风险事件集进行风险事件之间直接关联分析过程如下：首先，针对项目风险事件集中的每个目标风险事件 R_j，由专家 E_m 判断与该目标风险 R_j 存在积极关联作用（或消极关联作用）的风险集，依据目标风险对该风险集中各风险的关联作用强弱程度对风险集中的风险进行降序排列；其次，将上述排序的风险按照影响大在前的准则输入 MACBETH 决策支持系统中的目标节点属性表中；最后，邀请专家通过与 M – MACBETH 软件中一致的七种偏好强度对于排序的风险（非目标节点）关联影响进行评估，获得积极关联矩阵 $I_j^{m,p}$ 与消极关联矩阵 $I_j^{m,n}$。

接下来将通过一个案例具体阐述如何结合 M – MACBETH 软件进行专家评估。

在某地铁地基开挖项目中，假设由五位专家识别并确认目标风险事件集 $R = \{R_1, R_2, R_3, R_4, R_5, R_6, R_7\}$。首先，专家组五名成员分别对七个目标风险事件进行关联关系评估，其中，专家 E_1 认为目标风险事件 R_1 与风险事件 R_2 和 R_5 之间存在积极关联，同时认为目标风险事件 R_1 与风险事件 R_3、R_4、R_7 之间存在消极关联；然后，对五位专家得到的直接关联判断分别进行排序，其中专家 E_1 判断目标风险事件 R_1 对其他风险事件作用的积极与消极的直接关联的排序结果分别为：

$$R_5 > R_2 \qquad\qquad (3-1)$$

$$R_4 > R_3 > R_7 \qquad\qquad (3-2)$$

其中，式（3 – 1）表示目标风险事件 R_1 对风险事件 R_5 的积极的直接关联影响大于对风险事件 R_2 的积极的直接关联影响，式（3 – 2）表示目标风险事件 R_1 对风险事件 R_4 的消极的直接关联影响最大，其次是风险事件 R_3，而对风险事件 R_7 的消极的直接关联影响最小；然后，将上述排序的风险事件按照影响大在前的准则分别输入 MACBETH 决策支持系统中的目标节点 R_1 的积极和消极属性表中，如图 3 – 2 和图 3 – 3 所示；最后，邀请专家 E_1 利用 M – MACBETH 软件中的七种偏好强度对于排序的风险关联影响进行评估，假设该例中不存在专家对某一直接关联影响的判断在两个偏好强度之间犹豫不决的情况，其积极关联矩阵 $I_1^{1,p}$ 以及消极关联矩阵 $I_1^{1,n}$ 如图 3 – 4 和图 3 – 5 所示。

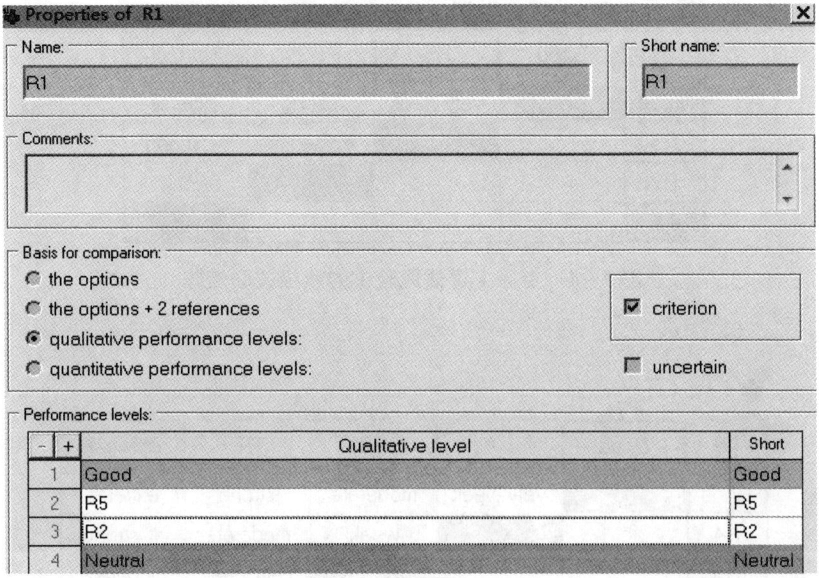

图 3 - 2　M - MACBETH 决策支持系统中风险 1 的积极属性

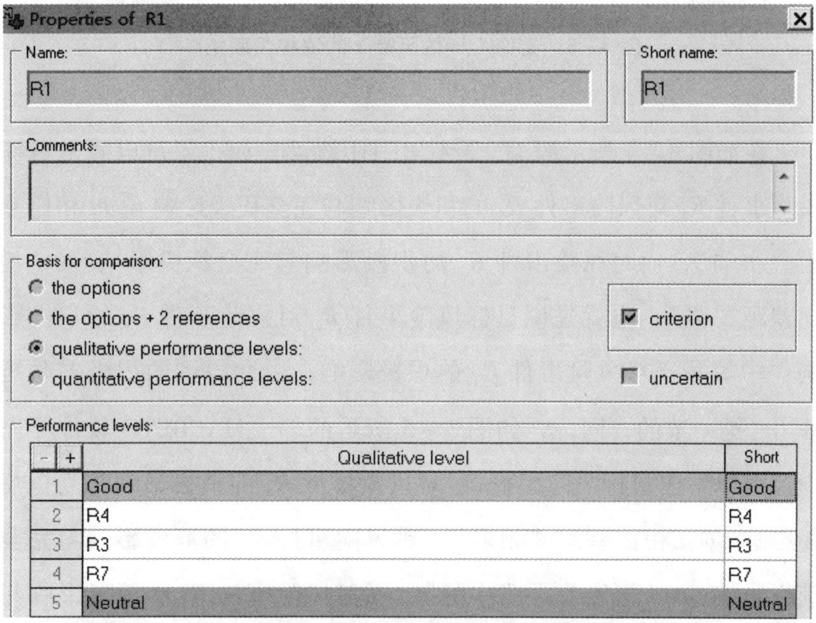

图 3 - 3　M - MACBETH 决策支持系统中风险 1 的消极属性

R1

	Good	R5	R2	Neutral
Good	no	very weak	strong	extreme
R5		no	moderate	v. strong
R2			no	weak
Neutral				no

图 3-4　专家 1 评估风险 1 的积极关联矩阵

R1

	Good	R4	R3	R7	Neutral
Good	no	very weak	moderate	strong	extreme
R4		no	weak	moderate	v. strong
R3			no	very weak	moderate
R7				no	weak
Neutral					no

图 3-5　专家 1 评估风险 1 的消极关联矩阵

在如图 3-4 所示的 M-MACBETH 软件界面中，可以看出目标风险事件 R_1 对风险事件 R_5 的积极影响与完全积极影响 *Good* 相比差距“很弱”，而对风险事件 R_2 的积极影响与完全积极影响 *Good* 相比差距“强”，也就是说目标风险事件 R_1 对风险事件 R_5 的积极影响“中等”于对风险事件 R_2 的积极影响，由此得到的积极关联矩阵 $I_1^{1,p}$ 是一致的；同理，如图 3-5 所示的 M-MACBETH 软件界面中，可以看出目标风险事件 R_1 对风险事件 R_4 的消极影响与完全消极影响 *Good* 相比差距“很弱”，对风险事件 R_3 的消极影响与完全消极影响 *Good* 相比差距“中等”，而对风险事件 R_7 的消极影响与完全消极影响 *Good* 相比差距“强”，由此得到的消极关联矩阵 $I_1^{1,n}$ 同样是一致的。然而，由于专家意见的主观性以及风险事件的关联复杂度，常会遇到积极或消极关联矩阵不一致的情况，如专家 E_1 给出的目标风险事件 R_1 对风险事件 R_3、风险事件 R_4 以及风险事件 R_7 的消极影响程度之间出现矛盾，此时就需要通过 M - MACBETH 软件自有的一致性调整功能进行调整。

尽管专家是具有丰富经验的权威人士，但是由于主观性以及风险事件之间的直接关联的复杂性，将不可避免地造成判断失误，使用的 M - MACBETH 软件具有一致性检验机制，故专家评估风险事件之间的直接关联影响时将尽可能避免不同专家之间评估结果的不一致以便达到较好的评估结果。

在该软件中风险事件之间的直接关联评估一旦发生矛盾，一致性调整机制会自动进行调整，主要步骤如下：首先，出现一个提示框，询问是否继续进行关联程度输入，如果继续选择"Yes"会出现不一致判断对话框要求进行相应偏好强度的上下浮动，如果选择"No"则原本的输入内容会消失要求重新输入偏好强度；其次，一旦出现了不一致判断对话框就需要进行不一致判断，如果对此对话框进行忽视则需要对后续输入有肯定把握，否则会发现关联矩阵中有大量的调整符号出现；最后，通过对不一致信息的调整得到一致的关联矩阵。下面将通过一个案例进行详细说明。

假设在专家评估过程中，针对目标风险事件 R_1，专家 E_2 判断与该目标风险事件 R_1 存在消极关联作用的风险集，依据目标风险对该风险集中各风险的关联作用强弱程度对风险集中的风险进行降序排列，如式（3 - 3）：

$$R_4 > R_3 > R_7 \qquad\qquad (3-3)$$

然后，将上述排序的风险影响按照由大到小的准则输入 MACBETH 决策支持系统中的目标节点属性表中；最后，邀请专家通过与 M - MACBETH 软件中一致的七种偏好强度对于排序的风险关联影响进行评估，在评估过程中一旦风险事件之间的直接关联影响存在矛盾，软件将出现如图 3 - 6 所示的提示框，这是由于在评估目标风险事件 R_1 对风险事件 R_3 及风险事件 R_4 的消极关联影响程度时发生的不一致而产生的。

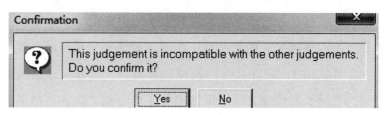

图 3 - 6　风险关联不一致提示

如果此时选择"Yes"选项，会出现如图 3 - 7 所示的风险关联不一致说明框，里面显示需要进行调整的不一致偏好强度的个数，点击确定后在消极关联矩阵中需要调整偏好强度的位置上会出现红色向下或者绿色向上的箭头，有时候还会出现数字，如果没有出现数字说明调整幅度默认为 1 个单位，如果出现大于 1 的数字则按照该数字所示进行幅度调整。如图 3 - 8 所示的是不一致的消极关联矩阵，该矩阵中的红色向下箭头表示需要将该偏好强度下调 1 个幅度至弱（Weak）；当然如果在如图 3 - 6 所示的风险关联不一致提示中选择"No"选项，则原本的评估内容会消失需要重新评估偏好强度。

为了保证专家 E_2 评估目标风险事件 R_1 的消极关联影响的准确性，故在如图 3 - 6 所示的风险关联不一致提示中根据专家 E_2 的意见选择"Yes"选项或是"No"选项并咨询专家 E_2 进行相应的偏好强度调整，最终将得到如图 3 - 9 所示的一致的消极关联矩阵 $\bar{I}_1^{2,n}$。

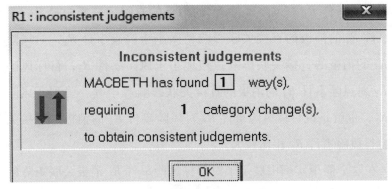

图 3 - 7　风险关联不一致说明

▦ R1					
🖩	Good	R4	R3	R7	Neutral
Good	no	very weak	weak	weak	extreme
R4		no	↓moderate	positive	positive
R3			no	positive	positive
R7				no	positive
Neutral					no

图 3 - 8　风险 1 的不一致的消极关联矩阵

▦ R1					
🖩	Good	R4	R3	R7	Neutral
Good	no	very weak	weak	strong	extreme
R4		no	weak	strong	extreme
R3			no	moderate	strong
R7				no	very weak
Neutral					no

图 3 - 9　风险 1 的一致的消极关联矩阵

在图 3 - 9 中，目标风险事件 R_1 对风险事件 R_4 的消极的直接关联影响"弱"于风险事件 R_3，而"强"于风险事件 R_7，也就是说

目标风险事件 R_1 对风险事件 R_4 的消极的直接关联影响最大，对风险事件 R_3 的消极的直接关联影响稍微小于风险事件 R_4，对风险事件 R_7 的消极的直接关联影响强烈地小于风险事件 R_4；目标风险事件 R_1 对风险事件 R_3 的消极的直接关联影响"中等"强烈于风险事件 R_7，也就是说目标风险事件 R_1 对风险事件 R_3 的消极的直接关联影响与风险事件 R_7 相比较大。

在这个简单实例中展示了对目标风险事件 R_1 消极关联矩阵的一致性调整过程，由于积极关联的一致性调整过程与上述步骤完全一致，故不再赘述。

在上述一致性调整过程中，在进行最终一致性调整之前需要询问专家 E_2 的意见，如果专家 E_2 同意软件做出的调整方案则执行该方案，如果专家 E_2 不同意软件做出的调整方案，专家 E_2 则需要对目标风险事件 R_1 的消极的直接关联影响进行重新评估，得到新的目标风险事件 R_1 的消极关联影响并输入 M－MACBETH 软件中，根据上文提到的一系列步骤进行一致性调整，直到得到具有一致性的消极关联矩阵为止。

在 M－MACBETH 软件中得到的每位专家针对每一目标风险事件对其他风险事件之间的直接关联影响介于 [0，100] 之间，其中"0"表示目标风险事件 R_j 对该风险事件没有直接关联影响，"100"表示目标风险 R_j 与该风险事件之间有完全相关的直接关联影响，即目标风险事件的发生一定会引起该风险事件的发生（或造成一定的影响）。由于 M－MACBETH 软件自身的设置程序，将 upper 设置为"上界"表示完全相关的直接关联影响，在评估矩阵中以 *Good* 形式表示变量，以"100"来表示直接关联影响程度，同理，将 lower 设置为"下界"表示没有直接关联影响，在评估矩阵中以 *Neutral* 形式表示变量，以"0"表示直接关联影响程度。

经过专家组的评估以及在 M－MACBETH 软件中进行的一致性

调整得到每一位专家对目标风险事件的一致性的积极关联矩阵 $\bar{I}_j^{m,p}$ 以及一致性的消极关联矩阵 $\bar{I}_j^{m,n}$，下面将介绍直接关联矩阵的确定过程并通过一个案例进行解释。

首先，将得到的两种符合一致性的关联矩阵（一致性的积极关联矩阵 $\bar{I}_j^{m,p}$ 以及一致性的消极关联矩阵 $\bar{I}_j^{m,n}$）分别在 M - MACBETH 软件中获取目标风险对各个风险的直接关联影响程度；其次，将专家 E_m 评估的所有待评估目标风险的积极与消极关联矩阵中的关联影响程度进行汇总，得到专家 E_m 评估的积极关联矩阵 P^m 以及专家 E_m 评估的消极关联矩阵 N^m；再次，由于 M - MACBETH 软件给出的关联程度得分在 [0，100] 之间，为了与 DEMATEL 方法中的直接关联矩阵以及项目风险应对策略选择模型建立联系并保持一致需对该数据进行处理使其值位于 [0，1] 之间，即对专家 E_m 评估的积极关联矩阵 P^m 及消极关联矩阵 N^m 进行标准化得到标准化积极关联矩阵 $\bar{P}^m$ 和消极关联矩阵 $\bar{N}^m$；最后，由于每个专家的个人经验、对项目的理解、对项目风险的偏好以及所掌握信息的不同，给出的评价结果也不尽相同，需要选用适当的方法对 m 个专家的 $\bar{P}^m$ 以及 $\bar{N}^m$ 进行目标的单一化处理，得到即将用于 DEMATEL 方法中的集结的积极的直接关联矩阵 P 以及集结的消极的直接关联矩阵 N。

下面将通过一个案例进行详细解释。

通过专家评估以及一致性调整得到 m 个专家评估目标风险事件 R_j 的符合一致性的积极关联矩阵 $\bar{I}_j^{m,p}$ 与消极关联矩阵 $\bar{I}_j^{m,n}$，在这里将通过专家 E_1 评估目标风险事件 R_1 的流程进行介绍。

（1）获取直接关联影响程度。

在 M - MACBETH 决策支持系统中对专家 E_1 评估目标风险事件 R_1 得到的符合一致性的积极关联矩阵 $\bar{I}_1^{1,p}$ 与消极关联矩阵 $\bar{I}_1^{1,n}$ 获取直接关联影响程度，将得到如图 3 - 10 和图 3 - 11 所示的专家 E_1 评

估目标风险事件 R_1 的两种直接关联影响程度。

R1

	Good	R5	R2	Neutral	Current scale
Good	no	very weak	strong	extreme	100.00
R5		no	moderate	v. strong	83.33
R2			no	weak	33.33
Neutral				no	0.00

图 3－10　风险 1 的积极的关联影响程度

R1

	Good	R4	R3	R7	Neutral	Current scale
Good	no	very weak	moderate	strong	extreme	100.00
R4		no	weak	moderate	v. strong	83.33
R3			no	very weak	moderate	50.00
R7				no	weak	33.33
Neutral					no	0.00

图 3－11　风险 1 的消极的关联影响程度

（2）汇总专家 E_1 评估的直接关联影响程度。

将专家 E_1 评估的 7 个目标风险事件的积极与消极关联矩阵中的关联影响程度进行汇总，得到如表 3－1 和表 3－2 所示的专家 E_1 评估的积极关联矩阵 P^1 及消极关联矩阵 N^1。

表 3－1　　专家 1 评估的积极关联矩阵

P^1	R_1	R_2	R_3	R_4	R_5	R_6	R_7
R_1	0	33.33	0	0	83.33	0	0
R_2	0	0	80.00	70	0	0	50.00

续表

P^1	R_1	R_2	R_3	R_4	R_5	R_6	R_7
R_3	88.89	0	0	0	0	0	55.56
R_4	0	81.82	63.64	0	0	0	0
R_5	0	0	66.67	86.67	0	0	46.67
R_6	0	62.46	51.61	0	0	0	0
R_7	0	0	71.99	52.20	0	0	0

表 3 – 2　　　　　　　　　　专家 1 评估的消极关联矩阵

N^1	R_1	R_2	R_3	R_4	R_5	R_6	R_7
R_1	0	0	50.00	83.33	0	0	33.33
R_2	0	0	0	0	90.00	60.00	0
R_3	0	0	0	0	77.78	55.56	0
R_4	0	0	0	0	0	87.50	62.50
R_5	80.00	0	0	0	0	60.00	0
R_6	0	0	0	85.04	0	0	66.67
R_7	0	88.28	0	0	57.92	46.19	0

（3）对专家 E_1 评估的直接关联影响程度进行标准化。

通过表 3 – 1 和表 3 – 2 可以发现由 M – MACBETH 软件给出的直接关联影响程度在 [0, 100] 之间，为了与 DEMATEL 方法的直接关联矩阵以及项目风险应对策略选择模型建立联系并保持一致，需对已获得的数据进行处理使之位于 [0, 1] 之间，由于该例所采用的数据并不符合正态分布，所以不适用于 Z – score 方法，而权重法则常用于计算各方案与某种虚拟方案（如理想点或负理想点）的欧氏距离的场合，故此处采用的归一化方法如式（3 – 4）和式（3 – 5）所示，通过这两个公式的计算，能够得到如表 3 – 3 和表 3 – 4 所示的专家 E_1 评估的标准化的积极关联矩阵 $\overline{P}^1$ 及标准化的消极关联矩阵 $\overline{N}^1$：

$$\bar{p}^{m}_{j,j'} = \frac{p^{m}_{j,j'}}{\sum\limits_{j'=1}^{k} p^{m}_{j,j'}}, j, j' = 1, 2, \cdots, k \qquad (3-4)$$

$$\bar{q}^{m}_{j,j'} = \frac{q^{m}_{j,j'}}{\sum\limits_{j'=1}^{k} q^{m}_{j,j'}}, j, j' = 1, 2, \cdots, k \qquad (3-5)$$

表 3 – 3 专家 1 评估的标准化的积极关联矩阵

$\bar{P}^1$	R_1	R_2	R_3	R_4	R_5	R_6	R_7
R_1	0	0.2857	0	0	0.7143	0	0
R_2	0	0	0.4000	0.3500	0	0	0.2500
R_3	0.6154	0	0	0	0	0	0.3846
R_4	0	0.5625	0.4375	0	0	0	0
R_5	0	0	0.3333	0.4333	0	0	0.2333
R_6	0	0.5476	0.4524	0	0	0	0
R_7	0	0	0.5797	0.4203	0	0	0

表 3 – 4 专家 1 评估的标准化的消极关联矩阵

$\bar{N}^1$	R_1	R_2	R_3	R_4	R_5	R_6	R_7
R_1	0	0	0.3000	0.5000	0	0	0.2000
R_2	0	0	0	0	0.6000	0.	0
R_3	0	0	0	0	0.5833	0.4167	0
R_4	0	0	0	0	0	0.5833	0.4167
R_5	0.5714	0	0	0	0	0.4286	0
R_6	0	0	0	0.5605	0	0	0.4395
R_7	0	0.4589	0	0	0.3011	0.2401	0

（4）直接关联矩阵的确定。

由于本书所叙述的项目风险管理问题选择的专家组成员之间差异不大，故认为每个专家的重要性程度相同，选用平均值的方法对五名专家评估的积极和消极的直接关联影响程度进行集结，即通过式（3-6）和式（3-7）得到用于 DEMATEL 方法中的积极的直接关联矩阵 P 以及消极的直接关联矩阵 N，如表 3-5 和表 3-6 所示。

$$p_{j,j'} = \frac{\sum_{m=1}^{u} \overline{p}_{j,j'}^{m}}{m}, \ j, \ j' = 1, \ 2, \ \cdots, \ k \qquad (3-6)$$

$$q_{j,j'} = \frac{\sum_{m=1}^{u} \overline{q}_{j,j'}^{m}}{m}, \ j, \ j' = 1, \ 2, \ \cdots, \ k \qquad (3-7)$$

表 3-5　　　　　　　项目风险之间的积极的直接关联矩阵

P	R_1	R_2	R_3	R_4	R_5	R_6	R_7
R_1	0	0.2958	0	0	0.7042	0	0
R_2	0	0	0.3978	0.3471	0	0	0.2551
R_3	0.5804	0	0	0	0	0	0.4196
R_4	0	0.5443	0.4557	0	0	0	0
R_5	0	0	0.3390	0.4369	0	0	0.2241
R_6	0	0.5622	0.4378	0	0	0	0
R_7	0	0	0.5801	0.4199	0	0	0

表 3-6　　　　　　　项目风险之间的消极的直接关联矩阵

N	R_1	R_2	R_3	R_4	R_5	R_6	R_7
R_1	0	0	0.0295	0.5011	0	0	0.2036
R_2	0	0	0	0	0.5870	0.4130	0
R_3	0	0	0	0	0.5580	0.4420	0
R_4	0	0	0	0	0	0.5881	0.4119
R_5	0.5317	0	0	0	0	0.4683	0
R_6	0	0	0	0.5801	0	0	0.4199
R_7	0	0.4384	0	0	0.3269	0.2347	0

经过上述四个步骤即可得到所有专家评估所有目标风险事件的积极与消极的直接关联矩阵，为 DEMATEL 方法进行项目风险总关联矩阵的确定提供直接关联矩阵的基础。

由 MACBETH 方法得到的积极的直接关联矩阵 P 中关联影响程度表示风险事件 R_j 对风险事件 $R_{j'}$ 的积极的直接关联影响程度 $p_{j,j'}$，而得到的消极的直接关联矩阵 N 中关联影响程度表示风险事件 R_j 对风险事件 $R_{j'}$ 的消极的直接关联影响程度 $q_{j,j'}$。

3.1.3 基于 DEMATEL 方法的总关联矩阵的确定

在利用 DEMATEL 方法进行项目风险关联影响程度分析之前，对本节涉及的相关符号与定义进行解释。

X_p：标准化的积极的直接关联矩阵，$X_p = \left[x_{j,j'}^p \right]_{k*k}$，其中 $x_{j,j'}^p$ 表示风险事件 R_j 对风险事件 $R_{j'}$ 的标准化的积极的直接关联影响程度，$j,\ j' = 1,\ 2,\ \cdots,\ k$。

X_n：标准化的消极的直接关联矩阵，$X_n = \left[x_{j,j'}^n \right]_{k*k}$，其中 $x_{j,j'}^n$ 表示风险事件 R_j 对风险事件 $R_{j'}$ 的标准化的消极的直接关联影响程度，$j,\ j' = 1,\ 2,\ \cdots,\ k$。

T_p：积极的总关联矩阵，$T_p = \left[t_{j,j'}^p \right]_{k*k}$，其中 $t_{j,j'}^p$ 表示风险事件 R_j 对风险事件 $R_{j'}$ 的积极的总关联影响程度，$j,\ j' = 1,\ 2,\ \cdots,\ k$。

T_n：消极的总关联矩阵，$T_n = \left[t_{j,j'}^n \right]_{k*k}$，其中 $t_{j,j'}^n$ 表示风险事件 R_j 对风险事件 $R_{j'}$ 的消极的总关联影响程度，$j,\ j' = 1,\ 2,\ \cdots,\ k$。

为了将 MACBETH 方法中得到的直接关联矩阵作为本节 DEMA-TEL 方法中的直接关联矩阵，需将本节的评估准则与上一节中的偏好强度保持一致，即有以下七种评估准则：无（no）、很弱（very weak）、弱（weak）、中等（moderate）、强（strong）、很强（very strong）以及极端（extreme）。

DEMATEL 方法通常是通过矩阵和有向图来可视化复杂的因果关联关系的，但也有学者将其用于系统属性权重的获取[83]，而本书通过 DEMATEL 方法获取项目风险事件的关联影响程度，以此表达风险事件之间复杂的关联关系，既包括直接关联又包括间接关联，如风险事件 $R_{j'}$ 受到风险事件 R_j 的积极（或消极）的直接关联（或间接关联）影响，指的是风险事件 R_j 为原因，而风险事件 $R_{j'}$ 是受到积极（或消极）影响的结果。

本节将给出计算项目风险总关联矩阵的两个步骤：步骤一，标准化直接关联矩阵，即采用 DEMATEL 方法中的标准化方法对 MAC-BETH 方法得到的直接关联矩阵进行标准化；步骤二，计算总关联矩阵，即对标准化的直接关联矩阵通过一系列转化得到总关联矩阵。下面将通过一个案例进行详细阐述。

步骤一：标准化直接关联矩阵。

将 MACBETH 方法得到的直接关联矩阵（P 和 N）通过式（3-8）~式（3-11）进行标准化，得到如表 3-7 和表 3-8 所示的标准化的积极的直接关联矩阵 X_p 和标准化的消极的直接关联矩阵 X_n。

$$X_p = k_p P \tag{3-8}$$

$$k_p = \min\left(\frac{1}{\max\limits_{1 \leqslant j \leqslant k}\left(\sum\limits_{j'=1}^{k} p_{j,j'}\right)}, \frac{1}{\max\limits_{1 \leqslant j' \leqslant k}\left(\sum\limits_{j=1}^{k} p_{j,j'}\right)}\right) \tag{3-9}$$

$$X_n = k_n N \tag{3-10}$$

$$k_n = \min\left(\frac{1}{\max\limits_{1 \leqslant j \leqslant k}\left(\sum\limits_{j'=1}^{k} q_{j,j'}\right)}, \frac{1}{\max\limits_{1 \leqslant j' \leqslant k}\left(\sum\limits_{j=1}^{k} q_{j,j'}\right)}\right) \tag{3-11}$$

其中，式（3-9）中的 k_p 表示对积极的直接关联矩阵进行标准化的系数，具体为积极的直接关联矩阵中行和以及列和的最大值的倒数；式（3-11）中的 k_n 表示对消极的直接关联矩阵进行标准化的系数，具体为消极的直接关联矩阵中行和以及列和的最大值的倒数。在得到的标准化的积极或消极的直接关联矩阵中的关联影响程度均是直接关联影响程度，即表示风险事件 R_j 对风险事件 $R_{j'}$ 的标准化的积极的直接关联影响程度 $x_{j,j'}^p$ （或风险事件 R_j 对风险事件 $R_{j'}$ 的标准化的消极的直接关联影响程度 $x_{j,j'}^n$ ）。

表 3-7　　　　　　　　标准化的积极的直接关联矩阵

X_p	R_1	R_2	R_3	R_4	R_5	R_6	R_7
R_1	0	0.1338	0	0	0.3186	0	0
R_2	0	0	0.1800	0.1570	0	0	0.1154
R_3	0.2626	0	0	0	0	0	0.1898
R_4	0	0.2462	0.2062	0	0	0	0
R_5	0	0	0.1534	0.1977	0	0	0.1014
R_6	0	0.2543	0.1981	0	0	0	0
R_7	0	0	0.2624	0.1900	0	0	0

表 3-8　　　　　　　　标准化的消极的直接关联矩阵

X_n	R_1	R_2	R_3	R_4	R_5	R_6	R_7
R_1	0	0	0.0137	0.2335	0	0	0.0949
R_2	0	0	0	0	0.2735	0.1924	0
R_3	0	0	0	0	0.2600	0.2060	0
R_4	0	0	0	0	0.2740	0.1919	
R_5	0.2478	0	0	0	0	0.2182	0
R_6	0	0	0	0.2703	0	0	0.1957
R_7	0	0.2043	0	0	0.1523	0.1094	0

步骤二：计算总关联矩阵。

将步骤一得到的标准化的直接关联矩阵（包含标准化的积极的

直接关联矩阵 X_p 和标准化的消极的直接关联矩阵 X_n）通过式（3 – 12）和式（3 – 13）集结所有直接和间接关联影响得到总关联矩阵，如表 3 – 9 和表 3 – 10 所示。

$$T_p = X_p + X_p^2 + \cdots + X_p^k = X_p \frac{I - X_p^k}{I - X_p} = X_p (I - X_p)^{-1} \quad (3 - 12)$$

$$T_n = X_n + X_n^2 + \cdots + X_n^k = X_n \frac{I - X_n^k}{I - X_n} = X_n (I - X_n)^{-1} \quad (3 - 13)$$

表 3 – 9　　　　　　　　　积极的总关联矩阵

T_p	R_1	R_2	R_3	R_4	R_5	R_6	R_7
R_1	0.0319	0.1639	0.1213	0.1050	0.3287	0	0.0753
R_2	0.0745	0.0605	0.2837	0.2052	0.0237	0	0.1786
R_3	0.2881	0.0557	0.0972	0.0694	0.0918	0	0.2240
R_4	0.0777	0.2726	0.2960	0.0648	0.0248	0	0.0902
R_5	0.0687	0.0691	0.2617	0.2435	0.0219	0	0.1613
R_6	0.0760	0.2807	0.2895	0.0659	0.0242	0	0.0898
R_7	0.0904	0.0664	0.3442	0.2205	0.0288	0	0.0759

表 3 – 10　　　　　　　　　消极的总关联矩阵

T_n	R_1	R_2	R_3	R_4	R_5	R_6	R_7
R_1	0.0096	0.0343	0.0139	0.2652	0.0386	0.1089	0.1680
R_2	0.0721	0.0170	0.001	0.0966	0.2911	0.2950	0.0831
R_3	0.0689	0.0175	0.001	0.0990	0.2781	0.3067	0.0855
R_4	0.0146	0.0576	0.0002	0.0997	0.0588	0.3562	0.2821
R_5	0.2533	0.0212	0.0035	0.1337	0.0225	0.2759	0.1037
R_6	0.0147	0.0581	0.0002	0.3118	0.0593	0.1407	0.2844
R_7	0.0549	0.2173	0.0008	0.0742	0.2217	0.2270	0.0639

在表 3 – 9 和表 3 – 10 中，总关联矩阵（积极的总关联矩阵 T_p

和消极的总关联矩阵 T_n）中既包含直接关联影响程度又包含间接关联影响程度，而且原本在直接关联矩阵和标准化的直接关联矩阵中几乎看不出存在关联的两个风险事件在总关联矩阵中能够得到其间接关联影响程度，如在标准化的消极的直接关联矩阵 X_n 中，$x_{3,2}^n = 0$ 表示风险事件 R_3 对风险事件 R_2 标准化之后的消极的直接关联影响为 0，即风险事件 R_3 对风险事件 R_2 没有消极的直接关联影响，然而在消极的总关联矩阵 T_n 中可以看出风险事件 R_3 对风险事件 R_2 是有消极的间接关联影响的，此时风险事件 R_3 对风险事件 R_2 消极的间接关联影响程度为 $t_{3,2}^n = 0.0175$。

3.2 考虑风险关联的项目风险应对策略选择模型

在完成项目风险识别与评估后，将项目风险关联分析的结果，即总关联矩阵中的总关联影响程度或标准化的直接关联矩阵中的直接关联影响程度作为本节模型构建的关联影响系数，同时考虑项目管理者的风险偏好，在此基础上以项目管理者的期望效用最大化为目标，以实施应对策略的总预算为约束，构建 0~1 非线性整数规划模型，对项目风险应对策略进行选择，并达到最优的项目管理者的期望效用。

项目风险应对策略选择模型实质是 0~1 非线性整数规划模型，属于整数规划模型的一类分支，用来处理决策变量的全部取值为 0 或者 1 情形的非线性规划。非线性整数规划模型中的二次背包问题属于 0~1 非线性整数规划模型，只是本节采用的非线性函数与其不一致，本节采用的是凹指数效用函数。下面将就考虑风险关联的项目风险应对策略选择的优化问题进行模型构建。首先，对本模型涉

及的符号进行定义与说明；然后，阐述考虑风险总关联的项目风险
应对决策模型以及考虑不同风险关联情形的项目风险应对决策模型
的构建。

3.2.1　符号的定义与说明

针对考虑风险关联的项目风险应对策略选择的优化问题，在构
建考虑风险关联的项目风险应对策略选择模型之前，给出本节所用
符号的定义与说明。

A：候选的项目风险应对策略集，$A = \{A_1,\ A_2,\ \cdots,\ A_h\}$，其中
A_i 表示候选的项目风险应对策略集中第 i 个风险应对策略，$i = 1$，
2，$\cdots$，h。

R：项目潜在风险事件集，$R = \{R_1,\ R_2,\ \cdots,\ R_k\}$，其中 R_j 表
示项目潜在风险事件集中第 j 个风险事件，$j = 1$，2，$\cdots$，k。

B：在项目风险应对阶段实施应对策略集的总预算。

c_i：在项目风险应对阶段实施应对策略 A_i 的成本（包含分部分项
工程费——人、材、机和管理费、措施项目费等），$i = 1$，2，$\cdots$，h。

l_j：项目风险事件 R_j 发生的期望损失，$j = 1$，2，$\cdots$，k。

λ：在考虑风险总关联的项目风险应对策略选择模型中，与标
准化的项目风险事件的期望损失相比，标准化的项目风险事件
总关联的重要程度，即对项目风险事件总关联的关注程度，满足
$\lambda \in (0,\ 1)$。

λ'：在考虑不同风险关联情形的项目风险应对策略选择模型
中，与标准化的项目风险期望损失相比，标准化的项目风险事件
不同关联的重要程度，即对项目风险事件不同关联的关注程度，
满足 $\lambda' \in (0,\ 1)$。

I_j^ρ：第 j 个风险受到其他风险的不同风险关联情形的影响程度，

$\theta = 1$，2，3，4，$j = 1$，2，$\cdots$，k，其中 $\theta = 3$ 表示的是总关联情形。

I_j^p：第 j 个风险受到其他风险的积极的总关联影响程度，即 T_p 中第 j 列的和，$j = 1$，2，$\cdots$，k。

I_j^n：第 j 个风险受到其他风险的消极的总关联影响程度，即 T_n 中第 j 列的和，$j = 1$，2，$\cdots$，k。

$I_j^{p'}$：第 j 个风险受到其他风险的积极的直接关联影响程度，即 X_p 中第 j 列的和，$j = 1$，2，$\cdots$，k。

$I_j^{n'}$：第 j 个风险受到其他风险的消极的直接关联影响程度，即 X_n 中第 j 列的和，$j = 1$，2，$\cdots$，k。

x_{ij}：项目风险应对决策模型的决策变量，即是否对 R_j 实施应对策略 A_i，$x_{ij} \in \{0, 1\}$，$i = 1$，2，$\cdots$，h，$j = 1$，2，$\cdots$，k，当 $x_{ij} = 0$ 时，表示不对 R_j 实施应对策略 A_i，当 $x_{ij} = 1$ 时，表示对风险事件 R_j 实施应对策略 A_i。

e_{ij}：采取应对策略 A_i 来应对风险 R_j 的期望效果，$i = 1$，2，$\cdots$，h，$j = 1$，2，$\cdots$，k。

$U(x_{ij})$：项目管理者由于项目风险事件 R_j 的发生而采取策略 A_i 后对得到的效果 $e_{ij}x_{ij}$ 的主观评价，$i = 1$，2，$\cdots$，h，$j = 1$，2，$\cdots$，k。

α：$U(x_{ij})$ 中的风险规避系数，一般为总预算 $1/6$ 的倒数，即 $\dfrac{1}{\frac{1}{6}B}$，$i = 1$，2，$\cdots$，h，$j = 1$，2，$\cdots$，k。

V：项目管理者的期望效用。

W_j：在考虑风险总关联的项目风险应对决策模型中，R_j 在 V 中重要性的权重函数，$j = 1$，2，$\cdots$，k。

W_j^θ：在考虑不同风险关联情形的项目风险应对决策模型中，R_j 在 V 中重要性的权重函数，$\theta = 1$，2，3，4，$j = 1$，2，$\cdots$，k，其中当 $\theta = 3$ 时，$W_j^3 = W_j$。

3.2.2　考虑风险总关联的项目风险应对策略选择模型的构建

本节将构建考虑风险总关联的项目风险应对策略选择模型，即 0~1 非线性整数规划模型来解决考虑风险关联的项目风险应对策略选择的优化问题，该模型是在实施应对策略的总预算约束下，通过构建考虑风险总关联的项目风险应对策略选择模型，从而选择出合适的项目风险应对策略集以达到最优项目管理者的期望效用。

为了便于理解模型的构建过程，给出以下六个基本假设。

假设 3-1：采取风险应对策略应对风险时不发生二次风险，即不考虑在应对风险时发生其他的风险来增强（或减弱）该风险的发生。如在地铁基坑开挖过程当中发生基底涌水涌砂风险，采取注浆应对措施进行封堵之后，造成了其他多个点的涌水涌砂现象，这便是造成了二次风险的发生，该风险事件的发生不仅增加原始风险的期望损失，增加风险应对策略选择的困难，同时增加实施风险应对策略的成本，降低风险应对策略的效果，这些在本书研究范围内都不涉及。

假设 3-2：本书采用的应对策略对风险事件进行的应对效果均是积极的，即能够降低风险事件的发生和（或）发生后的期望损失。本模型的构建是为在满足项目管理者的期望效用最大的目标时选取适合的候选应对策略集，所以采用的风险应对策略必须是积极地应对风险事件，即花费一定成本采取风险应对策略后对风险事件的发生进行提前预防和（或者）在风险事件发生后及时地进行应对，以此来降低期望损失从而满足项目管理者的期望效用最大化的目标。

假设 3-3：在约束方面，只考虑实施应对策略的总预算约束。在模型构建过程中，认为项目中涉及的其他资源充分，即项目所在地的人力资源充足可以随时满足项目劳动力需求并且项目所需机械及材料均是可获取且能够及时供应的，另外，将项目涉及的其他资源要求转化到实施应对策略的总预算中作为约束条件。

假设 3-4：在该模型中，风险应对策略的最佳效果是将风险事件所造成的期望损失降低到 0。在项目当中，一旦风险事件发生就会造成不同程度的损失，所以如何通过实施不同的风险应对策略将风险事件造成的损失降到最低直至为 0 是值得项目管理者考虑的。

假设 3-5：在模型中为避免风险事件发生概率对风险事件发生结果的影响，只考虑风险事件发生后造成的期望损失。一般而言，风险事件有两个实质性的属性，分别指的是风险事件的发生概率以及风险事件对项目所造成的损失，而风险事件的期望损失则可认为是由风险事件的发生概率以及风险事件对项目所造成的损失共同作用的结果。

假设 3-6：项目管理者属于风险厌恶型管理者。该模型的目标是最大化项目风险管理者的期望效用，所以不得不考虑项目管理者对风险的态度。在项目风险管理中，项目管理者需要确定采取何种策略应对风险事件并从实施的风险应对策略中获取相应利润，而这些风险事件并不是确定发生或者不发生的，所以这对项目管理者的风险态度提出一定要求。

所有通过风险识别与评估选择出的风险事件在项目实施过程中均可能发生，本模型旨在选择风险事件发生之前的预防以及风险事件发生之后的缓解策略。

通过上述六个基本假设及说明构建如下考虑风险总关联的项目风险应对策略选择模型：

$$\max V = \sum_{i=1}^{h} \sum_{j=1}^{k} W_j U(x_{ij}) \tag{3-14}$$

$$\text{s. t.} \sum_{i=1}^{h} \left[c_i \cdot \left(\max_j x_{ij} \right) \right] \leqslant B,\ i = 1,\ 2,\ \cdots,\ h,\ j = 1,\ 2,\ \cdots,\ k$$

$$\tag{3-15}$$

$$x_{ij} \in \{0,\ 1\},\ i = 1,\ 2,\ \cdots,\ h,\ j = 1,\ 2,\ \cdots,\ k$$

$$\tag{3-16}$$

为了便于对上述模型的理解，下面将对式（3-14）~式（3-16）进行详细解释，即模型构建的具体步骤。

步骤一：确定模型变量。

由于本模型研究的是在考虑风险之间总关联的基础上通过对风险事件 R_j 施加应对策略 A_i 从而使项目管理者的期望效用最大的问题，所以本模型必然是整数规划，其变量必然为整数。同时考虑到风险策略集 A 中所有策略不一定全部被用来应对风险事件集合 R，所以本模型的变量一定是 0~1 变量，也就是式（3-16）表示的形式，即当选择策略 A_i 来对应 R_j 时，$x_{ij}=1$，如果不选择策略 A_i 来应对 R_j，此时 $x_{ij}=0$。

步骤二：确定效用函数。

通过假设 3-6 的分析可以得到本节所需的效用函数为凹性，因为效用函数呈现凹性可以表示项目管理者对风险的厌恶态度。有关风险厌恶的效用函数一般分为三种：

①指数效用函数：$U(x_{ij}) = 1 - \exp[-a(x_{ij})]$；

②平方效用函数：$U(x_{ij}) = x_{ij} - \dfrac{1}{2} a x_{ij}^2$；

③幂指数效用函数：$U(x_{ij}) = \dfrac{1}{1-\gamma} x_{ij}^{1-\gamma}$。

由于指数效用函数能够满足单一和多个联合的风险偏好，并且该效用函数通常用于决策分析中，所以本模型采用指数效用函数来呈现项目管理者绝对厌恶的风险偏好[58,84]。由此可得到表明项目管理者所持风险厌恶态度的指数效用函数，如式（3 – 17）所示：

$$U(x_{ij}) = 1 - \exp\left[-\alpha(e_{ij}x_{ij}) \right], \ i = 1, \ 2, \ \cdots, \ h, \ j = 1, \ 2, \ \cdots, \ k$$

$$(3 - 17)$$

其中，在该指数效用函数中，当 $e_{ij}x_{ij} = 0$ 时，$U(x_{ij}) = 0$，而当 $e_{ij}x_{ij} \to \infty$ 时，$U(x_{ij}) = 1$。

步骤三：确定权重函数。

项目风险事件在项目管理者的期望效用中的重要性通过权重函数 W_j 来表示，其中 $W_j \in (0, 1)$。本书假设项目风险事件的重要性由两部分构成：一部分是项目风险事件的总关联影响程度；另一部分是项目风险事件的期望损失影响程度。其中，项目风险事件的总关联影响程度包含积极与消极的总关联影响程度，如 I_j^p 表示项目风险事件 R_j 受到其他项目风险事件的积极的总关联影响程度，I_j^n 表示项目风险事件 R_j 受到其他项目风险事件的消极的总关联影响程度。权重函数 W_j 如式（3 – 18）所示：

$$W_j = \lambda \frac{I_j^p + I_j^n}{\max_j \{ I_j^p + I_j^n \}} + (1 - \lambda) \frac{l_j}{\max_j \{ l_j \}}, \ j = 1, \ 2, \ \cdots, \ k$$

$$(3 - 18)$$

其中，λ 表示与标准化的项目风险事件的期望损失相比标准化的项目风险事件总关联的重要程度，即对项目风险事件总关联的关注程度，满足 $\lambda \in (0, 1)$。由于权重函数 W_j 中两部分重要性的单位不同，直接计算会造成两种指标的不可公度，故将项目风险事件的总关联影响程度与期望损失影响程度进行归一化处理，得到标准化的项目风险事件总关联影响程度 $\dfrac{I_j^p + I_j^n}{\max\limits_j \{ I_j^p + I_j^n \}}$ 以及标准化的项目风险事件期望损失影响程度 $\dfrac{l_j}{\max\limits_j \{ l_j \}}$。

步骤四：确定模型目标。

在明确分析项目管理者对风险所持态度的效用函数 $U(x_{ij})$ 及权重函数 W_j 后，需要确定本模型的总目标，即在考虑风险总关联的基础上选择合适的应对策略来应对风险事件以达到项目管理者的期望效用最大化这一目标，如模型中式（3-14）所呈现的形式。

步骤五：确定模型约束。

步骤二在解释考虑项目管理者对风险所持态度的效用函数 $U(x_{ij})$ 时提到项目管理者认为对项目和其自身而言最重要的是使应对策略满足其期望效用，隐含的前提是实施应对策略的总预算一定，只有在这一约束下达到的最大期望效用对项目本身和项目管理者而言才有价值，这里提到的约束通过式（3-15）体现在模型中。另外，约束中的 $\max_{j} x_{ij}$ 是指选择项目风险应对策略 A_i 应对风险事件 R_j 时，每个项目风险应对策略的实施成本 c_i 只能被计算一次，以免增加不必要的项目风险应对策略实施成本。

在模型构建过程中值得注意的是，风险事件 R_j 与风险应对策略 A_i 之间并不是完全意义上的一一对应。在项目风险管理中，风险事件与风险应对策略之间的关系一般存在两种，即一个风险事件可以由一个或者多个风险应对策略进行应对，一个风险应对策略可同时应对一个或者多个风险事件。如图 3-12 表示了风险 R_j 与策略 A_i 之间的对应关系，风险 R_1 只能由策略 A_1 来应对，而风险 R_3 则可由策略 A_2 和 A_4 共同应对，此为一个风险可由一个或多个策略来应对的一种应对关系；同理，策略 A_2 和 A_4 都可应对风险 R_3，而策略 A_3 则可同时应对风险 R_2 和 R_4，此为一个策略可以同时应对一个或者多个风险的另一种对应关系。

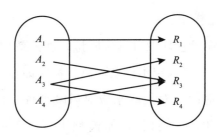

图 3 - 12　风险事件与应对策略之间的关系

3.2.3　考虑不同风险关联情形的项目风险应对策略选择模型的构建

与以往风险关联相关研究仅关注风险之间消极的直接关联相比，本节在对风险关联进行分析时，考虑了积极的直接关联、积极的间接关联、消极的直接关联和消极的间接关联，在 3.2.2 节中对考虑风险总关联的项目风险应对策略选择模型进行构建，为了验证考虑项目风险之间积极关联以及间接关联的必要性以及对项目管理者的期望效用的影响，进行了如表 3 - 11 所示的考虑四种风险关联情形的项目风险应对策略选择模型的构建。

表 3 - 11　　　　　　　　　　　　四种关联情形

关联类型	积极与消极关联	消极关联
直接关联	情形 1	情形 2
直接关联和间接关联（总关联）	情形 3	情形 4

为了研究结果的可对比性，根据 3.2.2 节相关内容构建考虑不同风险关联情形的项目风险应对策略选择模型，新模型与原模型的不同便是式（3 - 18）表示的风险事件本身产生的关联影响程度与风险事件本身所造成的期望损失值对项目管理者的期望效用影响的

权重函数的表达，模型的其余部分以及符号的表达均与考虑风险总关联的项目风险应对策略选择模型一致。因此，考虑不同风险关联情形的项目风险应对策略选择模型构建如下：

$$\max V = \sum_{i=1}^{h} \sum_{j=1}^{k} W_j^{\theta} U(x_{ij}) \qquad (3-19)$$

$$\text{s. t.} \sum_{i=1}^{h} \left[c_i \cdot (\max_j x_{ij}) \right] \leqslant B, \ i=1, 2, \cdots, h, j=1, 2, \cdots, k$$

$$\qquad (3-20)$$

$$x_{ij} \in \{0, 1\}, \ i=1, 2, \cdots, h, \ j=1, 2, \cdots, k \qquad (3-21)$$

本节模型只有确定权重函数这一步中权重函数的表达与之不同，所以在此详细地介绍确定权重函数的相关内容。考虑不同风险关联情形的项目风险事件在项目管理者的期望效用中的重要性通过权重函数 W_j^{θ} 来表示，其中 $W_j^{\theta} \in (0, 1)$。假设项目风险事件的重要性由两部分构成：一部分是不同风险关联情形下的项目风险事件的关联影响程度；另一部分是不同风险关联情形下的项目风险事件的期望损失影响程度。其中，不同风险关联情形下的项目风险事件的关联影响程度包含积极和消极的直接关联影响程度或者消极的直接关联影响程度或消极的总关联影响程度。权重函数 W_j^{θ} 如式（3-22）所示：

$$W_j^{\theta} = \lambda' \frac{I_j^{\theta}}{\max_j \{I_j^{\theta}\}} + (1-\lambda') \frac{l_j}{\max_j \{l_j\}}, \ j=1, 2, \cdots, k$$

$$\qquad (3-22)$$

其中，λ' 表示与标准化的项目风险事件的期望损失相比标准化的项目风险事件关联的重要程度，即对项目风险事件不同风险关联的关注程度，满足 $\lambda' \in (0, 1)$。由于权重函数 W_j^{θ} 中两部分重要性的单位不同，直接计算会造成两种指标的不可公度，故将项目风险事件的关联影响程度与期望损失影响程度进行归一化处理，得到标准化的项目风险事件的不同关联影响程度 $\dfrac{I_j^\theta}{\max\limits_{j}\{I_j^\theta\}}$ 以及标准化的项

目风险事件期望损失影响程度 $\dfrac{l_j}{\max\limits_{j}\{l_j\}}$。其中，情形 1（$\theta=1$）的标

准化的项目风险事件关联影响程度为 $\dfrac{I_j^1}{\max\limits_{j}\{I_j^1\}}=\dfrac{I_j^{n'}+I_j^{p'}}{\max\limits_{j}\{I_j^{n'}+I_j^{p'}\}}$，表示

标准化的项目风险事件的积极和消极的直接关联影响程度；情形 2

（$\theta=2$）的标准化的项目风险事件关联影响程度为 $\dfrac{I_j^2}{\max\limits_{j}\{I_j^2\}}=$

$\dfrac{I_j^{n'}}{\max\limits_{j}\{I_j^{n'}\}}$，表示标准化的项目风险事件的消极的直接关联影响程度，

即情形 1 中积极的直接关联影响程度不存在的时候所表达的情形

（$I_j^{p'}=0$）；情形 4（$\theta=4$）的标准化的项目风险事件关联影响程度为

$\dfrac{I_j^4}{\max\limits_{j}\{I_j^4\}}=\dfrac{I_j^n}{\max\limits_{j}\{I_j^n\}}$，表示标准化的项目风险事件的消极的总关联影

响程度，即情形 3 中积极的总关联影响程度不存在的时候（$I_j^p=0$）

所表达的情形；而标准化的项目风险事件期望损失影响程度均相

同，为 $\dfrac{l_j}{\max\limits_{j}\{l_j\}}$，与情形 3 中一致。

3.3　潜在应用研究

本节以 G 市地铁 5 标段建设项目为例，应用所提出的基于 DE-MATEL 的项目风险关联分析方法分析并评估风险之间的关联以及构建考虑风险总关联的项目风险应对决策模型。首先，对本案例的实际背景进行介绍；其次，通过提出的基于 DEMATEL 方法的项目风

险关联分析进行项目风险之间关联关系的分析与评估；再次，将得
到的总关联矩阵以及标准化的直接关联矩阵应用于考虑风险关联的
项目风险应对策略选择模型的构建过程中；最后，通过 LINGO 软件
对项目风险应对决策模型进行求解、对项目风险事件的风险关联的
关注程度以及实施应对策略的总预算进行灵敏度分析、分别比较分
析考虑积极关联与间接关联的必要性及其对项目管理者的期望效用
的影响并得出相应启示以指导实际项目。

3.3.1　G 市地铁 5 标段建设项目的实际背景

　　G 市地铁 5 标段建设项目包含一站一区间，分别为 A 站、A
站～B 站区间。项目总投资 3.97 亿元，总工期 821 天。由于该项目
在 G 市建筑与人口密集区进行施工建设，所以需要对其可能面临的
复杂项目风险事件进行有效地识别、评估与应对。
　　（1）车站概况。
　　A 车站沿石槎路与西槎路南北布置，且与规划的 12 号线呈
"T" 形换乘关系。A 站为地下二层（换乘段三层）岛式车站，车站
采用明挖法施工，换乘段采用盖挖顺作法施工。
　　（2）区间概况。
　　A 站～B 站盾构区间位于市政道路——西槎路上，区间左线长
929.4 米，右线长 927.7 米，本标段区间采用盾构法，联络通道采
取矿山法。

3.3.2　G 市地铁 5 标段建设项目风险关联分析

　　为了对该项目实施过程中存在的风险事件进行应对，需要对 G
市地铁 5 标段建设项目中涉及的风险事件及其关联关系影响程度进

行识别与评估，该节主要获得评估项目风险之间的直接关联影响程度的直接关联矩阵。

首先，由项目管理者构建 15 人的专家组，其中包含模架工程专家两名、岩土工程专家两名、混凝土工程专家两名、防水工程专家两名、隧道与地下工程专家两名、深基坑暗挖及盾构专家两名、结构设计专家一名、地质勘探专家一名以及工程项目管理专家一名。邀请专家组依据经验、历史案例以及 G 市建设规范等对 G 市地铁 5 标段建设项目中的潜在风险事件进行识别，确定需要进行评估及应对的 16 种风险事件，组成不同类别的项目风险事件集 $R = \{R_1, R_2, \cdots, R_{16}\}$，如表 3 - 12 所示。

表 3 - 12 项目风险的分类

项目名称	风险分类	风险子类别	事件符号
G 市地铁 5 标段建设项目	安全风险	岩溶风险	R_1
		联络通道暗挖风险	R_2
	质量风险	地下连续墙渗漏水、涌土喷砂	R_3
		基坑坑底突涌	R_4
		楼板浇筑失稳、混凝土开裂	R_5
		防水层漏水	R_6
	环境风险	周边建筑整体沉降变形	R_7
		周边管线受到破坏发生变形	R_8
		周边建筑物结构开裂、地面沉降塌陷	R_9
	其他风险	施工准备不足	R_{10}
		设计图纸变更或图纸供应不及时	R_{11}
		存在技术规划之外的复杂工艺	R_{12}
	技术风险	盾构进出洞风险	R_{13}
		上软下硬的掘进风险	R_{14}
		盖挖法施工联络通道风险	R_{15}
		开仓带压换刀风险	R_{16}

其次，针对项目风险事件集 $R = \{R_1, R_2, \cdots, R_{16}\}$ 中的每个目标风险事件 R_j，15 名专家判断与该目标风险 R_j 存在积极关联作用（或消极关联作用）的风险集，依据目标风险对该风险集中各风险的关联作用强弱程度对风险集中的风险进行降序排列。其中，专家 E_1 认为目标风险事件 R_{11} 对风险事件 R_{10} 及 R_{12} 有积极的关联影响，同时认为目标风险事件 R_{11} 对风险事件 R_2、R_5、R_9、R_{13}、R_{14}、R_{15} 以及 R_{16} 有消极的关联影响，而且认为这些关联影响的降序排列结果为：

$$R_{10} = R_{12} \qquad\qquad (3-23)$$

$$R_2 = R_5 > R_9 = R_{13} = R_{14} = R_{15} = R_{16} \qquad (3-24)$$

再次，将上述排序的风险按照影响大在前的准则分别输入 MAC-BETH 决策支持系统中的目标风险事件 R_{11} 的积极和消极属性表中，如图 3-13 和图 3-14 所示，并邀请专家通过七种偏好强度对于排序的风险之间的关联影响进行评估，其中专家 E_1 对目标风险事件 R_{11} 的积极关联矩阵 $I_{11}^{1,p}$ 和消极关联矩阵 $I_{11}^{1,n}$，如图 3-15 和图 3-16 所示。

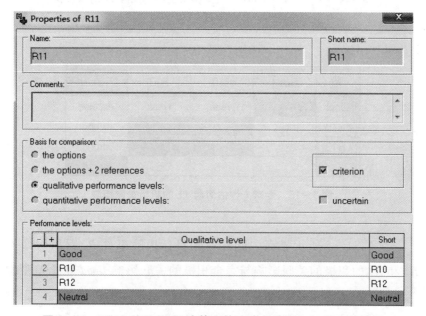

图 3-13　M-MACBETH 决策支持系统中的风险 11 的积极属性

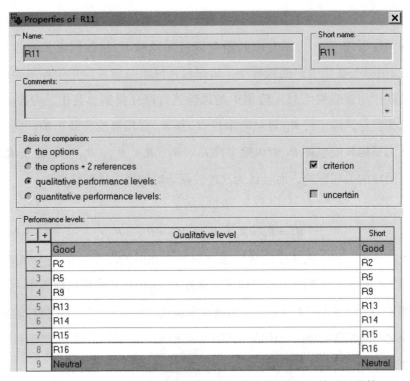

图 3 – 14　M – MACBETH 决策支持系统中的风险 11 的消极属性

R11

	Good	R10	R12	Neutral
Good	no	weak	weak	extreme
R10		no	no	strong
R12		no	no	strong
Neutral				no

图 3 – 15　专家 1 评估风险 11 的积极关联矩阵

在图 3 – 15 所示界面中能够看到目标风险事件 R_{11} 对风险事件
R_{10} 和 R_{12} 的积极的关联影响与完全积极的关联影响 Good 相比差距均
为"弱",即目标风险事件 R_{11} 对这两种风险事件的积极的关联影响
都是"强"的,由此得到的专家 E_1 对目标风险事件 R_{11} 的积极关联

　项目风险应对决策理论与方法

R11

🖩	Good	R2	R5	R9	R13	R14	R15	R16	Neutral
Good	no	weak	weak	moderate	moderate	moderate	moderate	moderate	extreme
R2		no	no	very weak	very weak	very weak	very weak	very weak	strong
R5		no	no	very weak	very weak	very weak	very weak	very weak	strong
R9				no	no	no	no	no	moderate
R13					no	no	no	no	moderate
R14						no	no	no	moderate
R15							no	no	moderate
R16								no	moderate
Neutral									no

图 3 – 16　专家 1 评估风险 11 的消极关联矩阵

矩阵一致；同理，在图 3 – 16 中可以看出目标风险事件 R_{11} 对风险事件 R_2 和 R_5 的消极的关联影响与完全消极的关联影响 *Good* 相比差距均是"弱"，而对风险事件 R_9、R_{13}、R_{14}、R_{15} 以及 R_{16} 的消极的关联影响与完全消极的关联影响 *Good* 相比差距均为"中等"，即目标风险事件 R_{11} 对风险事件 R_2 和 R_5 的消极的关联影响均"很弱"地强烈于风险事件 R_9、R_{13}、R_{14}、R_{15} 以及 R_{16} 的消极的关联影响，由此得到的消极关联矩阵是一致的。

最后，在 M – MACBETH 软件中对 15 名专家评估得到的积极关联矩阵与消极关联矩阵进行关联影响程度的获取，其中专家 E_1 对目标风险事件 R_{11} 的两种关联影响程度如图 3 – 17 和图 3 – 18 所示。

R11

🖩	Good	R10	R12	Neutral	Current scale
Good	no	weak	weak	extreme	100.00
R10		no	no	strong	66.67
R12		no	no	strong	66.67
Neutral				no	0.00

图 3 – 17　风险 11 的积极的关联影响程度

図3-18 风险11的消极的关联影响程度

由图3-17可以看出专家E_1认为目标风险事件R_{11}对风险事件R_{10}和R_{12}的消极的关联影响程度是相同的，均为66.67；而由图3-18能够得到目标风险事件R_{11}对风险事件R_2和R_5的消极的关联影响程度是相同的均为66.67，而对风险事件R_9、R_{13}、R_{14}、R_{15}和R_{16}的消极的关联影响程度次之，均为50。

由于15名专家具备的经验、主观性以及对该地铁项目的了解程度不同，对于项目风险之间存在的积极与消极关联的评估结果会有所不同，这里介绍专家E_{11}对目标风险事件R_{11}进行消极关联评估时对于不一致情境的处置过程。

在专家E_{11}评估目标风险事件R_{11}的消极的关联影响时，M-MACBETH软件的消极关联矩阵是不一致的（如图3-19所示），结合该软件以及专家意见对其进行一致性调整。专家E_{11}根据软件给出的调整结果结合自己的经验进行相应的调整，即将目标风险事件R_{11}对风险事件R_2的消极的关联影响与 Neutral 相比时的"很强"下调一个偏好强度降为"强"，或者将目标风险事件R_{11}对风险事件R_5的消极的关联影响与 Neutral 相比时的"强"上调一个偏好强度升为"很强"，或者将目标风险事件R_{11}对风险事件R_2与R_5的消极的关联影响的差距由没有关联影响升为强度为"很弱"的关联影响，这三种变化改变其中一种便能得到一致的消极关联矩阵，本书采用的是第二种调整方法，并对调整后具有一致性的消极关联矩阵进行关联影响程度的获取，得到如图 3 – 20 所示的消极的关联影响程度。

图 3 – 19　风险 11 的不一致的消极关联矩阵

图 3 – 20　风险 11 的消极的关联影响程度

同样地，专家组的其他 13 名专家对 16 种已识别的风险事件分别进行如上的积极与消极的关联影响程度的评估，并对 15 名专家得到的 [0，100] 之间的关联强度经式（3 - 4）和式（3 - 5）进行标准化，随后通过式（3 - 6）和式（3 - 7）集结专家组的关联影响程度，最终得到项目风险之间的积极的直接关联矩阵和消极的直接关联矩阵，如表 3 – 13 和表 3 – 14 所示。

表3-13　项目风险之间的积极的直接关联矩阵

P	R_1	R_2	R_3	R_4	R_5	R_6	R_7	R_8	R_9	R_{10}	R_{11}	R_{12}	R_{13}	R_{14}	R_{15}	R_{16}
R_1	—	—	—	—	—	—	—	—	—	—	—	—	—	—	—	—
R_2	—	—	—	—	—	—	—	—	—	—	—	—	—	—	—	—
R_3	—	—	—	—	—	—	—	—	—	—	—	—	—	—	—	—
R_4	0.4091	—	0.2523	—	—	0.3386	—	—	—	—	—	—	—	—	—	—
R_5	—	—	—	—	—	0.3518	—	0.3241	—	0.3241	—	—	—	—	—	—
R_6	—	—	—	—	0.5205	—	—	—	—	0.4795	—	—	—	—	—	—
R_7	—	—	—	—	—	0.3512	—	—	—	—	0.3244	0.3244	—	—	—	—
R_8	—	—	—	—	—	—	—	—	0.3691	0.1325	0.2492	0.2492	—	—	—	—
R_9	—	0.4567	—	—	—	—	—	0.2717	—	0.2717	—	—	—	—	—	—
R_{10}	—	—	—	—	—	—	—	—	—	—	—	—	—	—	—	—
R_{11}	—	—	—	—	—	—	—	—	—	0.5000	—	0.5000	—	—	—	—
R_{12}	—	—	—	—	—	—	—	—	—	0.5882	0.4112	—	—	—	—	—
R_{13}	—	—	—	—	—	—	—	—	—	—	—	—	—	0.4248	0.4248	0.1505
R_{14}	—	—	—	—	—	—	—	—	—	—	—	—	0.4204	—	0.4204	0.1593
R_{15}	—	—	—	—	—	—	—	—	—	—	—	—	0.4404	0.4404	—	0.1193
R_{16}	—	—	—	—	—	—	—	—	—	—	—	—	0.3820	0.3820	0.2406	—

表 3 - 14　项目风险之间的消极的直接关联矩阵

N	R_1	R_2	R_3	R_4	R_5	R_6	R_7	R_8	R_9	R_{10}	R_{11}	R_{12}	R_{13}	R_{14}	R_{15}	R_{16}
R_1	—	—	0.1014	0.1014	0.1014	0.0628	0.1014	0.1014	0.1014	0.0822	0.0822	0.0822	0.0822	—	—	—
R_2	—	—	—	—	0.0944	0.1178	0.1178	0.1466	0.1466	0.1178	0.1178	0.1178	—	—	—	—
R_3	0.1020	—	—	0.0735	0.1020	0.0833	0.1020	0.1020	0.1020	0.0833	0.0833	0.0833	0.0833	—	—	—
R_4	—	—	—	—	0.1423	—	0.1423	0.1108	0.1423	0.1108	0.1108	0.1108	0.0424	0.0877	—	—
R_5	0.1193	0.0944	0.1193	0.1193	—	—	0.1193	0.1065	0.1193	—	0.0944	0.0944	0.0492	0.0713	—	—
R_6	0.0778	0.1065	0.1065	0.1065	—	—	0.1303	0.1303	0.1303	—	0.0778	0.0778	0.0266	0.0266	0.0266	—
R_7	0.1169	0.0921	0.1169	0.1169	0.1169	0.1084	—	0.0921	0.1169	0.0921	—	—	0.0710	0.0472	0.0211	—
R_8	0.1392	0.1392	0.1392	0.1084	0.1084	0.1084	0.1084	—	—	—	—	—	—	—	—	—
R_9	0.1101	—	0.1101	0.1101	0.1101	0.1101	0.1101	—	—	—	0.0679	0.0679	0.0495	0.0495	0.0495	0.0679
R_{10}	0.1129	0.1129	—	—	—	—	0.1129	—	0.1047	—	0.0921	0.1129	0.1436	0.1543	0.2107	0.3662
R_{11}	—	0.1907	—	—	0.1907	—	—	—	0.1237	0.0921	—	—	0.1068	0.1543	0.2107	0.2677
R_{12}	—	0.1317	—	—	0.1317	—	0.1317	—	0.1049	—	—	—	0.1436	0.1543	0.2107	0.3662
R_{13}	0.1436	—	—	0.0723	0.0723	0.0317	0.1068	0.0723	0.1068	0.1436	0.1068	0.1436	—	0.1237	0.1317	—
R_{14}	—	—	—	0.1171	0.1171	0.0382	0.0738	0.0738	0.1171	0.1543	0.1543	0.1543	0.1317	—	0.1237	—
R_{15}	—	—	—	—	—	0.0490	0.0490	0.1101	0.1598	0.2107	0.2107	0.2107	0.1317	0.1317	—	—
R_{16}	—	—	—	—	—	—	—	—	—	0.3662	0.2677	0.3662	—	—	—	—

根据表 3 – 13 和表 3 – 14 能够看出，归一化并集结了 15 名专家意见的积极和消极的风险关系矩阵表示了 16 种风险事件之间积极和消极的直接关联影响程度。在表 3 – 13 中风险事件 R_{12} 对 R_{10} 的积极的直接关联影响程度最大为 0.5882，而风险事件 R_{15} 对 R_{16} 的积极的直接关联影响程度最小为 0.1193，其余的风险事件之间的积极的直接关联影响程度在这两者之间，由该表中前三种风险事件以及风险事件 R_{10} 对其余风险事件无关联作用可以得到风险事件 R_1、R_2、R_3 和 R_{10} 不对其余风险事件产生积极的直接关联影响，同时风险事件 R_4 和 R_7 不受其他风险事件的积极的直接关联影响；在表 3 – 14 中风险事件 R_{16} 对 R_{10} 的消极的直接关联影响程度最大为 0.3662，而风险事件 R_7 对 R_{15} 的消极的直接关联影响程度最小为 0.0211，其余的风险事件之间消极的直接关联影响程度在这两种影响程度之间。

通过上述分析得到该地铁项目风险之间的积极与消极的直接关联矩阵，为接下来项目风险总关联矩阵的确定提供了基础。

3.3.3 建设项目风险总关联矩阵的确定

将 3.3.2 节中得到的直接关联矩阵作为该节计算风险总关联矩阵的基础，然后进行总关联矩阵的计算，在最终求得的总关联矩阵中表达了风险事件之间复杂的关联关系，具体的步骤如下。

步骤一：标准化直接关联矩阵。

基于 MACBETH 方法得到的积极的直接关联矩阵 P 和消极的直接关联矩阵 N，通过式（3 – 8）~式（3 – 11）获取标准化的积极的直接关联矩阵 $X_p = \left[x_{j,j'}^p \right]_{16 \times 16}$ 和标准化的消极的直接关联矩阵 $X_n = \left[x_{j,j'}^n \right]_{16 \times 16}$，如表 3 – 15 和表 3 – 16 所示。

表 3 - 15　　标准化的积极的直接关联矩阵

X_p	R_1	R_2	R_3	R_4	R_5	R_6	R_7	R_8	R_9	R_{10}	R_{11}	R_{12}	R_{13}	R_{14}	R_{15}	R_{16}
R_1	—	—	—	—	—	—	—	—	—	—	—	—	—	—	—	—
R_2	—	—	—	—	—	—	—	—	—	—	—	—	—	—	—	—
R_3	—	—	—	—	—	—	—	—	—	—	—	—	—	—	—	—
R_4	0.1782	—	0.1099	—	—	0.1475	—	—	—	—	—	—	—	—	—	—
R_5	—	—	—	—	—	0.1532	—	0.1412	—	0.1412	—	—	—	—	—	—
R_6	—	—	—	—	0.2267	—	—	—	—	0.2089	—	—	—	—	—	—
R_7	—	—	—	—	—	0.1530	—	—	—	—	0.1413	0.1413	—	—	—	—
R_8	—	—	—	—	—	—	—	—	0.1608	0.0577	0.1085	0.1085	—	—	—	—
R_9	—	0.1989	—	—	—	—	—	0.1183	—	0.1183	—	—	—	—	—	—
R_{10}	—	—	—	—	—	—	—	—	—	—	—	—	—	—	—	—
R_{11}	—	—	—	—	—	—	—	—	—	0.2178	—	0.2178	—	—	—	—
R_{12}	—	—	—	—	—	—	—	—	—	0.2562	0.1791	—	—	—	—	—
R_{13}	—	—	—	—	—	—	—	—	—	—	—	—	—	0.1850	0.1850	0.0655
R_{14}	—	—	—	—	—	—	—	—	—	—	—	—	0.1831	—	0.1831	0.0694
R_{15}	—	—	—	—	—	—	—	—	—	—	—	—	0.1918	0.1918	—	0.0520
R_{16}	—	—	—	—	—	—	—	—	—	—	—	—	0.1664	0.1664	0.1048	—

表 3－16 标准化的消极的直接关联矩阵

X_n	R_1	R_2	R_3	R_4	R_5	R_6	R_7	R_8	R_9	R_{10}	R_{11}	R_{12}	R_{13}	R_{14}	R_{15}	R_{16}
R_1	—	—	0.0625	0.0625	0.0625	0.0387	0.0625	0.0625	0.0625	0.0507	0.0507	0.0507	0.0507	—	—	—
R_2	—	—	—	—	0.0726	0.0726	0.0726	0.0904	0.0904	0.0726	0.0726	0.0726	—	—	—	—
R_3	0.0629	—	—	0.0453	0.0629	0.0514	0.0629	0.0629	0.0629	0.0514	0.0514	0.0514	0.0514	—	—	—
R_4	—	—	—	—	0.0878	—	—	0.0683	0.0878	0.0683	0.0683	0.0683	0.0261	0.0540	—	—
R_5	0.0735	0.0582	0.0735	0.0735	—	—	0.0735	—	0.0735	—	0.0582	0.0582	0.0303	0.0440	—	—
R_6	0.0480	0.0657	0.0657	0.0657	—	—	0.0804	0.0657	0.0804	—	0.0480	0.0480	0.0164	0.0164	0.0164	—
R_7	0.0721	0.0568	0.0721	0.0721	0.0721	0.0669	—	0.0568	—	0.0568	—	—	0.0438	0.0291	0.0130	—
R_8	0.0858	0.0858	0.0858	0.0669	0.0669	0.0679	—	—	—	—	—	—	0.0305	0.0305	0.0305	—
R_9	0.0679	—	—	0.0679	0.0679	—	—	—	—	—	0.0419	0.0419	0.0419	0.0419	0.0419	0.0646
R_{10}	0.0696	0.0696	0.0679	—	—	—	—	—	—	—	—	0.0696	0.0696	0.0696	0.0696	0.0763
R_{11}	—	0.1175	—	—	0.1175	—	—	—	—	—	—	—	0.0763	0.0763	0.0763	0.0647
R_{12}	—	0.0812	—	—	0.0812	—	—	—	—	—	—	—	0.0812	0.0812	0.0812	—
R_{13}	0.0886	—	—	0.0446	0.0446	0.0196	0.0658	0.0446	0.0658	0.0886	0.0658	0.0886	—	—	—	—
R_{14}	—	—	—	0.0722	0.0722	0.0236	0.0455	0.0455	0.0722	0.0952	0.0952	0.0952	—	—	—	—
R_{15}	—	—	—	—	—	0.0302	0.0302	0.0679	0.0986	0.1299	0.1299	0.1299	—	—	—	—
R_{16}	—	—	—	—	—	—	—	—	—	0.2258	0.1650	0.2258	—	—	—	—

项目风险应对决策理论与方法

步骤二：计算总关联矩阵。

一旦获取了标准化的直接关联矩阵 X_p 和 X_n，总关联矩阵（积极的总关联矩阵 T_p 和消极的总关联矩阵 T_n）便可利用式（3 - 12）和式（3 - 13）转化得到，如表 3 - 17 和表 3 - 18 的积极和消极的总关联矩阵。这两个总关联矩阵既包含直接关联影响程度也包含间接关联影响程度，如原本在表 3 - 15 中 $x^p_{4,5} = 0$，表示风险事件 R_4 对 R_5 标准化之后的积极的直接关联影响为 0，即风险事件 R_4 对 R_5 没有积极的直接关联影响，而在表 3 - 17 中可以看出 $t^p_{4,5} = 0.0346$，表示风险事件 R_4 对 R_5 有积极的关联影响，此时的这种关联影响便是间接的。

3.3.4　G 市地铁 5 标段建设项目风险应对策略选择模型的构建及分析

由于该项目存在需要应对的 16 个风险事件，这些风险事件之间的关联将对项目管理者的期望效用以及应对策略选择产生影响，本节将通过优化模型的构建及求解分析项目风险事件总关联影响程度以及实施应对策略的总预算对项目管理者的期望效用和应对策略选择的影响，并分析考虑风险之间的积极关联和间接关联的必要性。

在确定该项目需要应对的 16 个风险及其积极与消极的关联影响程度后，专家组评估这些风险事件可能对项目所造成的期望损失，如表 3 - 19 所示。

与此同时，项目管理者及专家组成员根据经验及项目实际情况给出相应的应对策略，表 3 - 20 中列出了 32 种项目风险应对策略及其实施成本。

积极的总关联矩阵

表 3－17

T_p	R_1	R_2	R_3	R_4	R_5	R_6	R_7	R_8	R_9	R_{10}	R_{11}	R_{12}	R_{13}	R_{14}	R_{15}	R_{16}
R_1	—	—	—	—	—	—	—	—	—	—	—	—	—	—	—	—
R_2	—	—	—	—	—	—	—	—	—	—	—	—	—	—	—	—
R_3	—	—	—	—	—	—	—	—	—	—	—	—	—	—	—	—
R_4	0.1782	0.0002	0.1099	—	0.0346	0.1528	—	0.0050	0.0008	0.0375	0.0007	0.0007	—	—	—	—
R_5	—	0.0048	—	—	0.0360	0.1587	—	0.1491	0.0240	0.2005	0.0199	0.0205	—	—	—	—
R_6	—	0.0011	—	—	0.2349	0.0360	—	0.0338	0.0054	0.2543	0.0045	0.0046	—	—	—	—
R_7	—	0.0002	—	—	0.0359	0.1585	—	0.0052	0.0008	0.1225	0.1741	0.1798	—	—	—	—
R_8	—	0.0326	—	—	—	—	—	0.0194	0.1639	0.1437	0.1357	0.1402	—	—	—	—
R_9	—	0.2028	—	—	—	—	—	0.1206	0.0194	0.1353	0.0161	0.0166	—	—	—	—
R_{10}	—	—	—	—	—	—	—	—	—	—	—	—	—	—	—	—
R_{11}	—	—	—	—	—	—	—	—	—	0.2847	0.0406	0.2266	—	—	—	—
R_{12}	—	—	—	—	—	—	—	—	—	0.3072	0.1864	0.0406	—	—	—	—
R_{13}	—	—	—	—	—	—	—	—	—	—	—	—	0.1199	0.2765	0.2690	0.1065
R_{14}	—	—	—	—	—	—	—	—	—	—	—	—	0.2747	0.1204	0.2674	0.1097
R_{15}	—	—	—	—	—	—	—	—	—	—	—	—	0.2811	0.2815	0.1136	0.0959
R_{16}	—	—	—	—	—	—	—	—	—	—	—	—	0.2615	0.2619	0.2060	0.0460

项目风险应对决策理论与方法

表 3 - 18　消极的总关联矩阵

T_n	R_1	R_2	R_3	R_4	R_5	R_6	R_7	R_8	R_9	R_{10}	R_{11}	R_{12}	R_{13}	R_{14}	R_{15}	R_{16}
R_1	0.0710	0.0634	0.1146	0.1267	0.1520	0.0749	0.1542	0.1125	0.1585	0.1080	0.1143	0.1259	0.1126	0.0558	0.0398	0.0238
R_2	0.0704	0.0727	0.0589	0.0662	0.1591	0.1091	0.1620	0.1346	0.1831	0.1215	0.1314	0.1430	0.0639	0.0589	0.0458	0.0271
R_3	0.1309	0.0642	0.0566	0.1114	0.1513	0.0871	0.1545	0.1128	0.1588	0.1079	0.1147	0.1262	0.1132	0.0552	0.0400	0.0239
R_4	0.0692	0.0677	0.0542	0.0666	0.1776	0.0359	0.1745	0.1110	0.1816	0.1244	0.1305	0.1428	0.0890	0.1123	0.0441	0.0272
R_5	0.1315	0.1114	0.1201	0.1355	0.1000	0.0401	0.1626	0.0579	0.1729	0.0666	0.1271	0.1352	0.0918	0.0954	0.0371	0.0227
R_6	0.1107	0.1223	0.1175	0.1288	0.0985	0.0441	0.1699	0.1225	0.1760	0.0638	0.1144	0.1219	0.0767	0.0675	0.0535	0.0207
R_7	0.1391	0.1077	0.1235	0.1371	0.1598	0.0437	0.0973	0.1120	0.1682	0.1196	0.0722	0.0840	0.1017	0.0782	0.0461	0.0187
R_8	0.1477	0.1369	0.1378	0.1331	0.1543	0.1064	0.1602	0.0666	0.1056	0.0684	0.0749	0.0826	0.0856	0.0745	0.0580	0.0155
R_9	0.1288	0.0578	0.1176	0.1329	0.1562	0.1006	0.1576	0.0591	0.1050	0.0670	0.1147	0.1229	0.1008	0.0918	0.0752	0.0210
R_{10}	0.1242	0.1197	0.0434	0.0583	0.0870	0.0387	0.1541	0.0546	0.1612	0.0854	0.0822	0.1659	0.1238	0.1158	0.1063	0.0871
R_{11}	0.0585	0.1662	0.0433	0.0586	0.1963	0.0404	0.0880	0.0515	0.1738	0.0845	0.0915	0.1060	0.1238	0.1216	0.1084	0.0956
R_{12}	0.0617	0.1314	0.0459	0.0618	0.1627	0.0379	0.1644	0.0539	0.1631	0.0857	0.0864	0.1004	0.1302	0.1263	0.1131	0.0833
R_{13}	0.1505	0.0662	0.0530	0.1056	0.1351	0.0542	0.1558	0.0917	0.1620	0.1440	0.1263	0.1624	0.0673	0.0595	0.0453	0.0294
R_{14}	0.0627	0.0709	0.0484	0.1287	0.1626	0.0554	0.1356	0.0882	0.1694	0.1482	0.1562	0.1700	0.0666	0.0648	0.0485	0.0325
R_{15}	0.0620	0.0762	0.0455	0.0534	0.0916	0.0652	0.1175	0.1061	0.1912	0.1799	0.1857	0.2022	0.0702	0.0658	0.0570	0.0389
R_{16}	0.0516	0.0841	0.0273	0.0368	0.0888	0.0240	0.0864	0.0330	0.1019	0.2784	0.2182	0.3034	0.0778	0.0747	0.0675	0.0543

表 3 – 19 　　　　　　　　　　项目风险的期望损失值

风险名称	对项目造成的期望损失（万元）	风险名称	对项目造成的期望损失（万元）
岩溶风险（R_1）	1000	周边管线受到破坏发生变形（R_9）	80
联络通道暗挖风险（R_2）	100	施工准备不足（R_{10}）	10
地下连续墙渗漏水、涌土喷砂（R_3）	110	设计图纸变更或图纸供应不及时（R_{11}）	10
基坑开挖时突涌水（R_4）	500	存在技术规范之外的复杂工艺（R_{12}）	510
楼板浇筑失稳、混凝土开裂（R_5）	150	盾构进出洞加固（R_{13}）	20
建筑主体防水层漏水（R_6）	50	上软下硬的掘进风险（R_{14}）	500
建筑整体沉降变形（R_7）	50	盖挖法施工联络通道（R_{15}）	600
周边建筑物结构开裂、地面沉降塌陷（R_8）	200	开仓带压换刀风险（R_{16}）	300

表 3 – 20 　　　　　　　　备选的项目风险应对策略以及实施成本

备选的项目风险应对策略	实施成本（万元）	备选的项目风险应对策略	实施成本（万元）
降低地下水位并预测水位变化（A_1）	137.5	封堵处理（A_6）	130.83
进行封闭处理（A_2）	96	设置引流管（A_7）	7.5
加固处理（A_3）	117.78	适当抬高基坑内水位（A_8）	20
注浆处理（A_4）	157.14	加强工程中的材料质量（A_9）	10
选择合理先进的开挖工艺（A_5）	50	回灌处理（A_{10}）	166.67

备选的项目风险应对策略	实施成本（万元）	备选的项目风险应对策略	实施成本（万元）
做好监控测量工作（A_{11}）	57.14	选择高水平的施工单位（A_{22}）	30
吸出沉积混凝土并继续浇筑（A_{12}）	10	建设方、设计方、监理方与施工方保持畅联互通（A_{23}）	10
清理泥皮、泥渣（A_{13}）	50	改变工艺技术（A_{24}）	50
做好溶洞处理工作（A_{14}）	10	准确安装洞门密封圈（A_{25}）	40
合理安排施工工艺（A_{15}）	15	对基座框架结构的强度和刚度进行验算（A_{26}）	40
验算模板支架，选配合适的模板系统及支架（A_{16}）	60	完善后盾支撑（A_{27}）	30
选用合适的高质量材料（A_{17}）	40	混凝土回填处理（A_{28}）	30
合理设计混凝土配合比（A_{18}）	20	选择合适位置开仓检查刀具（A_{29}）	20
增加钢筋配置（A_{19}）	100	检查进场管片及拼接质量（A_{30}）	30
提高土仓压力，并改良好仓内土体，同时增加同步注浆压力（A_{20}）	100	检查支护结构强度、进行变形验算并检验（A_{31}）	20
制定切实可行的施工规划（A_{21}）	50	止水排水（A_{32}）	30

　　获得项目风险应对策略集后，项目管理者及专家组成员对实施风险应对策略后的效果进行评估，依此得到项目风险应对策略集实施后的效果（单位为万元），以货币的形式呈现于表 3 – 21。

　　通过表 3 – 21 可以看出，能够应对风险事件 R_1 的项目风险应对策略为策略 A_1、A_2、A_3、A_4、A_6、A_7 和 A_8，说明不同的风险应对策略能够应对同一种风险事件。为了更加清晰地了解风险事件与风险应对策略之间的对应关系，通过表 3 – 22 进行阐释。

单位：万元

表 3 – 21　实施应对策略后的项目风险应对效果货币值

e_{ij}	R_1	R_2	R_3	R_4	R_5	R_6	R_7	R_8	R_9	R_{10}	R_{11}	R_{12}	R_{13}	R_{14}	R_{15}	R_{16}
A_1	200	80	200	—	—	—	—	—	—	—	—	—	—	—	200	—
A_2	190	—	—	96	—	—	—	—	30	—	—	—	—	80	—	150
A_3	280	70	—	150	—	—	—	100	50	—	—	—	20	—	280	180
A_4	530	—	—	—	—	—	150	180	40	—	—	—	—	300	—	220
A_5	—	100	—	100	—	—	—	—	—	—	—	—	—	—	120	—
A_6	190	50	200	130	—	150	—	—	—	—	—	—	8	—	—	—
A_7	50	—	20	—	—	—	—	—	—	—	—	—	—	—	—	—
A_8	150	—	—	—	—	—	—	—	—	—	—	—	—	—	—	—
A_9	—	20	—	—	—	—	—	—	—	—	—	—	—	—	—	—
A_{10}	—	20	—	180	—	—	—	150	—	—	—	—	—	—	—	—
A_{11}	—	20	—	100	—	—	100	60	50	—	—	—	—	100	—	80
A_{12}	—	—	50	—	—	—	—	—	—	—	—	—	—	—	—	—
A_{13}	—	—	50	260	—	—	—	—	—	—	—	—	—	—	—	—
A_{14}	—	—	—	100	—	—	—	—	—	—	—	—	20	120	—	120
A_{15}	—	—	—	—	—	—	—	—	—	—	—	—	—	—	—	—
A_{16}	—	—	—	—	150	—	—	—	—	—	—	—	—	—	—	—

续表

e_{ij}	R_1	R_2	R_3	R_4	R_5	R_6	R_7	R_8	R_9	R_{10}	R_{11}	R_{12}	R_{13}	R_{14}	R_{15}	R_{16}
A_{17}	—	—	—	—	50	50	—	—	60	—	—	—	—	—	—	—
A_{18}	—	—	—	—	50	—	—	—	—	—	—	—	—	—	—	—
A_{19}	—	—	—	—	120	—	—	—	—	—	—	—	—	—	—	—
A_{20}	—	—	—	—	—	—	—	180	—	—	—	—	—	—	—	—
A_{21}	—	—	—	—	—	—	—	—	—	100	—	—	—	—	—	—
A_{22}	—	—	—	—	—	—	—	—	—	200	100	700	—	—	—	—
A_{23}	—	—	—	—	—	—	—	—	—	—	50	—	—	—	—	—
A_{24}	—	—	—	—	—	—	—	—	—	—	—	500	—	—	—	—
A_{25}	—	—	—	—	—	—	—	—	—	—	—	—	20	—	—	—
A_{26}	—	—	—	—	—	—	—	—	—	—	—	—	18	—	—	—
A_{27}	—	—	—	—	—	—	—	—	—	—	—	—	15	—	—	—
A_{28}	—	—	—	—	—	—	—	—	—	—	—	—	—	180	—	—
A_{29}	—	—	—	—	—	—	—	—	—	—	—	—	—	80	—	—
A_{30}	—	—	—	—	—	—	—	—	—	—	—	—	—	—	100	—
A_{31}	—	—	—	—	—	—	—	—	—	—	—	—	—	—	180	—
A_{32}	—	—	—	—	—	—	—	—	—	—	—	—	—	—	—	80

表 3－22　　　　　　　项目风险与应对策略之间的对应关系

项目风险	R_1	R_2	R_3	R_4	R_5	R_6	R_7	R_8	R_9	R_{10}	R_{11}	R_{12}	R_{13}	R_{14}	R_{15}	R_{16}
风险应对策略	A_1	A_1	A_1	A_2	A_{16}	A_6	A_4	A_3	A_2	A_{21}	A_{22}	A_{22}	A_3	A_2	A_1	A_2
	A_2	A_3	A_6	A_3	A_{17}	A_{17}	A_{11}	A_4	A_3	A_{22}	A_{23}	A_{24}	A_6	A_4	A_3	A_3
	A_3	A_5	A_7	A_5	A_{18}	—	—	A_{10}	A_4	—	—	—	A_{15}	A_{11}	A_5	A_4
	A_4	A_6	A_{12}	A_6	A_{19}	—	—	A_{11}	A_{11}	—	—	—	A_{25}	A_{15}	A_{30}	A_{11}
	A_6	A_9	A_{13}	A_{10}	—	—	—	A_{20}	A_{17}	—	—	—	A_{26}	A_{28}	A_{31}	A_{15}
	A_7	A_{10}	—	A_{11}	—	—	—	—	—	—	—	—	A_{27}	A_{29}	—	A_{32}
	A_8	A_{11}	—	A_{14}	—	—	—	—	—	—	—	—	—	—	—	—
	—	—	—	A_{15}	—	—	—	—	—	—	—	—	—	—	—	—

根据实例背景，项目管理者以及专家组成员对该项目风险事件可能造成的期望损失、项目风险应对策略实施成本以及项目风险应对策略实施后效果的评估，进行如下模型的构建。

$$\max V = \sum_{i=1}^{32} \sum_{j=1}^{16} W_j U(x_{ij}) \qquad (3-25)$$

$$\text{s. t.} \sum_{i=1}^{32} \left[c_i \cdot (\max_j x_{ij}) \right] \leq B, \ i = 1, 2, \cdots, 32, \ j = 1, 2, \cdots, 16 \qquad (3-26)$$

$$x_{ij} \in \{0, 1\}, \ i = 1, 2, \cdots, 32, \ j = 1, 2, \cdots, 16 \qquad (3-27)$$

式（3－25）中的 $U(x_{ij})$ 表示项目管理者所持风险厌恶态度的指数效用函数，如式（3－28）所示；而式（3－25）中的 W_j 表示风险事件本身产生的总关联影响程度与风险事件本身所造成的期望损失值对项目管理者的期望效用影响的权重函数，如式（3－29）所示：

$$U(x_{ij}) = 1 - \exp\left[-\alpha(e_{ij} x_{ij}) \right], \ i = 1, 2, \cdots, 32, \ j = 1, 2, \cdots, 16 \qquad (3-28)$$

$$W_j = \lambda \frac{(I_j^n + I_j^p)}{\max_j \{I_j^n + I_j^p\}} + (1 - \lambda) \frac{l_j}{\max_j \{l_j\}}, \ j = 1, 2, \cdots, 16$$

$$(3-29)$$

式（3-29）中所涉及的风险总关联影响程度 $I_j^n + I_j^p$ 通过表 3-23 获得。

表 3-23　　　　　　　　　　项目风险的总关联影响程度

项目风险	R_1	R_2	R_3	R_4	R_5	R_6	R_7	R_8
总关联影响程度	1.7489	1.7603	1.3174	1.5414	2.5745	1.4637	2.2946	1.7012
项目风险	R_9	R_{10}	R_{11}	R_{12}	R_{13}	R_{14}	R_{15}	R_{16}
总关联影响程度	2.7465	3.3390	2.5186	2.9245	2.4324	2.2585	1.8417	0.9800

为了使项目管理者在考虑风险事件之间总关联的基础上，结合自身风险态度以及实施应对策略的总预算来获得项目管理者的期望效用最大值，并依此研究项目风险总关联以及实施应对策略的总预算对项目管理者的期望效用的影响以及对项目风险应对策略选择的影响，该部分通过 LINGO 软件对其进行灵敏度分析。

为了研究对项目风险事件的风险关联的关注程度和实施应对策略的总预算对项目管理者的期望效用与项目风险应对策略选择所带来的影响，通过变化 [0，1] 区间内对风险总关联的不同关注程度 λ 阐明项目风险事件的总关联影响程度对项目管理者的期望效用和项目风险应对策略选择所带来的影响，同理，通过变化实施应对策略的总预算 B（单位为万元）阐述对项目管理者的期望效用和项目风险应对策略选择所带来的影响，计算结果如图 3-21、图 3-22 和表 3-24 所示。由于实际中实施应对策略的总预算上限往往为项目总投资的 3% ~ 4%，因此，这里将实施应对策略的总预算设置为 100 万元到 1600 万元之间。

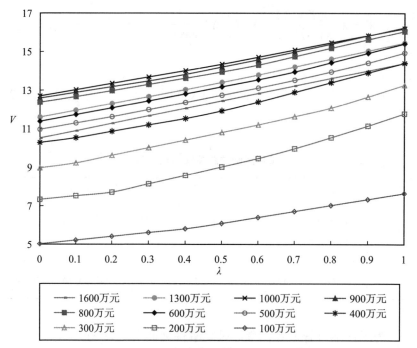

图 3 – 21　实施不同风险应对策略总预算的期望效用

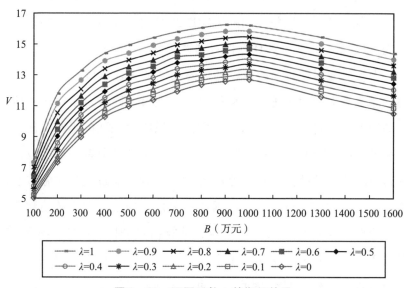

图 3 – 22　不同系数 **λ** 的期望效用

表 3 - 24　　　　　　　　不同 B 及 λ 下的风险应对策略

B（万元）	λ	风险应对策略
400	0	A_2、A_3、A_5、A_7、A_8、A_{11}、A_{14}、A_{15}、A_{31}
	0.1 ~ 0.4	A_2、A_3、A_7、A_8、A_{11}、A_{14}、A_{15}、A_{22}、A_{29}、A_{31}
400	0.5	A_3、A_5、A_7、A_8、A_{11}、A_{12}、A_{14}、A_{15}、A_{22}、A_{23}、A_{28}、A_{29}、A_{31}
	0.6 ~ 1	A_3、A_5、A_7、A_8、A_{11}、A_{14}、A_{15}、A_{17}、A_{22}、A_{23}、A_{29}、A_{31}
600	0 ~ 0.6	A_2、A_3、A_4、A_5、A_7、A_8、A_{11}、A_{12}、A_{14}、A_{15}、A_{22}、A_{31}
	0.7	A_3、A_4、A_5、A_7、A_8、A_{11}、A_{14}、A_{15}、A_{22}、A_{23}、A_{24}、A_{28}、A_{29}、A_{31}
	0.8 ~ 1	A_3、A_4、A_5、A_7、A_8、A_{11}、A_{12}、A_{14}、A_{15}、A_{17}、A_{22}、A_{23}、A_{28}、A_{29}、A_{31}
800	0 ~ 0.1	A_1、A_2、A_3、A_4、A_5、A_7、A_8、A_{11}、A_{14}、A_{15}、A_{22}、A_{28}、A_{29}、A_{30}、A_{31}
	0.2 ~ 0.5	A_1、A_2、A_3、A_4、A_5、A_7、A_8、A_{11}、A_{14}、A_{15}、A_{22}、A_{24}、A_{28}、A_{31}
	0.6 ~ 1	A_2、A_3、A_4、A_5、A_7、A_8、A_{11}、A_{12}、A_{14}、A_{15}、A_{17}、A_{18}、A_{22}、A_{23}、A_{24}、A_{28}、A_{29}、A_{30}、A_{31}
900	0 ~ 0.3	A_1、A_2、A_3、A_4、A_5、A_6、A_7、A_8、A_{11}、A_{14}、A_{15}、A_{22}、A_{28}、A_{29}、A_{31}
	0.4 ~ 0.6	A_1、A_2、A_3、A_4、A_5、A_7、A_8、A_{11}、A_{14}、A_{15}、A_{17}、A_{22}、A_{23}、A_{24}、A_{28}、A_{29}、A_{30}、A_{31}
	0.7	A_2、A_3、A_4、A_5、A_6、A_7、A_8、A_{11}、A_{14}、A_{15}、A_{17}、A_{22}、A_{23}、A_{24}、A_{28}、A_{29}、A_{30}、A_{31}
	0.8 ~ 1	A_2、A_3、A_4、A_5、A_6、A_7、A_8、A_{11}、A_{12}、A_{14}、A_{15}、A_{17}、A_{18}、A_{22}、A_{23}、A_{24}、A_{28}、A_{29}、A_{31}

B（万元）	λ	风险应对策略
1000	0	A_1、A_2、A_3、A_4、A_5、A_6、A_7、A_8、A_9、A_{11}、A_{12}、A_{14}、A_{15}、A_{22}、A_{24}、A_{28}、A_{29}、A_{30}、A_{31}
	0.1~0.5	A_1、A_2、A_3、A_4、A_5、A_6、A_7、A_8、A_{11}、A_{12}、A_{14}、A_{15}、A_{22}、A_{23}、A_{24}、A_{28}、A_{29}、A_{30}、A_{31}
	0.6~1	A_1、A_2、A_3、A_4、A_5、A_6、A_7、A_8、A_{11}、A_{14}、A_{15}、A_{17}、A_{22}、A_{23}、A_{24}、A_{28}、A_{29}、A_{31}
1300	0	A_1、A_2、A_3、A_4、A_5、A_6、A_7、A_8、A_9、A_{10}、A_{11}、A_{12}、A_{14}、A_{15}、A_{16}、A_{17}、A_{22}、A_{24}、A_{28}、A_{29}、A_{30}、A_{31}、A_{32}
	0.1~0.3	A_1、A_2、A_3、A_4、A_5、A_6、A_7、A_8、A_{10}、A_{11}、A_{12}、A_{14}、A_{15}、A_{16}、A_{17}、A_{22}、A_{23}、A_{24}、A_{28}、A_{29}、A_{30}、A_{31}、A_{32}
	0.4~0.5	A_1、A_2、A_3、A_4、A_5、A_6、A_7、A_8、A_9、A_{10}、A_{11}、A_{12}、A_{14}、A_{15}、A_{16}、A_{17}、A_{18}、A_{22}、A_{23}、A_{24}、A_{28}、A_{29}、A_{30}、A_{31}
	0.6~1	A_1、A_2、A_3、A_4、A_5、A_6、A_7、A_8、A_{11}、A_{12}、A_{14}、A_{15}、A_{16}、A_{17}、A_{18}、A_{19}、A_{21}、A_{22}、A_{23}、A_{24}、A_{28}、A_{29}、A_{30}、A_{31}、A_{32}
1600	0	A_1、A_2、A_3、A_4、A_5、A_6、A_7、A_8、A_9、A_{10}、A_{11}、A_{12}、A_{13}、A_{14}、A_{15}、A_{16}、A_{17}、A_{18}、A_{19}、A_{20}、A_{22}、A_{23}、A_{24}、A_{28}、A_{29}、A_{30}、A_{31}、A_{32}
	0.1~0.7	A_1、A_2、A_3、A_4、A_5、A_6、A_7、A_8、A_9、A_{10}、A_{11}、A_{12}、A_{14}、A_{15}、A_{16}、A_{17}、A_{18}、A_{19}、A_{20}、A_{21}、A_{22}、A_{23}、A_{24}、A_{28}、A_{29}、A_{30}、A_{31}、A_{32}
	0.8~1	A_1、A_2、A_3、A_4、A_5、A_6、A_7、A_8、A_{10}、A_{11}、A_{12}、A_{14}、A_{15}、A_{16}、A_{17}、A_{18}、A_{19}、A_{20}、A_{21}、A_{22}、A_{23}、A_{24}、A_{27}、A_{28}、A_{29}、A_{30}、A_{31}、A_{32}

通过图 3-21 和图 3-22 能够得出对项目风险总关联的关注程度、实施应对策略的总预算与项目管理者的期望效用之间的关系。

（1）通过图 3-21 可以得出，随着对风险关联关注程度的增

加，项目管理者的期望效用也随之增加。当风险关联关注程度为 1
时（即完全不考虑风险期望损失所带来的影响时），项目管理者的
期望效用最大。因此，在项目风险应对决策时，需要优先考虑风险
之间关联作用所带来的影响。

（2）通过图 3 - 22 可以得出，随着实施应对策略总预算的增
加，项目管理者的期望效用呈现先增加后减少的趋势。即存在最优
的实施应对策略的总预算，在该预算下，项目管理者的期望效用达
到最大。具体地，当预算较少（$B \in [100, 1000]$）时，随着预算
的增加，期望效用呈现增加趋势，且增加速度越来越缓慢；当预算
较多（$B \in [1000, 1600]$）时，随着预算的增加，期望效用呈现递
减趋势。这说明当预算较少时，实施应对策略的总预算的增加使得
可以采取更有效的措施来应对风险，风险期望损失减少，因而期望
效用增加；而当预算过大时，预算的增加将会凸显项目管理者消极
风险态度的影响从而造成期望效用减少。这表明，项目管理者的风
险态度会对项目风险应对策略的选择产生影响，在选择时需要考虑
项目管理者的风险态度。

通过表 3 - 24 发现对项目风险总关联的关注程度、实施应对策
略的总预算与项目风险应对策略选择之间的关系。

（1）整体来看，对项目风险关联的关注程度以及实施应对策略
的总预算均会影响风险应对策略的选择。

（2）当实施应对策略的总预算较小（$B \in [100, 800]$）或较大
（$B \in [1000, 1600]$）时，随着对风险关联关注程度的增加，效果
较高且应对成本不变或略有增加的应对策略将取代效果一般的策
略；当对风险关联关注程度增加到某一值时，随着对风险关联关
注程度的持续增加，效果一般的策略将取代效果较高的策略。如
$B = 400$ 万元时，随着 λ 的增加，策略 A_{22} 和 A_{29} 代替策略 A_5。从
表 3 - 24 中可以看出，策略 A_{22} 和 A_{29} 与策略 A_5 相比，应对效果较

高而应对成本相同。随着 λ 的持续增加，所得到的项目风险应对策略集，在原有策略集基础上减少策略 A_2，增加策略 A_5、A_{12}、A_{23} 和 A_{28}，可以看出与策略 A_2 相比，策略 A_5、A_{12}、A_{23} 和 A_{28} 的应对效果明显较好，而应对成本仅稍有增加。当 λ 增至 0.6 时，相应的最优风险应对策略集在原有策略集的基础上减少了策略 A_{12} 和 A_{28}，增加了策略 A_{17}，虽然应对成本没有发生变化，但是策略集的应对效果减小。因此，在实施应对策略的总预算较小或较大时，为了获得较高的期望效用，对风险关联关注程度适中的项目管理者需要选择效果较好的风险应对策略；对风险关联关注程度较高的项目管理者，仅需选择风险应对效果一般的风险应对策略即可达到较高的期望效用。

（3）当实施应对策略的总预算适中（$B \in [900，1000]$）时，随着对风险关联关注程度的增加，应对效果较好且应对成本不变或略有减小的风险应对策略将取代效果一般的策略；当风险关联关注程度达到一定值后，随着对风险关联关注程度的持续增加，所选择的风险应对策略保持不变。如 $B = 1000$ 万元时，随着 λ 的增加，策略 A_{23} 代替策略 A_9，策略 A_{17} 代替策略 A_{12} 和 A_{30}。与策略 A_9、A_{12} 和 A_{30} 相比，策略 A_{23} 和 A_{17} 的应对成本相同或较小，且应对效果更好；当 $\lambda \geq 0.6$ 时，随着 λ 的增加，所选择的最优应对策略集保持不变。因此，当实施应对策略的总预算适中时，对风险关联关注程度较低的项目管理者，选择应对效果一般的风险应对策略能够获得较高的期望效用；对风险关联关注程度较高的项目管理者，需要选择效果较好的风险应对策略，以此来达到更高的期望效用。

为了验证考虑项目风险之间的积极关联以及间接关联是否有必要，我们尝试进行灵敏度分析。在对模型进行灵敏度分析的过程中，通过变化 $[0，1]$ 区间内的 λ' 值来阐明对项目风险关联的关注

项目风险应对决策理论与方法

程度对项目管理者的期望效用的影响。为了清晰地分辨四种模型的
优劣，将上述四种情形进行两两比较并呈现在灵敏度分析图中。四种
风险关联的比较见表 3 – 25，相应的灵敏度分析分别见图 3 – 23 ～
图 3 – 26。

表 3 – 25   四种关联情形比较表

比较情形	具体情形
情形 1—情形 2	积极与消极的直接关联—消极的直接关联
情形 3—情形 4	积极与消极的总关联—消极的总关联
情形 1—情形 3	积极与消极的直接关联—积极与消极的总关联
情形 2—情形 4	消极的直接关联—消极的总关联

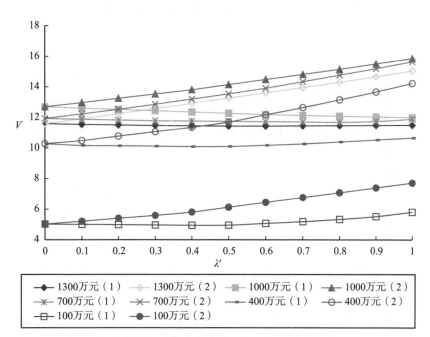

图 3 – 23   情形 1 和情形 2 对比下的不同 λ' 对应的期望效用

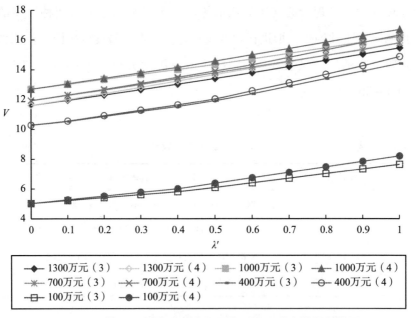

图 3－24　情形 3 和情形 4 对比下的不同 λ' 对应的期望效用

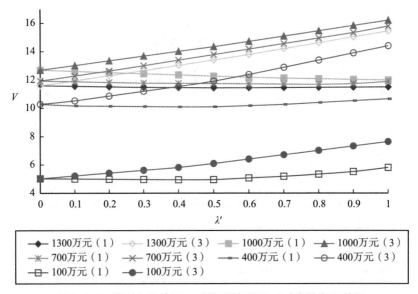

图 3－25　情形 1 和情形 3 对比下的不同 λ' 对应的期望效用

　项目风险应对决策理论与方法

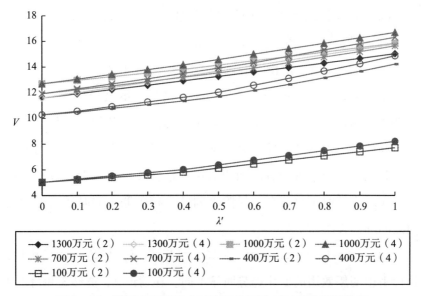

图 3 – 26 情形 2 和情形 4 对比下的不同 λ′ 对应的期望效用

通过图 3 – 23 ~ 图 3 – 26 能够得出不同的风险关联情形对风险管理者期望效用的影响。具体对比分析如下：

（1）在项目风险应对策略选择过程中可以不考虑积极关联。从图 3 – 23 中可以看出，在相同的风险关联关注程度以及相同的实施应对策略的总预算下，情形 1 中的期望效用均小于情形 2 的期望效用，即与考虑消极的直接关联相比，综合考虑消极的直接关联和积极的直接关联所得到的期望效用较低；对比图 3 – 24 中的情形 3 和情形 4 可以发现，在相同的风险关联关注程度和实施应对策略的总预算下，情形 3 的期望效用均小于情形 4 的期望效用，即与综合考虑消极的直接关联和消极的间接关联相比，综合考虑消极的直接关联、消极的间接关联、积极的直接关联以及积极的间接关联所得到的期望效用较低。这表明，考虑积极的风险关联影响并不能增加项目管理者的期望效用，因此在项目风险应对决策中可以不考虑风险之间的积极关联作用。

（2）在项目风险应对策略选择过程中考虑间接关联是有必要的。对比图 3-25 中的情形 1 和情形 3 以及图 3-26 中的情形 2 和情形 4，可以发现，在相同的风险关联关注程度以及实施应对策略的总预算下，情形 1 的期望效用均小于情形 3 的期望效用，情形 2 的期望效用均小于情形 4 的期望效用。与情形 3 和情形 4 相比，情形 1 和情形 2 没有考虑风险之间的间接关联，即考虑风险之间的间接关联能增加项目管理者的期望效用，这就要求项目管理者在进行风险应对决策时不仅要考虑风险之间的直接关联，同时还要考虑风险之间的间接关联。

（3）观察图 3-23 ~ 图 3-26，可以发现，与其他情形相比，情形 1 中期望效用的变化趋势明显不同。在情形 2、情形 3 和情形 4 中，无论预算如何变化，期望效用均是随着对风险关联关注程度的增加而增大。而在情形 1 中，当预算较小时，期望效用随着对风险关联关注程度的增加呈现先减后增的趋势；但当预算较大时，期望效用随着对风险关联关注程度的增加反而减小。这是由于情形 1 考虑了风险之间的积极关联，积极关联的存在使得项目管理者放松警惕，减少对风险应对的关注，同时没有考虑间接关联，导致期望效用随着对风险关联关注程度的增加而减小。

3.4　本章小结

　　本章首先通过项目风险关联的分析以及将 MACBETH 方法确定的直接关联矩阵应用到 DEMATEL 方法中对项目风险事件的关联影响程度进行分析。其次结合现实当中存在的项目风险管理问题，给出考虑风险关联的项目风险应对策略选择问题的描述并构建项目风

险应对策略选择模型。最后将提出的考虑风险关联的项目风险应对
策略选择模型对实际案例进行应用分析。

　　由项目管理者建立专家组对项目风险事件进行识别并确定需要
进行风险应对的风险事件集，针对风险事件集中的目标风险事件邀
请专家判断与该目标风险事件存在关联作用的风险事件集，依据关
联作用强弱程度降序排列并按照影响大在前的准则输入 MACBETH
决策支持系统中的目标节点属性表中；进而，邀请专家对排序的风
险关联影响进行评估，经过一致性调整后得到符合一致性的积极关
联矩阵与消极关联矩阵；最后，通过 M － MACBETH 软件获得关联
影响程度并经过归一化方法及平均法得到积极与消极的直接关联矩
阵。这两个矩阵的获得为 DEMATEL 方法分析项目风险事件的关联
提供了基础。

　　将通过 MACBETH 方法获得的积极与消极的直接关联矩阵作为
DEMATEL 方法的直接关联矩阵，根据 DEMATEL 方法中的标准化方
法对其进行标准化处理；然后，对标准化的直接关联矩阵进行计
算，获得积极和消极的总关联矩阵。由于该方法中既包含直接关联
又包含间接关联，这样就全部考虑了项目风险事件的关联影响，为
下一步项目风险应对策略的选择提供关联影响程度的基础，为项目
风险应对策略选择模型的构建提供关联系数支持。

　　根据项目管理的实际背景，提出模型构建的基本假设及详细说
明，并通过确定模型变量、效用函数、权重函数、模型目标以及模
型约束这五个步骤来叙述考虑风险总关联的项目风险应对决策模型
的构建；进而，根据模型的特点进行求解，以此来获得最优的模型
目标；最后，对风险事件与风险应对策略的对应关系进行解释。此
外，为了验证项目风险之间积极关联以及间接关联的研究是否有必
要以及对项目管理者的期望效用的影响，构建考虑不同风险关联情
形的项目风险应对决策模型。

对潜在应用研究的实例——G市地铁5标段建设项目进行详细介绍，包含一个地铁站和一个区间。在此基础上，对G市地铁5标段建设项目进行项目风险关联分析，构建考虑风险总关联的G市地铁5标段建设项目风险应对策略选择模型，利用LINGO软件进行求解并对结果进行相应的分析，包含对项目风险总关联的关注程度、实施应对策略的总预算与项目管理者期望效用、项目风险应对策略选择之间的影响进行分析。

| 第 4 章 |

综合考虑多因素的项目
风险应对策略选择方法

项目风险应对是在风险识别和风险分析的基础上，制定或选择有效的风险应对策略来应对风险，以减少风险带来的损失，最大限度地满足项目目标。多年来，国内外学者对项目风险应对策略选择问题给予了广泛关注，并给出了相应的项目风险应对策略选择方法，如基于矩阵的方法，基于权衡的方法，基于相似案例的方法，基于优化的方法等[4,12,13,17,21,25,29,43,70,71,75,85-91]。其中，基于矩阵的方法是选择两个度量风险的指标，将其映射到二维空间的水平轴和竖直轴上，根据其指标值对应的区域选择相应的风险应对策略[85]。基于权衡的方法是通过权衡多个项目目标，如项目工期、成本以及质量，或项目成功概率和项目总成本，来给出项目管理者满意的风险应对策略的方法[90,91]。基于相似案例的方法是通过分析与当前问题相似的历史案例来给出解决当前问题的方案[17,70]。用优化方法来解决风险应对策略选择问题的思想最初是由本-大卫和拉兹提出的，之后，学者们构建了考虑不同项目目标及约束条件的优化模型来选择最优的风险应对策略[12]。如以期望风险损失和风险应对成本最小为目标的优化模型，以最小化风险应对成本—风险大小的比例上界与成本—风险比例之间的偏差为目标、以有限的风险应对预算为约束的优化模型、以最小化风险应对成本为目标的风险应对策略选择优化模型、以项目风险应对成本和风险率为目标的多目标优化模型，以及以项目风险应对效果最大为目标，项目工期、项目质量和项目风险应对成本为约束条件的优化模型等[4,13,25,43,71,75]。

可以看出，有关风险应对策略选择方法的研究已经取得了丰硕的研究成果。然而，需要指出的是，上述提及的各种风险应对策略选择方法都假设风险是相互独立的。而现实中，风险之间往往存在着一定的关联性，如一个风险的发生可能会增加另一个风险发生的可能性，或增加另一个风险对项目目标的影响程度等。同时，一些研究也指出，风险之间往往存在着相互关联关系，并给出了相应的风险关联评估方法，如蒙特卡罗仿真方法、语言变量评估方法、基于设计结构矩阵的方法以及基于德尔菲的方法等[27,34,52,73,92-100]。已有的风险关联评估方法虽然能较好地识别和评估风险之间的关联程度，但其中多数评估方法都是建立在定性分析的基础上，将定性评估结果转化为定量结果时往往会存在信息流失，而少数基于定量分析的风险关联评估方法难以准确地描述实际项目风险的复杂性。

从现有研究中可以发现，多数风险关联相关的文献从风险识别和分析的角度给出了风险关联评估方法，但并未建立风险关联与风险应对之间的联系，在考虑风险关联的基础上给出风险应对策略选择方法的研究还比较匮乏[27,73]。房等采用设计结构矩阵方法来识别和评估风险关联，并在此基础上提出了考虑风险关联的风险应对策略选择问题的研究框架[27]。然而，其并未分析风险关联对于项目风险应对决策的影响，针对这一问题，张以项目管理者的期望效用最大化为目标，构建优化模型来解决考虑风险关联的项目风险应对策略选择问题，并分析了风险关联的存在对风险应对决策的影响[73]。

但其仅考虑了风险关联对风险应对效果的影响，而实际中，风险关联不仅影响应对策略的应对效果，同时会影响项目质量、项目工期等项目绩效目标。因此，准确地识别并度量风险之间的关联程度，同时考虑风险关联对应对效果及项目绩效目标的影响，并在此基础上研究考虑风险关联的项目风险应对策略选择问题，不仅具有学术价值，而且具有较强的现实意义。

基于此，本章借鉴相关研究成果，给出考虑风险关联的项目风险应对策略选择方法。首先，给出基于 MACBETH 的风险关联程度度量方法来定量地度量风险关联程度；其次，综合考虑风险关联对风险应对效果及项目绩效指标的影响，构建考虑风险关联的项目风险应对策略选择优化模型，通过求解模型，可以得到最优的项目风险应对策略集合；最后，通过算例分析来验证方法的有效性。此外，针对有无风险关联情形下的最优风险应对策略集合及最优应对效果进行比较，并给出了相关研究结论。

4.1　风险关联程度的度量方法

项目风险的识别和评估是项目风险管理的重要组成部分，为了提高风险的识别和评估水平，本节重点识别风险之间存在的关联关系，对关联作用进行深入分析，并提出基于 MACBETH 的项目风险关联程度度量方法。该方法能量化项目风险的关联程度，便于风险关联与风险应对建立联系，为后续的建模提供必要的依据。

4.1.1　风险关联的定义与分析

现实中，项目风险之间往往是相互作用的，这些相互作用体现在某一项目风险的发生会加重或者减轻该项目其他风险给项目带来的损失，或者某一风险的发生会提高或降低另一风险的风险应对效果。比如，某一项目风险的发生会改变该项目其他风险的质量缺陷程度，并对其他风险给项目带来的工期延误等产生影响。本书将风险之间的这种相互作用定义为风险关联作用。风险之间的关联作用对项目本身的影响可能是正向的，也可能是负向的。下面对风险关联的负面影响进行详细的分析。

负向关联即为某一项目风险的发生加重其关联风险对该项目带来的损失。比如，在某通风系统和空调设备安装项目中，通风管道可能会产生噪声风险和高电阻风险，这些风险的发生会降低通风管道的质量。因为通风管道安装期间发生残渣风险与噪声风险和高电阻风险之间存在关联作用，所以，当通风管道发生残渣风险时，由噪声风险和高电阻风险带来的质量降低程度会增加。同理，通风管道可能发生的噪声风险和高电阻风险会延误通风管道安装阶段的工期，因为以上三个风险之间存在关联作用，所以，当通风管道发生残渣风险时，由噪声风险和高电阻风险带来的工期延误程度会加重。此外，在考虑风险应对情形时，因为残渣风险与噪声风险以及高电阻风险之间存在相互关联作用，所以，在应对残渣风险时，风险应对效果会随之降低。此时，风险关联会对项目本身产生负面影响。由于多数情况下，风险的发生往往会增大其他风险对项目造成的损失，故本书仅考虑对项目有负面影响的风险关联情形。

为了较为清晰地说明风险之间存在的关联关系，下面通过图例给出多个风险之间可能存在的风险关联情况。给定一组风险 R_1 和 R_2，如果风险 R_1 的发生会对风险 R_2 的发生产生影响，则认为风险 R_1 和 R_2 存在关联关系，记为 $R_1 \rightarrow R_2$。此时，称风险 R_2 是风险 R_1 的紧后风险，而风险 R_1 是风险 R_2 的紧前风险。对于两个风险 R_1 和 R_2，若它们之间存在关联关系，那么它们之间的关联关系有三种可能，如图 4-1 所示。其中，$R_1 \rightarrow R_2$ 表示风险 R_1 对风险 R_2 产生关联作用，而风险 R_2 对风险 R_1 不产生关联作用；$R_1 \leftarrow R_2$ 表示风险 R_2 对风险 R_1 产生关联作用，而风险 R_1 对风险 R_2 不产生关联作用；$R_1 \leftrightarrow R_2$ 表示风险 R_1 与风险 R_2 存在相互关联作用，即风险 R_1 对风险 R_2 产生关联作用，风险 R_2 对风险 R_1 也产生关联作用。

$$R_1 \longrightarrow R_2 \qquad R_1 \longleftarrow R_2 \qquad R_1 \longleftrightarrow R_2$$

图 4-1　风险之间可能的风险关联关系

在项目实施前，项目管理者往往会根据项目的范围和项目特点对项目进行工作分解。一般情形下，项目管理者会根据项目的主体部分进行项目分析，然后根据项目各主体部分必须遵循的时间先后顺序制定出项目施工计划方案。假定在某一实际项目施工前，项目经理分解出的项目施工情况如图 4-2 所示。根据图 4-2 可以看出，该项目包括三个主体部分，分别为工作活动 W_1、工作活动 W_2 以及工作活动 W_3。其中，工作活动 W_1 和工作活动 W_2 是工作活动 W_3 的紧前工作，工作活动 W_3 是工作活动 W_1 和工作活动 W_2 的紧后工作，工作活动 W_1 和工作活动 W_2 属于同时进行的工作。

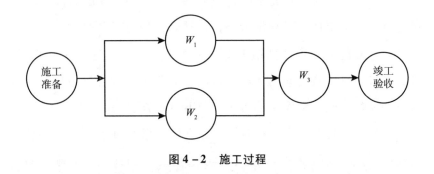

图 4-2　施工过程

根据项目工作分解图，明确了各工作之间的先后顺序，即先进

行工作 W_1 和工作 W_2，最后进行工作 W_3。在项目实施中，该项目可能存在三类风险关联关系，即紧前工作活动发生（已完成工作）的风险影响正在进行的工作活动发生风险（正在进行工作 W_3 时，工作 W_1 和工作 W_2 发生的风险影响工作 W_3 发生的风险）、正在进行的工作活动发生的风险之间相互影响（正在进行工作 W_3 时，工作 W_3 可能发生的风险之间存在相互影响）、正在进行的工作活动发生的风险影响其紧后工作活动（未开始工作）发生的风险（正在进行工作 W_1 时，工作 W_1 发生的风险影响工作 W_3 发生的风险）。不同类别的风险关联产生的关联程度是不同的，如正在进行的工作活动发生的风险关联程度会大于紧前工作活动的风险对正在进行的工作活动发生风险。此时，在进行项目风险关联程度的度量时，以正在进行的某项工作活动发生的某个风险为目标风险，评估正在进行的工作活动发生的风险以及紧前工作活动发生的风险对目标风险的关联关系。

此外，本书只考虑直接的风险关联作用，不考虑间接的风险关联作用。比如，风险 R_1 和风险 R_2 存在关联作用，而风险 R_2 又和风险 R_3 存在关联作用，此时，不考虑风险 R_1 和风险 R_3 之间的间接关联作用，只考虑风险 R_1 和风险 R_2 存在的直接关联作用。

鉴于项目风险关联关系的特点，基于 MACBETH 的风险关联程度度量方法将定性分析和定量分析相结合，使得评估过程相对简单便利，且避免了专家评估结果不一致的情形，本书选择 MACBETH 方法度量项目风险之间的关联程度。在风险关联程度度量中，可以将每个风险看成一个属性，运用 MACBETH 方法的基本原理进行评估和度量。首先，召集专家对风险之间的关联程度进行识别并进行定性评估，给出风险关联矩阵；其次，将专家的评估结果输入 M－MACBETH 软件中，软件会对评估结果进行一致性检验并给出调整建议，专家根据软件给出的调整建议对各自的风险关联矩阵进行调整，直到所有评估结果都满足一致性为止；最后，M - MACBETH 软件会定量地给出风险关联程度的度量结果。

4.1.2 基于 MACBETH 的风险关联程度的度量

根据 MACBETH 方法的三个基本步骤，首先是专家对存在关联的风险进行识别和评估，进而进行一致性检验及信息调整，最后通过 M - MACBETH 软件给出度量结果，运用多属性决策方法对度量结果进行数据处理，使得风险关联程度具有可比性，并对所有专家的评估结果运用加权平均法进行集结。具体过程如图 4 - 3 所示：

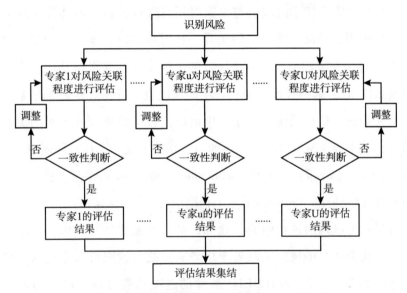

图 4 - 3　基于 MACBETH 的评估风险关联过程

下面给出本节所涉及的相关符号的定义与说明：

R：表示项目风险集合，$R = \{R_1, R_2, \cdots, R_n\}$，其中 R_j 表示第 j 个风险，$j = 1, 2, \cdots, n$。

E：表示专家小组集合，$E = \{E_1, E_2, \cdots, E_U\}$，其中 E_u 表示第 u 个专家，$u = 1, 2, \cdots, U$。

A_j^u：表示专家 E_u 给出的对风险 R_j 的关联矩阵，$A_j^u = [a_{j',j''}^{u,j}]$，其中 $a_{j',j''}^{u,j}$ 表示与风险 $R_{j''}$ 相比，风险 $R_{j'}$ 对目标风险 R_j 的作用程度。比如，专家 E_u 认为第 j' 个风险与第 j'' 个风险对目标风险 R_j 的作用程度相当，则 $a_{j',j''}^{u,j} = \text{no}$，如果专家 E_u 认为与风险 $R_{j''}$ 相比，风险 $R_{j'}$ 对目标风险 R_j 的作用程度更大，则 $a_{j',j''}^{u,j} = \text{strong}$。

$\hat{A}_j^u$：表示专家 E_u 对风险 R_j 的关联矩阵调整后的最终一致性关联矩阵，$\hat{A}_j^u = [\hat{a}_{j',j''}^{j,u}]$。

Θ_j^u：表示专家 E_u 给出的对风险 R_j 有关联作用的风险集合。

项目风险管理小组成员与专家对项目进行过程中可能发生的风险进行识别，并确定项目风险集合。针对项目风险集合中的任一风险 R_j，每个专家都给出影响该风险的风险集合，并根据其中两个风险对风险 R_j 的影响程度，对集合中的风险进行排序。在此排序基础上，采用语言信息给出风险集合中两两比较的影响程度大小的关联矩阵，其中 M – MACBETH 软件的语言信息有无（no）、很弱（very weak）、弱（weak）、中等（moderate）、强（strong）、很强（very strong）以及极端（extreme）7 个程度语言，特别指出的是，这 7 个语言指标可以两两进行组合，比如，某一专家评估某一风险关联程度时，认为此时的风险关联处于中等和强之间，则可以将这两个语言指标都选中。M – MACBETH 软件的这项功能可以更严格地评估出风险之间的关联程度，使得评估结果更加准确严密。

此外，M – MACBETH 软件得到的关联程度结果是 [0，100] 区间的数值，即如果两个风险之间没有关联作用，此时的关联程度值等于 0。如果两个风险之间完全相关时（其中一个风险发生一定会影响另外一个风险发生），此时的关联程度值等于 100，在 M –

MACBETH 软件中，默认将上限（upper）设为完全关联，将下限（lower）设为无关联。

下面通过一个例子说明项目风险之间关联程度的度量过程。在某通风系统和空调设备安装项目中，假设识别出的四个风险分别是风险 R_1（通风管道生锈）、风险 R_3（阀接口松动）、风险 R_4（通风管道中留存杂物）、风险 R_5（通风管道留存残渣）。此时，风险集合为 $R = \{R_1, R_3, R_4, R_5\}$，专家 E_u 给出的对风险 R_1 有关联作用的风险集合 $\Theta_1^1 = \{R_3, R_4, R_5\}$，专家对识别出的风险进行分析并评估。专家 1 认为风险 R_3、风险 R_4、风险 R_5 对风险 R_1 会产生关联影响，并给出影响程度的顺序为：

$$R_3 > R_4 > R_5 \qquad (4-1)$$

上式表示风险 R_1 受到风险 R_3 的影响程度最大，其次为风险 R_4，风险 R_5 对风险 R_1 的影响程度较小。

同理，专家 2 根据自己的判断，认为风险 R_3、R_4、R_5 也对风险 R_1 会产生关联影响，但给出的影响程度表达式为：

$$R_3 > R_5 > R_4 \qquad (4-2)$$

以此类推，每个专家都分别给出风险 R_1 受到的影响程度顺序。

根据上述风险影响程度的表达式，专家进行下一步评估，给出风险 R_1 的判断矩阵。根据 7 个程度语言，专家基于现有的经验、相关知识，给出每个风险的关联矩阵。专家 1 给出的风险 R_1 受到风险 R_3、R_4 以及风险 R_5 的关联矩阵为：

$$A_1^1 = \begin{bmatrix} no & very\ weak & weak & moderate & strong \\ & no & weak & moderate & strong \\ & & no & very\ weak & strong \\ & & & no & strong \\ & & & & no \end{bmatrix}$$

根据专家 1 给出的风险 R_1 受到风险 R_3、R_4 以及风险 R_5 的关联矩阵，下面可以将该结果输入 M – MACBETH 软件中，得到图4 – 4 所示的界面。

📱	upper	R3	R4	R5	lower
upper	no	very weak	weak	moderate	strong
R3		no	weak	moderate	strong
R4			no	very weak	strong
R5				no	strong
lower					no

图4 – 4　专家1给出的风险 R_1 的关联矩阵

通过图4 – 4可以看出，风险 R_3 与上限相比差距极小，说明风险 R_3 对风险 R_1 的影响极大，与风险 R_4 相比，风险 R_3 对风险 R_1 的影响程度强得并不多，所以风险 R_4 对风险 R_1 的影响也较大，只是仅次于风险 R_3。风险 R_5 对风险 R_1 的影响程度与风险 R_3 相比较弱一些，而与风险 R_4 相比影响程度也较小，此时的判断矩阵是一致的。但是，由于风险关联程度的复杂性，往往会出现判断矩阵不一致的现象，即专家给出的风险 R_3、R_4 以及风险 R_5 对风险 R_1 的关联关系会出现矛盾。所以，下面根据实际情况进行信息调整。

在实际背景下，由于专家拥有信息的不完全性以及一些误差的存在，专家存在主观性和模糊性也是情有可原的，所以关联矩阵具有不一致性是常见的。本书运用 M – MACBETH 软件呈现出专家给出的判断矩阵，M – MACBETH 软件会自动识别关联矩阵是否具有不一致性，且在关联矩阵不一致的情况下会给出相关调整建议，使得原有关联矩阵转换为一致性矩阵。

假设第2个专家给出的风险 R_1 的关联矩阵为：

$$A_1^2 = \begin{bmatrix} no & very\ weak & weak & moderate & weak \\ & no & weak & strong & weak \\ & & no & very\ weak & extreme \\ & & & no & strong \\ & & & & no \end{bmatrix}$$

根据专家 2 给出的风险 R_1 受到风险 R_3、R_4 以及风险 R_5 的关联矩阵，下面可以将该结果输入 M – MACBETH 软件中，得到如图 4 – 5 所示的界面。

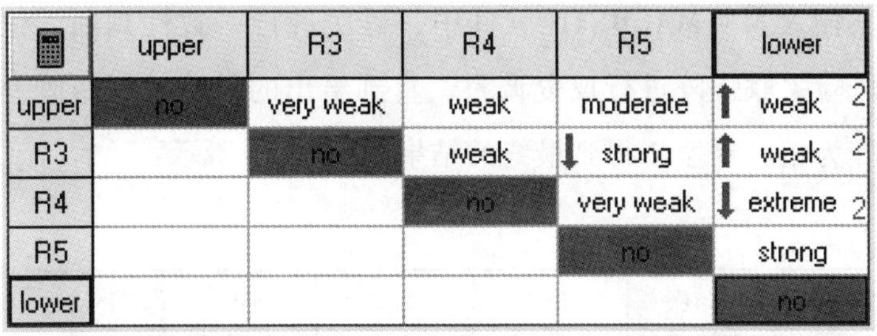

🖩	upper	R3	R4	R5	lower
upper	no	very weak	weak	moderate	↑ weak　2
R3		no	weak	↓ strong	↑ weak　2
R4			no	very weak	↓ extreme　2
R5				no	strong
lower					no

图 4 – 5　专家 2 给出的风险 R_1 的关联矩阵

如图 4 – 5 所示，风险 R_3 与上限相比差距极小，说明风险 R_3 对风险 R_1 的影响极大，与风险 R_4 相比，风险 R_3 对风险 R_1 的影响程度强得并不多，所以风险 R_4 对风险 R_1 的影响也较大，只是仅次于风险 R_3。风险 R_5 对风险 R_1 的影响程度与风险 R_3 相比较弱一些，而与风险 R_4 相比影响程度的差距会大很多。此外，在下限与上限、风险 R_3、风险 R_4、风险 R_5 对风险 R_1 的关联程度进行对比时，专家 2 依次给出了弱、弱、极端、强的评估。

根据图 4 – 5 可以看出，专家 2 给出风险 R_1 受风险 R_3、R_4 以及风险 R_5 的风险关联矩阵是不一致的。M – MACBETH 软件对该风险关联矩阵的一致性进行识别，判断其不一致并给出调整建议。从

图 4 - 5 可以看出，专家在考虑风险 R_1 受到风险 R_3 和风险 R_5 的关联时，对比风险 R_3 和风险 R_5 的关联程度时给出的强与其他的评估产生冲突，使得风险 R_1 的判断矩阵具有不一致性。此时，M - MACBETH 软件将该处做出标记，并给出了下调一个程度的建议。而对于下限和上限以及风险 R_3 的比较产生的矛盾给出了上调两个程度的建议，对于下限和风险 R_5 的比较产生的矛盾给出了下调两个程度的建议。如果专家 2 接受 M - MACBETH 软件给出的建议，则按软件的指示进行相关操作，如果专家 2 不愿意接受软件给出的建议，则可以根据自己的主观意见重新评估，给出风险 R_1 的关联矩阵，然后将其输入 M - MACBETH 软件中，再次进行一致性判断，依据程序对风险关联矩阵进行反复调整，直到给出的风险关联矩阵是一致性矩阵为止。专家 2 得到最终的结果如图 4 - 6 所示：

🖩	upper	R3	R4	R5	lower
upper	no	very weak	moderate	moderate	strong
R3		no	weak	weak	strong
R4			no	very weak	strong
R5				no	strong
lower					no

图 4 - 6　专家 2 调整后的风险 R_1 的关联矩阵

如图 4 - 6 所示，风险 R_3 与上限相比差距极小，说明风险 R_3 对风险 R_1 的影响极大，与风险 R_4 相比，风险 R_3 的影响程度相差较大，所以风险 R_4 对风险 R_1 的影响较小，但仍大于风险 R_5 对风险 R_1 的影响。风险 R_5 对风险 R_1 的影响程度与风险 R_4 相比差距不大，而与风险 R_4 相比影响程度会稍大一些。此时的风险关联矩阵使一致性矩阵符合要求。

根据信息调整后得到的风险 R_1 的一致性关联矩阵，在 M - MACBETH 软件上点击运行即可得到风险 R_1 受到风险 R_3、R_4 以及风险 R_5 的关联程度结果，如图 4 - 7 和图 4 - 8 所示：

🖩	upper	R3	R4	R5	lower	Current scale
upper	no	very weak	weak	moderate	strong	100.00
R3		no	weak	moderate	strong	92.31
R4			no	very weak	strong	69.23
R5				no	strong	53.85
lower					no	0.00

图 4 - 7 专家 1 给出的风险 R_1 的关联程度结果

🖩	upper	R3	R4	R5	lower	Current scale
upper	no	very weak	moderate	moderate	strong	100.00
R3		no	weak	weak	strong	84.62
R4			no	very weak	strong	61.54
R5				no	strong	53.85
lower					no	0.00

图 4 - 8 专家 2 给出的风险 R_1 的关联程度结果

根据图 4 - 7 和图 4 - 8 可以看出，专家 1 给出的风险 R_1 受到风险 R_3、风险 R_4 以及风险 R_5 的关联程度分别为 92.31、69.23、53.85，而专家 2 给出的风险 R_1 受到风险 R_3、风险 R_4 以及风险 R_5 的关联程度分别为 84.62、61.54、53.85。此时，专家 1 给出的风险 R_1 受到风险 R_3、风险 R_4 以及风险 R_5 的风险关联程度为 92.31 + 69.23 + 58.85 = 220.39，专家 2 给出的风险 R_1 受到风险 R_3、风险 R_4 以及风险 R_5 的风险关联程度为 84.62 + 61.54 + 53.85 = 200.01。可以看出，专家 1 给出的风险 R_1 受到的关联程度要大于专家 2 给出的风险关联程度。当求出的某一风险的风险关联程度较大时，项目管理者应更加关注该风险对其他风险的影响以及可能给项目带来的损失。反之，如果求出的某一风险的风险关联程度非常小，则项目管理者可以忽略该风险对其他风险的影响以及可能给项目带来的损失，因此可以节省一些资源。

为了便于将风险关联与项目风险应对建立联系，需将 M - MAC-BETH 软件给出的度量结果进行数据处理，使其转化为 [0，1] 区间的数值，不仅可以方便对比每个风险之间的关联程度大小，也有助于将风险关联程度与风险应对建立联系。下面详细介绍数据的处理方法。

数据处理是多属性决策问题中较为重要的一步，主要目的是规范化数据。数据处理通常有三个方面的作用，一方面是使指标类型不同的数据之间具有可比性，比如效益型指标和成本型指标，是两个完全相反的决策指标，通过数据处理的方法可以使得效益型指标与成本型指标进行比较分析。另一方面是对于数量级不同的数据，多属性决策的难题之一是指标间具有不可公度性，也就是属性值都是不同的单位值，不能直观地进行比较，难以做出决策。最后一方面是数据归一化，其作用是针对属性值数据大小差别很大，很难直观地采用多属性评估方法来进行对比并做出决策。针对本书的风险 R_1 受到风险 R_3、R_4 以及风险 R_5 的关联程度，需要对属性值进行归一化处理，即将原属性值转化成 [0，1] 区间上的数值。因此，本书将采用该方法对 M - MACBETH 软件给出的结果数据进行归一化处理，使得风险关联程度转化为 [0，1] 区间的数值。

数据归一化方法较多，如 Min-Max 方法标准化、Z-score 标准化以及向量规范化等。本书 M - MACBETH 软件给出的风险关联程度结果数据较简单，所以将选择向量规范化的方法对原数据进行处理，公式如下：

$$\overline{\lambda}_j^{u} = \frac{\lambda_j^{u}}{\sqrt{\sum_{j=1}^{n}(\lambda_j^{u})^2}} \qquad\qquad (4-3)$$

其中，λ_j^{u} 为专家 E_u 评估的风险 R_j 受其他风险关联的关联程度；$\overline{\lambda}_j^{u}$ 为数据处理后的结果。将 M – MACBETH 软件给出的风险评估结果代入上式，即可得到风险 R_1 的关联程度。同理，其他专家运用同样的方法也可得到各自的风险 R_1 的关联程度。

因为每个专家对项目的理解、态度以及偏好信息不同，所以给出的评估结果也会不同。此时，需选择合适的方法集结所有专家的评估结果。因为本书所涉及的项目风险管理问题对于每个专家的重要程度相等，所以选择平均值方法进行专家评估结果集结，公式如下：

$$\lambda_j = \frac{\sum_{u=1}^{U} \overline{\lambda}_j^{u}}{U} \qquad\qquad (4-4)$$

根据上式即可求出所有风险集结后的风险关联程度。为了更加直观地看出风险之间的关联程度，本书选用 Ucinet 软件画出风险关联图，该软件不仅可以呈现出每个风险之间的关联关系，而且可以通过点的大小体现出每个风险所受到的关联程度的大小。

4.2　项目风险应对策略选择模型

4.2.1　问题描述

本节要研究的问题是在某项目施工过程中发生风险时，且各项目风险之间存在关联作用，项目管理者想要在项目计划的质量、工期以及项目预算范围内完成项目施工任务，则如何快速地选择出合适的风险应对策略来应对项目风险是所研究问题的关键。本节主要对研究的问题进行具体描述，并概述如何通过构建模型解决项目风险应对策略选择问题，即对解决项目风险应对策略选择问题的基本思路和解决项目风险应对策略选择问题的整体框架等相关内容进行详细的阐述。

项目风险管理的基本思路是，首先项目管理者需确定项目范围，明确项目的工作内容、项目预算、项目完成所需工期以及项目所需质量要求，进而对项目工作进行分解，识别各工作可能发生的风险事件以及可能的关联风险，并由专家评估出风险事件发生可能造成的损失，即工期延误、质量缺陷，同时评估出风险之间的关联关系，在此基础上，根据经验或以往案例提出候选的风险应对策略集，给出所有应对策略实施后的应对效果，最后结合项目的基本要素构建选择风险应对策略的优化模型，求解模型并对结果进行分析，如果项目管理者对模型结果满意，则该结果即是最优方案，如果项目管理者对求解结果表示不满意，则需要在项目目标之间做出权衡，即适当放宽质量、工期以及成本要求，然后代入优化模型中重新进行求解，以此过程重新迭代，直到管理者满意为止。具体的迭代过程如图 4-9 所示。

4.2.2　优化模型的构建

本节主要给出优化模型所涉及的符号的定义与说明，并结合本书所研究的项目风险管理问题，构建考虑风险关联情形下的项目风险应对策略选择的优化模型。

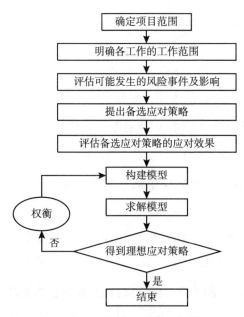

图4-9 获得理想应对策略的迭代过程

构建模型的目的是选择出最理想的风险应对策略集合，为了解决该问题，本节将0~1的决策变量作为模型的未知变量，该0~1决策变量表示是否选择风险应对策略来应对风险事件。如果选择了某个风险应对策略，则该决策变量值就等于1；如果没有选择某个风险应对策略，则该决策变量值就等于0。因此，运用0~1整数规划方法来解决本书的离散型最优化问题，并通过LINGO软件对优化模型进行求解。

针对研究问题的实际背景，在构建考虑风险关联情形下的项目风险应对策略选择的优化模型之前，首先给出如下符号定义与说明：

W：某一项目所有工作活动的集合，$W = \{W_1, \cdots, W_l\}$，W_k 表示第 k 个工作活动，$k = 1, 2, \cdots, l$；

R：某一项目所有可能发生的风险事件的集合，$R = \{R_1, \cdots,$

$R_n\}$，R_j 表示第 j 个风险事件，$j = 1$，2，$\cdots$，n；

A：备选的风险应对策略集合，$A = \{A_1, \cdots, A_m\}$，A_i 表示第 i 个风险应对策略，$i = 1$，2，$\cdots$，m；

B：实施风险应对策略的总预算；

c_i：实施风险应对策略 A_i 的成本；

$\lambda_{k,j}$：在进行 W_k 工作活动时，其他风险事件（同时进行的工作活动或紧前工作活动可能发生的风险事件）对风险事件 R_j 的关联程度；

s_j^k：在进行 W_k 工作活动时，风险事件 R_j 发生后，给工作活动 W_k 所造成的工期延误；

s_j^+：考虑风险关联后，风险事件 R_j 发生后造成的工期延误；

q_j^k：在进行 W_k 工作活动时，风险事件 R_j 发生后，给工作活动 W_k 所造成的质量缺陷；

q_j^+：考虑风险关联后，风险事件 R_j 发生后造成的质量缺陷；

e_{ij}：实施风险应对策略 A_i 来应对风险事件 R_j 所产生的风险应对效果（减少风险事件的预计损失）；

e_{ij}^+：考虑风险关联后，实施风险应对策略 A_i 来应对风险事件 R_j 所产生的风险应对效果；

s_{ij}^k：实施风险应对策略 A_i 来应对风险事件 R_j 时，可使工作活动 W_k 提前完成的天数；

s_{ij}^+：考虑风险关联后，实施风险应对策略 A_i 来应对风险事件 R_j 时，可提前完成的天数；

q_{ij}^k：实施风险应对策略 A_i 来应对风险事件 R_j 时，可使工作活动 W_k 质量改善的程度；

q_{ij}^+：考虑风险关联后，实施风险应对策略 A_i 来应对风险事件 R_j 时，可改善的质量程度；

ε^k：不影响其紧后工作开始的情况下，工作活动 W_k 的完成时间与其紧后工作的开始时间的时间间隔；

δ^k：不影响紧后工作活动正常进行的情况下，工作活动 W_k 可以承受的质量缺陷上限；

$T_{\max}$：项目延期交付的工期上限；

$Q_{\max}$：项目质量缺陷的上限；

$\overleftrightarrow{M}$：相互排斥的成对策略集；

$\overline{M}$：相互依存的成对策略集；

x_{ij}：决策变量，$x_{ij}=0$ 或 1，当 $x_{ij}=1$ 时，表示选择风险应对策略 A_i 来应对风险事件 R_j，当 $x_{ij}=0$ 时，表示没有选择风险应对策略 A_i 来应对风险事件 R_j。

本书在考虑了项目预算限制、项目工期以及项目质量三个基本要素的前提下，通过构建风险应对策略选择优化模型，选择出使得项目整体的风险应对效果达到最大的最优项目风险应对策略集合。下面对该模型的目标函数和约束条件进行详细的说明。

（1）目标函数。本节构建的考虑风险关联情形下的项目风险应对策略选择优化模型的目的是选择出一系列风险应对策略，针对一组风险事件，选择出来一系列风险应对策略集合，在实施该风险应对策略集合后，其预期的风险应对效果应该是最好的。此时的项目风险应对效果是指，实施风险应对策略后，项目的延误工期提前的天数以及项目质量损失改善的程度。

（2）项目目标的约束条件。在满足项目三个基本要素的情况下，选择出最优项目风险应对策略集合，即要考虑如何在确定实施风险应对策略所需的项目预算阈值的同时，确保每个工作活动都必须在计划期内完成，并且项目的质量水平能够达到要求。换言之，目标函数的约束条件为预算约束、工期约束（项目最后完成的工期要小于或等于项目计划工期）、质量约束（项目最后完成时的质量缺陷要小于或等于项目计划质量）。

（3）风险应对策略的约束条件。关于风险应对策略，一般情况下，风险应对策略的选择是有实际背景限制的，即如果风险应对策略 A_1 和风险应对策略 A_2 是两个相互依存的成对应对策略，则选择风险应对策略 A_1 时，必须同时选择风险应对策略 A_2，同理，实际背景下，由于预算限制或者其他原因，也会出现相互排斥的两个风险应对策略，不能同时选择相互排斥的风险应对策略集，如果风险应对策略 A_1 和风险应对策略 A_2 是两个相互排斥的成对应对策略，则选择风险应对策略 A_1 时，就不能同时选择风险应对策略 A_2，选择风险策略 A_2 时，就不能同时选择风险应对策略 A_1。此外，还有另外一种特殊情况，两个风险应对策略实施时是有先后顺序的，如果风险应对策略 A_1 必须在风险应对策略 A_2 之前实施，则在选择风险策略 A_2 时，就必须先选择风险应对策略 A_1。因此，风险应对策略选择优化模型中设定了三种成对风险应对策略集约束，即弱排斥、强排斥和协同。弱排斥是指成对风险应对策略集中至少选择一个应对策略，强排斥是指成对风险应对策略集中只能选择其中一个应对策略。而协同是既指其中一个策略被选择，则另一个应对策略也必须被选择，也表示两个风险应对策略之间的选择先后顺序。

由于项目风险之间存在关联作用，且关联作用对于项目的影响往往是负面的，因此本书在衡量风险关联对于项目工期和项目质量的负面影响时，认为风险关联的存在会增加原有风险事件发生所造成的工期延误时间以及质量缺陷程度，同时风险关联的存在也会降低风险应对策略所产生的应对效果、工作活动提前的天数以及质量改善的程度。

根据上述分析，可以给出风险关联对项目工期、项目质量以及项目应对效果的影响的数学关系式：

项目风险应对决策理论与方法

$$s_j^+ = s_j(1 + \lambda_j) \qquad (4-5)$$

$$s_{ij}^+ = s_{ij}(1 - \lambda_j) \qquad (4-6)$$

$$q_j^+ = q_j(1 + \lambda_j) \qquad (4-7)$$

$$q_{ij}^+ = q_{ij}(1 - \lambda_j) \qquad (4-8)$$

$$e_{ij}^+ = e_{ij}(1 - \lambda_j) \qquad (4-9)$$

式（4-5）表示风险关联作用对项目工期延误程度的影响，即由于风险关联作用的存在延长了项目风险发生带来的工期延误。式（4-6）表示风险关联作用对实施风险应对策略带来的工期提前天数的影响，即由于风险之间关联作用的存在减小了实施风险应对策略提前的天数。式（4-7）表示风险关联作用对项目质量缺陷的影响程度，即增加了项目风险发生造成的质量缺陷。式（4-8）表示风险关联作用对实施风险应对策略带来的质量改善程度的影响，即由于风险之间的关联作用缩小了实施风险应对策略改善的质量的程度。式（4-9）表示由于风险关联作用对风险应对效果的影响，即由于风险关联作用的存在减小了实施风险应对策略带来的风险应对效果。

此外，为了便于模型的构建和分析，本书给出以下假设：

假设4-1：只考虑同时进行及紧前工作活动对正在进行的工作上发生风险之间的关联作用。由于模型考虑的是整个项目的风险应对策略选择问题，项目的三个关键要素约束也是根据工作活动的顺序进行的，每个约束都是针对每个工作活动设置的，所以对于任意工作活动，仅考虑同时进行的工作活动上发生的风险之间的关联作用，以及紧前工作活动上发生的风险对正在进行的工作活动上发生风险的关联作用。根据之前给出的施工过程图4-2可以看出，如果正在进行施工的是工作 W_1，则只需要考虑与工作 W_1 同时进行的工作 W_2 可能发生的风险以及工作 W_1 可能发生的风险之间的关联作用情况。如果正在进行施工的是工作 W_3，此时，不仅需要考虑工作

W_3 可能发生的风险之间的相互关联作用，还需要考虑工作 W_3 的两个紧前工作 W_1 和工作 W_2 可能发生的风险对工作 W_3 可能发生的风险的关联作用情况。

假设 4-2：只考虑风险事件对工作活动的消极影响。风险的定义指出风险事件对项目的影响有正向的，也有负向的。但是，对于项目风险管理问题来说，构建风险应对策略选择优化模型的目的是解决采取风险应对策略以减小风险对工作活动的影响问题，如工期延误和质量缺陷，故只需考虑风险事件对工作活动的消极影响。

假设 4-3：风险应对策略的实施给工作活动的影响是积极的。构建风险应对策略选择优化模型的目的是解决工作活动上发生的风险事件，采取风险应对策略的目的是应对项目风险，以减少由于风险发生造成的项目工期延误和项目质量缺陷，且采取风险应对策略会产生额外成本，如果产生费用不能减小风险发生造成的损失，那么采取风险应对策略就没有实际意义，所以假设风险应对策略的实施能减小风险的损失是有必要的。

假设 4-4：只考虑项目的资金约束。在优化模型中，没有考虑项目的其他资源限制问题，如人力、物资等资源，由于这些资源难以量化，且在构建模型时可以将这些资源要求转化到可以量化的项目预算当中。因此，为了方便计算，在构建模型时，将项目所有的资源限制转化成项目预算限制后作为预算约束条件。

根据风险关联的数学关系式以及基本假设，构建整数规划模型如下所示：

目标函数：

$$\max z = \sum_{i=1}^{m} \sum_{j=1}^{n} \left[e_{ij} \left(1 - \sum_k \lambda_{k,j} \right) x_{ij} \right] \qquad (4-10)$$

约束条件：

$$\sum_{i=1}^{m} \left(c_i \max_j x_{ij} \right) \leqslant B, \ j = 1, 2, \cdots, n \qquad (4-11)$$

$$\sum_{j=1}^{n} s_j^k (1 + \lambda_{k,j}) - \sum_{j=1}^{n} \sum_{i=1}^{m} \left[s_{ij}^k (1 - \lambda_{k,j}) x_{ij} \right] \leqslant \varepsilon^k, \ k = 1, 2, \cdots, l - 1$$

$$(4 - 12)$$

$$\left[\sum_{j=1}^{n} q_j^k (1 + \lambda_{k,j}), 1 \right] - \sum_{j=1}^{n} \sum_{i=1}^{m} \left[q_{ij}^k (1 - \lambda_{k,j}) x_{ij} \right] \leqslant \delta^k,$$
$$k = 1, 2, \cdots, l - 1 \qquad (4 - 13)$$

$$\sum_{j=1}^{n} s_j^l (1 + \lambda_{l,j}) - \sum_{j=1}^{n} \sum_{i=1}^{m} \left[s_{ij}^l (1 - \lambda_{l,j}) x_{ij} \right] \leqslant T_{\max} \quad (4 - 14)$$

$$\left[\sum_{j=1}^{n} q_j^l (1 + \lambda_{l,j}), 1 \right] - \sum_{j=1}^{n} \sum_{i=1}^{m} \left[q_{ij}^l (1 - \lambda_{l,j}) x_{ij} \right] \leqslant Q_{\max}$$

$$(4 - 15)$$

$$x_{ij} + x_{i'j'} \leqslant 1, \ (A_i, A_{i'}) \in \overleftrightarrow{M}, \ i' = 1, 2, \cdots, m,$$
$$j, j' = 1, 2, \cdots, n \qquad (4 - 16)$$

$$x_{ij} + x_{i'j'} = 1, \ (A_i, A_{i'}) \in \overleftrightarrow{M}, \ i, i' = 1, 2, \cdots, m,$$
$$j, j' = 1, 2, \cdots, n \qquad (4 - 17)$$

$$x_{ij} - x_{i'j'} \leqslant 0, \ (A_i, A_{i'}) \in \overline{M}, \ i, i' = 1, 2, \cdots, m,$$
$$j, j' = 1, 2, \cdots, n \qquad (4 - 18)$$

$$x_{ij} - x_{i'j'} \leqslant 0, \ (A_i, A_{i'}) \in \overline{M}, \ i, i' = 1, 2, \cdots, m,$$
$$j, j' = 1, 2, \cdots, n \qquad (4 - 19)$$

下面对式 (4 - 10) ~ 式 (4 - 19) 进行详细的说明。目标函数 (4 - 10) 是最大化项目整体的预计风险应对效果。约束 (4 - 11) 是确保实施风险应对策略所需的支出在项目计划的预算范围内。约束 (4 - 12) 是为了保证每个工作活动（不包括最后一个工作活动）在计划工期内完成，或至少不会影响其紧后工作活动的正常开始时间，在该约束中，参数 ε^k 的值是根据项目的实际需求给出的，且 $\varepsilon^k \geqslant 0$。比如某工作活动的完成时间距离下个工作活动的正常开始时间是 4 天，则 $\varepsilon^k = 4$。同理约束 (4 - 13) 是保证每个工作活动（不包括最后一个工作活动）一定的质量水平要求，或是至少不会影响其紧后工作的正常施工。比如某工作活动的质量缺陷要求是20%，则 $\delta^k = 20\%$。实际问题中，项目管理者因为成本和预算限制，可能会对质量要求减小。当质量需要使用技术规范时，对于管理者来说，严格遵守各种规范要求是非常耗时的，因此，项目的质量要求水平通常情况下都是由项目管理者主观来判断的。在模型当中，假设在正常情况下，对于每个工作活动的质量期望水平要求都是100%，则质量水平在其他情况下，管理者主观评估出的或者是改善的质量水平需小于或等于100%，即 $0 \leqslant q_j^k$，q_{ij}^k，$\delta^k \leqslant 1$。约束（4-14）表示最后一个工作活动的完成时间必须是在项目的截止日期（竣工验收日期）前，且满足 $T_{max} \geqslant 0$。约束（4-15）表示最后一个工作活动的质量必须符合项目的质量标准要求，且满足 $0 \leqslant Q_{max} \leqslant 1$。约束（4-16）表示风险应对策略 A_i 和 $A_{i'}$ 是相互排斥的，即选择风险应对策略 A_i，就不能选择应对策略 $A_{i'}$。约束（4-17）表明在某个策略集合中必须选择其中一个应对策略，即风险应对策略 A_i 和应对策略 $A_{i'}$ 只能选择其一。约束（4-18）表明了和应对策略 $A_{i'}$ 之间存在先后顺序，即选择应对策略 $A_{i'}$ 时，必须先实施风险应对策略 A_i，只有先实施应对策略 A_i，然后实施应对策略 $A_{i'}$ 才会带来相应的应对效果。约束（4-19）是一个 0~1 变量约束，即选择风险应对策略 A_i 时，$x_{ij} = 1$，如果没有选择风险应对策略 A_i，则 $x_{ij} = 0$。可以看出，该风险应对策略选择模型是整数规划模型，可通过 LINGO 来进行求解。

约束（4-11）中的 $\max_j x_{ij}$ 是为了保证实施每个风险应对策略的成本没有重复计算，以免增大了项目的预算。因为风险应对策略之间并不是严格的一一对应关系，即一个风险应对策略可以应对多个风险，同时，一个风险也可以由多个风险应对策略来应对。具体情况如图 4-10 所示：

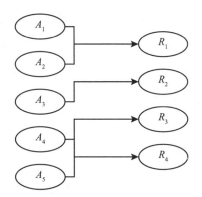

图 4 - 10　风险与备选应对策略之间的对应关系

根据图 4 - 10 可以看出，风险 R_1 可以由应对策略 A_1 和应对策略 A_2 来应对；风险 R_2 只能由应对策略 A_3 来应对；而风险 R_3 和风险 R_4 均可以由应对策略 A_4 和应对策略 A_5 来应对，即一个风险可以由多个风险来应对。同理，风险应对策略 A_4 和风险应对策略 A_5 既可以应对风险 R_3，也可以应对风险 R_4，即一个风险应对策略可以同时应对多个风险，所以风险应对策略结合的个数会小于 $m \times n$。对于不存在的风险应对策略可以不考虑，这样会减少计算量，提高计算效率。

4.3　潜在应用研究

项目风险管理是一项系统工程，在项目前期，需要对相关管理工作做好准备，如项目进度管理、项目成本管理、项目质量管理等，基于项目范围内获取的数据，项目经理首先对项目进行结构分解、识别和分析风险，根据已有经验和发生过的类似风险事件的处理方法，讨论当前可能发生风险事件的可行风险应对策略，并利用已有的知识和经验估计实施风险应对策略的应对效果。在此基础上，通过 MACBETH 方法度量风险之间的关联程度，构建整数规划模型，通过求解模型选择最优的项目风险应对策略集。为了便于与不考虑风险关联情形下的风险应对策略选择问题进行对比，本书采用已有算例[18]进行潜在应用分析，并对有无风险关联作用情形下的风险应对效果及选择出的风险应对策略进行对比分析。下面对案例背景进行简单介绍。

4.3.1 实际背景

某工程公司承接一个通风系统和空调设备安装项目，在项目实施过程中会因为不同的原因发生不同类型的风险，如人为因素导致阀接口不紧，设备问题导致管道内壁锈蚀，或者因调试过程操作不当引起过大噪声等。项目管理者需要在有限的工期和预算范围内按质完成项目。因此，快速地选择出合适的风险应对策略是项目管理者应对项目风险的最大挑战。整个项目的工作结构分解图如图 4 - 11 所示。该通风系统和空调设备安装项目的项目范围为：项目预算是4700000 元，项目的工期定为 153 天。在明确项目范围的基础上，由专家小组对该项目每项工作活动可能发生的风险进行分析与评估，并根据已识别出的风险和已有的工作经验提出备选风险应对策略。此时，项目管理者可根据专家小组给出的结果进行建模分析。不考虑起始工作和结束工作，只考虑该通风系统和空调设备安装项目的 8 个核心工作活动，该通风系统和空调设备安装项目的施工图如图 4 - 12 所示。根据图 4 - 11 和图 4 - 12 可以看出，工作 W_8 是空调设备的安装，该工作贯穿于整个项目的施工过程，工作 W_1、W_2 和 W_3 分别是通风管的制造、排水管的制造以及支架制造，这三个工作是同时进行的工作，其中，工作 W_1 和 W_3 是工作 W_4 的紧前工作，工

作 W_2 和 W_3 是工作 W_5 的紧前工作，工作 W_4 和工作 W_5 均是比较关键的工作，分别是安装通风管道系统和排水管道系统，这两个工作的后续工作分别为空气泄漏实验（W_6）和管道压力实验（W_7）。

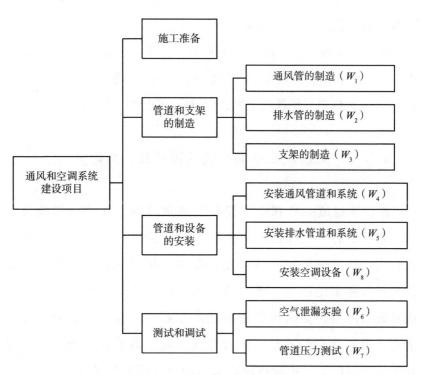

图 4-11　项目的工作结构分解

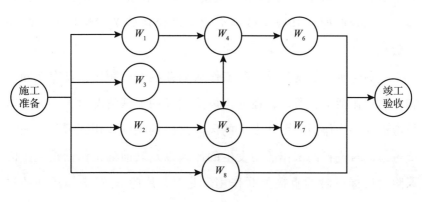

图 4-12　案例的施工过程

项目小组成员对该项目的质量和工期要求进行评估，确定出每项工作活动都可存在一定程度的质量缺陷及工作延误，每项工作活动的质量需分别达到可接受情况和理想状态之间，即90%和99%之间，故 $\delta^k \in [1\%, 10\%]$，$k = 1, 2, \cdots, 8$，每项工作活动的延迟天数均不能超过10天，故 $\varepsilon^k \in [0, 10]$，$k = 1, 2, \cdots 8$。实施项目风险应对策略的理想预算是260000元，如果有必要的话，预算有超出的情况，项目经理也可以接受，但是不能超过300000元，300000元是该项目预算的上限，即 $B \in [260000, 300000]$。

4.3.2 某通风和空调系统建设项目的风险分析

根据该通风系统和空调设备安装项目的工作活动结构分解图，可预估各个工作活动可能发生的风险事件以及它们之间的关联情况。考虑风险关联作用，即某一项目风险的发生会加重其他风险带来的损失，或者某一风险的发生会使得另一风险的应对效果降低。如通风管道可能产生噪声风险，该风险的发生会降低通风管道的质量，因为存在风险关联作用，当通风管道发生残渣风险时，由噪声风险带来的质量损失会加重。而在风险应对时，由于残渣风险和噪声风险之间存在关联作用，所以，在应对残渣风险时，其应对效果会比不考虑风险关联情形的风险应对效果小。

本书所研究的安装项目的工作活动存在先后顺序，且存在同时施工的工作活动，所以，在分析风险之间的关联情况时，一方面需要考虑同一工作活动可能发生的风险之间的关联作用，另一方面需要考虑同时进行的工作活动发生的风险以及紧前的工作活动发生的风险对目标风险的直接关联作用。此时，风险 R_i 对工作活动的进度、质量以及成本的影响不仅是其本身产生的损失，且包括关联风险对该风险的损失以及风险应对效果的影响。

在运用 M – MACBETH 软件量化风险关联程度之前，由专家小组对风险事件进行识别与评估，明确所有风险之间存在的关联作用，如专家 1 给出的工作 W_4 上发生的风险 R_4 受到的关联作用情况为：当工作 W_4 上发生风险 R_4 时，可能会受到工作 W_4 上发生的风险 R_5 和风险 R_8 的影响以及紧前工作 W_1 上发生的风险 R_1 的影响。进一步，专家 1 给出工作 W_4 上发生的风险 R_4 受到以上三个风险的关联程度顺序：

$$R_1^1 > R_4^8 = R_4^5 \qquad (4-20)$$

将专家 1 给出的工作 W_4 上发生的风险 R_4 受到的关联程度情况填入 M – MACBETH 软件中，并根据 M – MACBETH 软件的语言变量给出工作 W_4 上发生的风险 R_4 的关联矩阵为：

$$A_1^1 = \begin{bmatrix} \text{no} & \text{extreme} & \text{extreme} & \text{extreme} & \text{extreme} \\ & \text{no} & \text{very weak} & \text{very weak} & \text{weak} \\ & & \text{no} & \text{no} & \text{weak} \\ & & & \text{no} & \text{no} & \text{weak} \\ & & & & \text{no} \end{bmatrix}$$

将专家 1 给出的工作 W_4 上发生的风险 R_4 受到的关联程度矩阵信息输入 M – MACBETH 软件中，得到如图 4 – 13 所示：

🖩	upper	R1,1	R4,5	R4,8	lower
upper	no	extreme	extreme	extreme	extreme
R1,1		no	very weak	very weak	weak
R4,5			no	no	weak
R4,8			no	no	weak
lower					no

图 4 – 13　专家 1 给出的 W_4 上发生 R_4 时的风险关联矩阵

根据图 4 - 13 可以看出，以工作 W_4 上发生的风险 R_4 为目标风险，与其他关联风险相比，工作 W_1 上发生的风险 R_1 对其影响程度最大，但因为与上限相比，专家 1 给出的对比程度是极端，故工作 W_1 上发生的风险 R_1 对目标风险的影响较小。同理可以看出，工作 W_4 上发生的风险 R_5 和工作 W_4 上发生的风险 R_8 对目标风险的影响程度是相等的，又因为与工作 W_1 上发生的风险 R_1 相比，专家 1 给出的对比程度均为很弱，因此，工作 W_4 上发生的风险 R_5 和工作 W_4 上发生的风险 R_8 对目标风险的影响也较小。此时，点击运行，即可得到三个关联风险的关联程度值，如图 4 - 14 所示：

🖩	upper	R1,1	R4,5	R4,8	lower	Current scale
upper	no	extreme	extreme	extreme	extreme	100
R1,1		no	very weak	very weak	weak	30
R4,5			no	no	weak	20
R4,8			no	no	weak	20
lower					no	0

图 4 - 14　专家 1 给出 W_4 上发生 R_4 时的关联程度结果

根据图 4 - 14 可以看出，工作 W_4 上发生的风险 R_5 和工作 W_4 上发生的风险 R_8 对目标风险的关联程度相同，均为 20，而工作 W_1 上发生的风险 R_1 对目标风险的关联程度稍大一些，关联程度值为 30，故可综合所有关联作用得出工作 W_4 上发生的风险 R_4 受到的关联程度值为 70。

专家 2 给出工作 W_4 上发生的风险 R_4 的关联矩阵如图 4 - 15 所示，可以看出，此时的关联矩阵具有不一致性，专家 2 根据 M - MACBETH 软件给出的建议，工作 W_1 上发生的风险 R_1 与下限相比

时，将原来的弱上调一个程度变为中等，并点击运行得到如图 4 - 16
所示的度量结果，专家 2 给出的目标风险受到的关联程度情况为：
工作 W_1 上发生的风险 R_1 对目标风险的关联程度是 38.46，工作 W_4
上发生的风险 R_5 和工作 W_4 上发生的风险 R_8 对目标风险的关联程
度均是 15.38，即专家 2 评估的目标风险受到的关联程度值为
69.22。同理可得到所有专家给出工作 W_4 上发生的风险 R_4 受到的
关联程度值，因为每个专家对项目的理解、态度以及偏好信息不
同，所以给出的评估结果也会不同，项目管理者根据本章给出的均
值法集结专家小组的评估结果，得到工作 W_4 上发生的风险 R_4 受到
的最终关联程度为 70。

🖩	upper	R1.1	R4.5	R4.8	lower
upper	no	extreme	extreme	extreme	extreme
R1.1		no	moderate	moderate	⬆ weak
R4.5			no	no	weak
R4.8			no	no	weak
lower					no

图 4 - 15　专家 2 给出的 W_4 上发生 R_4 时的风险关联矩阵

🖩	upper	R1.1	R4.5	R4.8	lower	Current scale
upper	no	extreme	extreme	extreme	extreme	100.00
R1.1		no	moderate	moderate	moderate	38.46
R4.5			no	no	weak	15.38
R4.8			no	no	weak	15.38
lower					no	0.00

图 4 - 16　专家 2 给出 W_4 上发生 R_4 时的关联程度结果

同理，得到其他风险受到的综合风险关联程度。因为 M – MAC-BETH 软件给出的度量结果为 0 ~ 100 的数值，所以，需对度量结果进行数据处理。本书选择向量规范法进行数据归一化处理。最终得到的风险关联程度如表 4 – 1 所示：

表 4 – 1　　　　　　　　实施 W_k 时发生 R_j 的关联程度

关联程度	λ_4^4	λ_5^4	λ_8^4	λ_5^5	λ_6^5	λ_8^5	λ_3^6	λ_9^6	λ_{10}^7	λ_1^8	λ_7^8
数值	0.16	0.53	0.03	0.42	0.29	0.03	0.16	0.51	0.34	0.11	0.19

根据表 4 – 1 可以看出，归一化处理后的关联程度可以直观地对比所有风险事件受到的关联程度关系。在工作 W_4 施工过程中发生的风险 R_5 和工作 W_6 施工过程中发生的风险 R_9 受到其他风险的影响程度最大，关联程度分别为 0.53、0.51；次之是工作 W_5 施工过程中发生的风险 R_5、工作 W_7 施工过程中发生的风险 R_{10} 以及工作 W_5 施工过程中发生的风险 R_6，关联程度分别是 0.42、0.34、0.29；工作 W_4 施工过程中发生的风险 R_4、工作 W_6 施工过程中发生的风险 R_3、工作 W_8 施工过程中发生的风险 R_1 以及工作 W_8 施工过程中发生的风险 R_7 受到的关联作用较小，风险关联程度分别是 0.16、0.16、0.11、0.19；余下是关联程度极小的风险事件，即工作 W_5 施工过程中发生的风险 R_8 和工作 W_4 施工过程中发生的风险 R_8，风险关联程度均是 0.03。表 4 – 1 未列出的是不存在关联情形的风险事件。

为了更加直观地看出风险之间的关联关系，运用 Ucinet 软件画出存在关联的风险事件的关联关系，如图 4 – 17 所示：

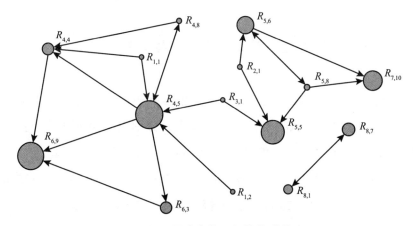

图 4 - 17　风险事件之间的关联关系

根据图 4 - 17 可以看出，工作 W_6 施工过程中发生的风险 R_9 受到的风险关联程度最大，其次是工作 W_4 施工过程中发生风险 R_5。而工作 W_1 施工过程中发生的风险 R_1 和风险 R_2 受到的风险关联程度较小。较多工作上发生的两个风险之间存在相互关联作用，如工作 W_8 施工过程中发生的风险 R_1 和风险 R_7 之间存在相互关联作用，即工作 W_8 施工时发生的风险 R_1 会影响该工作发生风险 R_7，工作 W_8 施工时发生的风险 R_7 也会影响该工作发生风险 R_1；工作 W_5 施工过程中发生的风险 R_6 和风险 R_8 以及工作 W_4 施工过程中发生的风险 R_5 和风险 R_8 之间均存在相互关联作用；而其他工作上发生的风险之间存在的关联作用均是单向的，工作 W_5 施工过程中发生的风险 R_6 以及工作 W_5 施工过程中发生的风险 R_8 均对工作 W_7 施工过程中发生的风险 R_{10} 有关联作用；影响工作 W_4 施工过程中发生风险 R_5 的风险较多，如工作 W_3 施工过程中发生的风险 R_1、工作 W_1 施工过程中发生的风险 R_2 以及工作 W_1 施工过程中发生的风险 R_1 等。图 4 - 17 中圆圈大小表示该风险事件受到的关联程度大小。

4.3.3 风险应对策略选择优化模型的构建

风险是一种潜在的危险，专家根据已有知识和相关经验识别出工作活动上的关键风险事件的期望损失，分别以货币形式给出：腐蚀（R_1），316600 元；磨损（R_2），3410 元；阀接口不紧（R_3），15690 元；通风管道中有杂物（R_4），18700 元；松动（R_5），13500 元；污水渣（R_6），2460 元；生锈（R_7），87000 元；凝结（R_8），36230 元；通风系统有太大的噪声（R_9），7930 元；排水系统出现高阻力（R_{10}），27470 元。

一旦风险事件 R_j 发生，预计各个工作活动的延迟天数（s_j^k）和降低的质量（q_j^k）信息分别如表 4-2 和表 4-3 所示。根据表 4-2 和表 4-3 可以看出，虽然不同工作上可能发生同一风险，但是该风险对不同工作带来的影响是不同的，如工作 W_1、工作 W_2 以及工作 W_3 都可能发生风险 R_1，但是工作 W_1 发生风险 R_1 给工作 W_1 造成的延误天数为 4，工作 W_2 发生风险 R_1 给工作 W_2 造成的延误天数为 3，而工作 W_3 发生风险 R_1 给工作 W_3 造成的延误天数为 3。同理，工作 W_1 发生风险 R_1 给工作 W_1 造成的质量缺陷为 7%，工作 W_2 发生风险 R_1 给工作 W_2 造成的质量缺陷为 5%，而工作 W_3 发生风险 R_1 给工作 W_3 造成的质量缺陷为 5%。因此，在风险应对时需要区分不同工作发生的同一风险。

表 4-2 　　　　　　　　发生风险后预计延迟天数　　　　　　　　单位：天

R_j	s_j^1	s_j^2	s_j^3	s_j^4	s_j^5	s_j^6	s_j^7	s_j^8
R_1	4	3	3	—	—	—	—	6
R_2	2	—	—	—	—	—	—	—

项目风险应对决策理论与方法

R_j	s_j^1	s_j^2	s_j^3	s_j^4	s_j^5	s_j^6	s_j^7	s_j^8
R_3	—	—	—	—	—	3	—	—
R_4	—	—	—	12	—	—	—	—
R_5	—	—	—	8	5	—	—	—
R_6	—	—	—	—	13	—	—	—
R_7	—	—	—	—	—	—	—	5
R_8	—	—	—	9	14	—	—	—
R_9	—	—	—	—	—	1.5	—	—
R_{10}	—	—	—	—	—	—	3	—

表 4 – 3　　　　　　　　　　发生风险后预计降低质量　　　　　　　单位：%

R_j	q_j^1	q_j^2	q_j^3	q_j^4	q_j^5	q_j^6	q_j^7	q_j^8
R_1	7	5	5	—	—	—	—	4
R_2	3	—	—	—	—	—	—	—
R_3	—	—	—	—	—	9	—	—
R_4	—	—	—	10	—	—	—	—
R_5	—	—	—	5	5	—	—	—
R_6	—	—	—	—	14	—	—	—
R_7	—	—	—	—	—	—	—	4
R_8	—	—	—	10	11	—	—	—
R_9	—	—	—	—	—	7	—	—
R_{10}	—	—	—	—	—	—	6	—

　　项目经理及专家小组根据已有的类似风险事件提出了 20 个备选的风险应对策略。表 4 – 4 列出了备选的风险应对策略 A_i，并给出了实施风险应对策略时对应的成本估计值。

表 4 – 4　　　　　　　　可供选择的风险应对策略及成本估计值　　　单位：元

可供选择的风险应对策略（A_i）	成本估计值（c_i）
在建筑工地采取防潮和防腐保护措施（A_1）	156900
在设备采购时，提高设备的保护水平（A_2）	65350
购买除湿机器（A_3）	7845
在存储站点安排纤维板（A_4）	1569
在安装阀门前进行压力测试（A_5）	785
安装阀门前清洗干净（A_6）	313
当管口施工暂停时，关闭管嘴（A_7）	120
当安装通风管道结构时，在管道的尾处安装钢网格（A_8）	470
在支撑和固定锚上进行轴承测试（A_9）	627
改进支撑质量并使用减振支撑（A_{10}）	12600
在支撑上用电钻钻螺旋栓孔，而不是使用气体焊接（A_{11}）	7800
压力测试后，运用空气吹扫的方式清洗管道（A_{12}）	450
箍上隔热层外面（A_{13}）	4800
改进空调供风室的绝缘质量（A_{14}）	78450
在设备室的内墙采取绝缘措施（A_{15}）	21500
在安装前清洗管道内壁（A_{16}）	350
在安装完管道后暂时关闭管嘴（A_{17}）	120
在设备室的内墙上粘贴吸声材料（A_{18}）	785
在通风管道内安装消声器（A_{19}）	7060
安装自动排气阀和排水阀（A_{20}）	3920

根据表 4 – 4 可以看出，在建筑工地采取防潮和防腐措施、改进支撑质量并使用减振支撑以及在设备室的内墙采取绝缘措施的成本较高，因此，在选择风险应对策略时，应尽量避免使用这三种应对策略，以免使得成本超出项目总预算，反之，当管口施工暂停时关闭管嘴、在安装完管道后暂时关闭管嘴、安装阀门前清洗干净以及在安装前清洗管道内壁的成本较低，因此，在选择风险应对策略

时，应尽量选择这些操作简单的应对策略，不仅可以节约成本，且
实施方案简单。采取风险应对策略的总成本不会超过项目总预算，
即小于或等于 300000 元。项目的工作活动、可能的风险事件，以
及可供选择的风险应对策略之间的对应关系分别如图 4 – 18 和
图 4 – 19 所示。

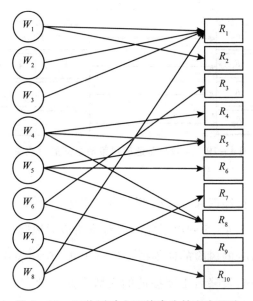

图 4 – 18　工作活动上可能发生的所有风险

根据图 4 – 18 和图 4 – 19 可以看出，同一个工作活动可能发生
多种风险事件，不同的工作活动也可能发生同一种风险事件，如工
作 W_4 上可能发生的风险有风险 R_4、风险 R_5 和风险 R_8，而工作活动
W_1、W_2、W_3 和 W_8 上均有可能发生风险 R_1。通过风险事件与风险
应对策略关系可以看出，同一个风险事件，其应对策略有多种，而
同一种应对策略只能应对一种风险事件。针对风险 R_9，可供选择的
风险应对策略有四种，即 A_{16}、A_{17}、A_{18} 和 A_{19}，针对应对策略 A_3 和
策略 A_4，只能分别应对风险 R_1 和风险 R_2。

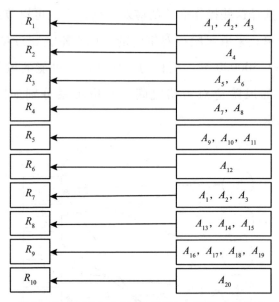

图 4 – 19　风险与备选应对策略之间的对应关系

　　此外，项目经理和专家小组给出了实施上述风险应对策略的预计应对效果，表 4 – 5 列出了风险应对策略应对风险事件的效果估计值，即预计减少的风险的期望损失值。表 4 – 6 和表 4 – 7 分别列出了实施风险应对策略后工期提前的天数和质量改善水平。在所有的风险应对策略中，策略 A_{14} 和 A_{15} 是相互排斥的，因为风险 R_8 是安装空调过程中发生凝结风险，所以风险 R_8 是必然发生风险，且风险 R_8 的应对必须采取策略 A_{14} 或者策略 A_{15}，但考虑到预算限制问题，策略 A_{14} 和 A_{15} 只能选择其一；由于策略 A_{18} 和 A_{19} 应对的风险 R_9 是空气泄漏实验过程中发生较大噪声，也是必然发生的风险事件，所以策略 A_{18} 和 A_{19} 与策略 A_{14} 和 A_{15} 具有同样的特点，即 $\overleftrightarrow{M} = \{(A_{14}, A_{15}), (A_{18}, A_{19})\}$；且策略 A_7 的选择前提是选择了策略 A_{17}，即 $\overline{M} = \{(A_7, A_{17})\}$。

表 4 – 5 实施风险应对策略后的应对效果估计值 单位：元

A_i	R_1	R_2	R_3	R_4	R_5	R_6	R_7	R_8	R_9	R_{10}
A_1	257500	—	—	—	—	—	69100	—	—	—
A_2	127600	—	—	—	—	—	7800	—	—	—
A_3	16900	—	—	—	—	—	5900	—	—	—
A_4	—	2830	—	—	—	—	—	—	—	—
A_5	—	—	7350	—	—	—	—	—	—	—
A_6	—	—	6120	—	—	—	—	—	—	—
A_7	—	—	—	7700	—	—	—	—	—	—
A_8	—	—	9800	—	—	—	—	—	—	—
A_9	—	—	—	—	1320	—	—	—	—	—
A_{10}	—	—	—	—	10510	—	—	—	—	—
A_{11}	—	—	—	—	11400	—	—	—	—	—
A_{12}	—	—	—	—	—	2010	—	—	—	—
A_{13}	—	—	—	—	—	—	28640	—	—	—
A_{14}	—	—	—	—	—	—	13750	—	—	—
A_{15}	—	—	—	—	—	—	31450	—	—	—
A_{16}	—	—	—	—	—	—	—	—	2040	—
A_{17}	—	—	—	—	—	—	—	—	2620	—
A_{18}	—	—	—	—	—	—	—	—	2120	—
A_{19}	—	—	—	—	—	—	—	—	6530	—
A_{20}	—	—	—	—	—	—	—	—	—	22180

表 4 – 6 实施风险应对策略后天数提前的估计值 单位：天

A_i	s_{ij}^1	s_{ij}^2	s_{ij}^3	s_{ij}^4	s_{ij}^5	s_{ij}^6	s_{ij}^7	s_{ij}^8
A_1	3	3	3	—	—	—	—	7
A_2	—	—	—	—	—	—	—	8
A_3	4	4	4	—	—	—	—	7
A_4	2							

右上角：续表

A_i	s_{ij}^1	s_{ij}^2	s_{ij}^3	s_{ij}^4	s_{ij}^5	s_{ij}^6	s_{ij}^7	s_{ij}^8
A_5	—	—	—	—	—	1.5	—	—
A_6	—	—	—	—	—	1.5	—	—
A_7	—	—	—	5	—	—	—	—
A_8	—	—	—	5	—	—	—	—
A_9	—	—	—	5	4	—	—	—
A_{10}	—	—	—	6	5	—	—	—
A_{11}	—	—	—	6	5	—	—	—
A_{12}	—	—	—	—	15	—	—	—
A_{13}	—	—	—	10	10	—	—	—
A_{14}	—	—	—	9	9	—	—	—
A_{15}	—	—	—	9	9	—	—	—
A_{16}	—	—	—	—	—	2	—	—
A_{17}	—	—	—	—	—	2	—	—
A_{18}	—	—	—	—	—	1	—	—
A_{19}	—	—	—	—	—	1	—	—
A_{20}	—	—	—	—	—	—	4	—

表4-7　　　实施风险应对策略后质量改进的估计值　　　单位：%

A_i	q_{ij}^1	q_{ij}^2	q_{ij}^3	q_{ij}^4	q_{ij}^5	q_{ij}^6	q_{ij}^7	q_{ij}^8
A_1	3	3	3	—	—	—	—	4
A_2	—	—	—	—	—	—	—	5
A_3	4	4	4	—	—	—	—	4
A_4	1.5	—	—	—	—	—	—	—
A_5	—	—	—	—	—	7	—	—
A_6	—	—	—	—	—	7	—	—
A_7	—	—	—	10	—	—	—	—
A_8	—	—	—	8	—	—	—	—
A_9	—	—	—	6	5	—	—	—

A_i	q_{ij}^1	q_{ij}^2	q_{ij}^3	q_{ij}^4	q_{ij}^5	q_{ij}^6	q_{ij}^7	q_{ij}^8
A_{10}	—	—	—	8	8	—	—	—
A_{11}	—	—	—	7	7	—	—	—
A_{12}	—	—	—	—	17	—	—	—
A_{13}	—	—	—	7	7	—	—	—
A_{14}	—	—	—	6	6	—	—	—
A_{15}	—	—	—	5	5	—	—	—
A_{16}	—	—	—	—	—	5	—	—
A_{17}	—	—	—	—	—	5	—	—
A_{18}	—	—	—	—	—	6	—	—
A_{19}	—	—	—	—	—	6	—	—
A_{20}	—	—	—	—	—	—	8	—

　　由于经验有限，一些新的风险事件可能未能预测，所以在选择风险应对策略时，专家小组会选择比较保守的方法，使得较关键工作实施应对策略后提前的天数和改善的质量大于发生风险后延误的天数和质量损失。但是，针对同一工作，在构建优化模型时，必须确保质量要求小于或等于100%，此时，不仅保证了未能预测的风险得到有效的应对，且在不浪费过多成本的同时，使工期尽可能地提前。

　　根据上述该通风系统和空调设备安装项目的实际背景，结合之前的风险关联对项目各目标的影响关系式，以及考虑风险关联的项目风险应对策略选择优化模型可以构建以下优化模型。约束条件（4-27）~约束条件（4-29）是备选应对策略的特殊性决定的，即风险应对策略 A_{14} 和策略 A_{15}、策略 A_{18} 和策略 A_{19} 是相互排斥的策略，不能同时选择。而风险应对策略 A_7 和策略 A_{17} 是有先后顺序的，只有选择了风险应对策略 A_7，才可以选择风险应对策略 A_{17}。

目标函数:

$$z = \sum_{i=1}^{20} \sum_{j=1}^{10} \left[e_{ij} \left(1 - \sum_k \lambda_{k,j} \right) x_{ij} \right] \qquad (4-21)$$

约束条件:

$$\sum_{i=1}^{20} \left(c_i \max_j x_{ij} \right) \leq B, \, j = 1, 2, \cdots, 10 \qquad (4-22)$$

$$\sum_{j=1}^{10} s_j^k \left(1 + \lambda_{k,j} \right) - \sum_{j=1}^{10} \sum_{i=1}^{20} \left[s_{ij}^k \left(1 - \lambda_{k,j} \right) x_{ij} \right] \leq \varepsilon^k, \, k = 1, 2, \cdots, 7$$

$$(4-23)$$

$$\min \left[\sum_{j=1}^{10} q_j^k \left(1 + \lambda_{k,j} \right), 1 \right] - \sum_{j=1}^{10} \sum_{i=1}^{20} \left[q_{ij}^k \left(1 - \lambda_{k,j} \right) x_{ij} \right] \leq \delta^k,$$
$$k = 1, 2, \cdots, 7 \qquad (4-24)$$

$$\sum_{j=1}^{10} s_j^8 \left(1 + \lambda_{8,j} \right) - \sum_{j=1}^{10} \sum_{i=1}^{20} \left[s_{ij}^8 \left(1 - \lambda_{8,j} \right) x_{ij} \right] \leq T_{\max} \qquad (4-25)$$

$$\min \left[\sum_{j=1}^{10} q_j^8 \left(1 + \lambda_{8,j} \right), 1 \right] - \sum_{j=1}^{10} \sum_{i=1}^{20} \left[q_{ij}^8 \left(1 - \lambda_{8,j} \right) x_{ij} \right] \leq Q_{\max}$$

$$(4-26)$$

$$x_{14,8} + x_{15,8} = 1 \qquad (4-27)$$

$$x_{18,9} + x_{19,9} = 1 \qquad (4-28)$$

$$x_{7,4} - x_{17,9} \leq 0 \qquad (4-29)$$

$$x_{ij} \in \{0, 1\}, \, i = 1, 2, \cdots, 20, \, j = 1, 2, \cdots, 10$$

$$(4-30)$$

4.3.4 模型求解及结果分析

基于项目的目标要求和管理者的主观需求,为了获得最优的项目风险应对效果,需在成本、工期和质量之间做出相应的权衡,最终选择一组最优的风险应对策略。不同的成本、工期和质量的组合得到不同的风险应对效果,下面根据预算(B)、工期(ε^k)和质量

（δ^k）参数的变化对项目整体风险应对效果的影响进行灵敏度分析。此外，为了验证本书考虑风险关联的正确性和实用性以及提出度量风险关联方法的有效性，下面将对是否考虑风险关联情形进行对比分析。综上所述，运用 LINGO 软件求解模型，为了更加直观地分析预算、工期和质量参数的变化对项目整体的风险应对效果的影响，以及是否考虑风险关联对风险应对策略的选择和风险应对效果的影响，本书借助 MATLAB 画出相关图例。

图 4 - 20（a）和图 4 - 20（b）是对项目预算参数 B 的灵敏度分析，图 4 - 21（a）和图 4 - 21（b）是对项目工期参数 ε^k 的灵敏度分析，图 4 - 22（a）和图 4 - 22（b）是对项目质量参数 δ^k 的灵敏度分析。其中，图 4 - 20（a）、图 4 - 21（a）和图 4 - 22（a）是考虑风险关联情形下的分析结果，而图 4 - 20（b）、图 4 - 21（b）和图 4 - 22（b）是不考虑风险关联情形下的分析结果。为了比较不同参数设置下，选择出的风险应对策略集合及所应对的风险，将部分计算结果列出，如表 4 - 8 所示。

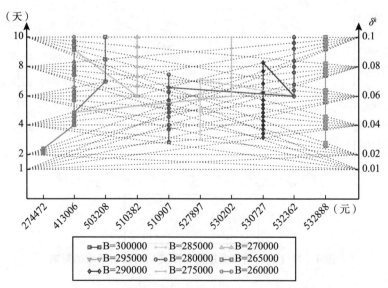

图 4 - 20（a） 考虑关联时预算变化对应对效果的影响

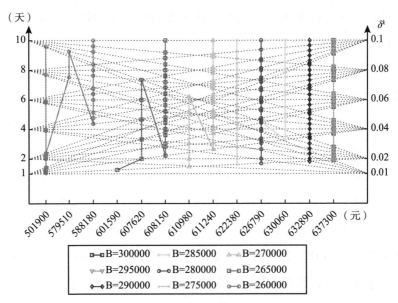

图 4-20（b） 不考虑关联时预算变化对应对效果的影响

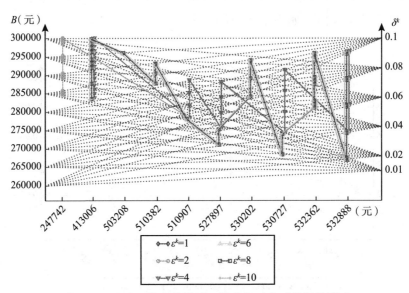

图 4-21（a） 考虑关联时工期变化对应对效果的影响

项目风险应对决策理论与方法

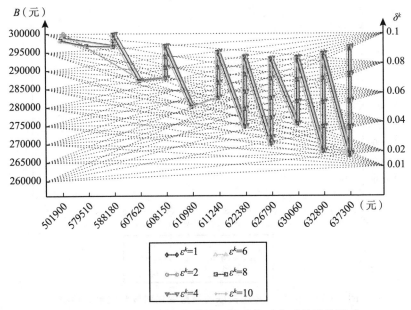

图 4 – 21（b）　不考虑关联时工期变化对应对效果的影响

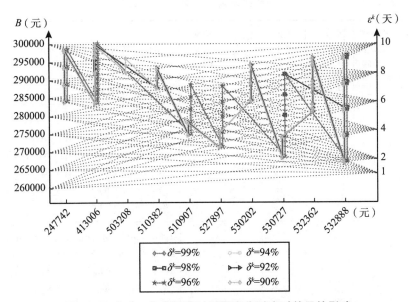

图 4 – 22（a）　考虑关联时质量变化对应对效果的影响

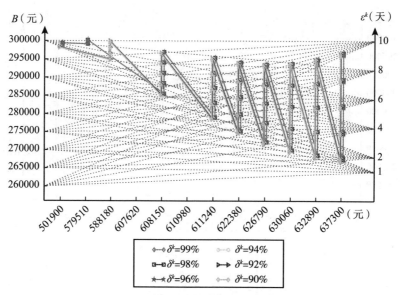

图4－22（b） 不考虑关联时质量变化对应对效果的影响

表4－8 不同参数设置下的部分计算结果

序号	是否考虑风险关联	风险应对预算（元）	工期要求（天）	质量要求	应对效果（元）	应对策略及其所应对的风险
1	是	任意值	任意值	0.01	0	没有应对策略被选出
2	是	275000	2	0.04/0.06/0.08/1	247742	A_2（R_1，R_7），A_3（R_1，R_7），A_4（R_2），A_5（R_3），A_6（R_3），A_7（R_4），A_8（R_4），A_9（R_5），A_{10}（R_5），A_{11}（R_5），A_{12}（R_6），A_{13}（R_8），A_{15}（R_8），A_{16}（R_9），A_{17}（R_9），A_{19}（R_9），A_{20}（R_{10}）
3	否	275000	2	0.04	622380	A_1（R_1，R_7），A_2（R_1，R_7），A_3（R_1，R_7），A_4（R_2），A_5（R_3），A_6（R_3），A_7（R_4），A_8（R_4），A_9（R_5），A_{11}（R_5），A_{12}（R_6），A_{13}（R_8），A_{15}（R_8），A_{16}（R_9），A_{17}（R_9），A_{18}（R_9），A_{20}（R_{10}）

续表

序号	是否考虑风险关联	风险应对预算（元）	工期要求（天）	质量要求	应对效果（元）	应对策略及其所应对的风险
4	是	275000	4	0.04	413006	A_1（R_1，R_7），A_3（R_1，R_7），A_4（R_2），A_5（R_3），A_6（R_3），A_7（R_4），A_8（R_4），A_9（R_5），A_{10}（R_5），A_{11}（R_5），A_{12}（R_6），A_{13}（R_8），A_{15}（R_8），A_{16}（R_9），A_{17}（R_9），A_{19}（R_9），A_{20}（R_{10}）
5	是	280000	2	0.04	510907	A_1（R_1，R_7），A_2（R_1，R_7），A_4（R_2），A_5（R_3），A_6（R_3），A_7（R_4），A_8（R_4），A_9（R_5），A_{10}（R_5），A_{11}（R_5），A_{12}（R_6），A_{13}（R_8），A_{15}（R_8），A_{16}（R_9），A_{17}（R_9），A_{18}（R_9），A_{20}（R_{10}）
6	是	≤280000	1/2/4	0.02	0	没有应对策略被选出
7	是	285000	6/8/10	0.02	527897	A_1（R_1，R_7），A_2（R_1，R_7），A_3（R_1，R_7），A_5（R_3），A_6（R_3），A_7（R_4），A_8（R_4），A_9（R_5），A_{10}（R_5），A_{11}（R_5），A_{12}（R_6），A_{13}（R_8），A_{15}（R_8），A_{16}（R_9），A_{17}（R_9），A_{18}（R_9），A_{20}（R_{10}）
8	否	295000	4	0.04	532888	A_1（R_1，R_7），A_2（R_1，R_7），A_3（R_1，R_7），A_4（R_2），A_5（R_3），A_6（R_3），A_7（R_4），A_8（R_4），A_9（R_5），A_{10}（R_5），A_{11}（R_5），A_{12}（R_6），A_{13}（R_8），A_{15}（R_8），A_{16}（R_9），A_{17}（R_9），A_{19}（R_9），A_{20}（R_{10}）
9	否	295000	4	0.04	637300	A_1（R_1，R_7），A_2（R_1，R_7），A_3（R_1，R_7），A_4（R_2），A_5（R_3），A_6（R_3），A_7（R_4），A_8（R_4），A_9（R_5），A_{10}（R_5），A_{11}（R_5），A_{12}（R_6），A_{13}（R_8），A_{15}（R_8），A_{16}（R_9），A_{17}（R_9），A_{19}（R_9），A_{20}（R_{10}）

序号	是否考虑风险关联	风险应对预算（元）	工期要求（天）	质量要求	应对效果（元）	应对策略及其所应对的风险
10	是	295000	4	0.06	532888	$A_1(R_1, R_7)$, $A_2(R_1, R_7)$, $A_3(R_1, R_7)$, $A_4(R_2)$, $A_5(R_3)$, $A_6(R_3)$, $A_7(R_4)$, $A_8(R_4)$, $A_9(R_5)$, $A_{10}(R_5)$, $A_{11}(R_5)$, $A_{12}(R_6)$, $A_{13}(R_8)$, $A_{15}(R_8)$, $A_{16}(R_9)$, $A_{17}(R_9)$, $A_{19}(R_9)$, $A_{20}(R_{10})$
11	否	295000	4	0.06	637300	$A_1(R_1, R_7)$, $A_2(R_1, R_7)$, $A_3(R_1, R_7)$, $A_4(R_2)$, $A_5(R_3)$, $A_6(R_3)$, $A_7(R_4)$, $A_8(R_4)$, $A_9(R_5)$, $A_{10}(R_5)$, $A_{11}(R_5)$, $A_{12}(R_6)$, $A_{13}(R_8)$, $A_{15}(R_8)$, $A_{16}(R_9)$, $A_{17}(R_9)$, $A_{19}(R_9)$, $A_{20}(R_{10})$
12	是	295000	4	0.08	532888	$A_1(R_1, R_7)$, $A_2(R_1, R_7)$, $A_3(R_1, R_7)$, $A_4(R_2)$, $A_5(R_3)$, $A_6(R_3)$, $A_7(R_4)$, $A_8(R_4)$, $A_9(R_5)$, $A_{11}(R_5)$, $A_{12}(R_6)$, $A_{13}(R_8)$, $A_{15}(R_8)$, $A_{16}(R_9)$, $A_{17}(R_9)$, $A_{19}(R_9)$, $A_{20}(R_{10})$
13	否	295000	4	0.08	637300	$A_1(R_1, R_7)$, $A_2(R_1, R_7)$, $A_3(R_1, R_7)$, $A_4(R_2)$, $A_5(R_3)$, $A_6(R_3)$, $A_7(R_4)$, $A_8(R_4)$, $A_9(R_5)$, $A_{11}(R_5)$, $A_{12}(R_6)$, $A_{13}(R_8)$, $A_{15}(R_8)$, $A_{16}(R_9)$, $A_{17}(R_9)$, $A_{19}(R_9)$, $A_{20}(R_{10})$
14	是	295000	6/8/10	0.02	532888	$A_1(R_1, R_7)$, $A_2(R_1, R_7)$, $A_3(R_1, R_7)$, $A_4(R_2)$, $A_5(R_3)$, $A_6(R_3)$, $A_7(R_4)$, $A_8(R_4)$, $A_9(R_5)$, $A_{10}(R_5)$, $A_{11}(R_5)$, $A_{12}(R_6)$, $A_{13}(R_8)$, $A_{15}(R_8)$, $A_{16}(R_9)$, $A_{17}(R_9)$, $A_{19}(R_9)$, $A_{20}(R_{10})$

对图 4 - 20（a）、图 4 - 21（a）和图 4 - 22（a）进行分析，

可以得到如下结论：

（1）整体来看，随着预算的增加，风险应对效果呈递增趋势。当预算增加到一定范围时，风险应对效果保持不变，即存在最优预算，使得风险应对效果达到最大［参照图4-20（a）］。

（2）从图4-21（a）和图4-22（a）可以看出，在不同的质量和工期要求下，风险应对效果不同，为了更加清晰地分析风险应对效果与质量、工期要求之间的关系，将分为以下三种情况进行讨论：

①当质量要求很严格时（$\delta^k \leq 0.01$），在任何预算和工期要求下，都没有风险应对策略被选出，此时风险应对效果为0。

②当质量要求较严格时（$\delta^k \leq 0.02$），只有预算大于等于285000元，工期要求大于等于6天时，才有风险应对策略被选出，且随着工期要求的不断放松，风险应对效果保持不变。

③当质量要求不严格（$\delta^k \geq 0.04$）且工期较严格（$\varepsilon^k \leq 4$）时，随着质量要求的不断放松，风险应对效果保持不变，而随着工期要求的不断放松，风险应对效果发生变化，且这种变化在预算较紧时更加明显；当质量要求不严格（$\varepsilon^k \geq 4$）且工期要求也不严格（$\varepsilon^k \geq 6$）时，随着工期要求的不断放松，风险应对效果保持不变，随着质量要求的不断放松，风险应对效果发生些微变化。

可以看出，当工期要求较严格时，质量要求对风险应对效果的影响可以忽略，而当工期要求较宽松时，质量要求的变化对风险应对效果的影响较大，此时应该更加关注质量要求带来的影响。

对考虑风险关联情形下选择出的最优风险应对策略集进行分析，可以得到如下结论：

（1）当项目管理者比较关注预算和质量时，即项目的预算和质量要求较严格（$B \leq 275000$，$\delta^k = 0.04$），随着工期要求的不断变化，被选出的风险应对策略有些微变化，但变化并不明显。当在被选出的风险应对策略集中，工期延误天数由 2 天增大到 4 天时，同样应对风险 R_1 和 R_7，备选风险应对策略却由 A_2 变为 A_1，且风险应对效果增加。这是因为，在应对风险 R_1 和 R_7 时，相比于风险应对策略 A_2，风险应对策略 A_1 可以带来更高的应对效果（参照表 4 - 5），而风险应对策略 A_1 的实施能够提前的天数并没有 A_2 多（参照表 4 - 6）。所以当工期要求较宽松时，选择策略 A_1 来应对风险 R_1 和 R_7，不仅可以满足项目工期的要求，而且可以达到更大的风险应对效果，此时，存在最优预算 $B = 260000$，使得项目的风险应对效果达到最大（$e_{ij} = 413006$），最优的应对策略集合为：$A_{2,1} = 0$、$A_{2,7} = 0$、$A_{14,8} = 0$、$A_{18,9} = 0$，其他均为 1。即在预算和质量约束较紧时，若要获得更好的应对策略集合，需要适当地放松对项目工期的要求。

（2）当项目管理者比较关注工期和质量要求（$\varepsilon^k = 2$，$\delta^k = 0.04$）时，随着预算的不断变化，被选出的风险应对策略也不断变化，在被选出的风险应对策略集中，当预算增加到 280000 元时，同样应对风险 R_1 和 R_7 及风险 R_9，策略 A_3 和 A_{19} 却被替换为 A_1 和 A_{18}，相应的风险应对效果也增加了，因为在应对风险 R_1 和 R_7 及风险 R_9 时，策略 A_1 和 A_{18} 的成本较高，风险应对效果也较高。所以当项目预算较大时，选择应对策略 A_1 和 A_{18} 来应对风险 R_1 和 R_7 及风险 R_9，可以达到更大的风险应对效果。随着预算不断增加，存在最优预算 $B = 295000$，使得风险应对效果达到最大（$e_{ij} = 532888$），此时最优的风险应对策略为：$A_{14,8} = 0$、$A_{18,9} = 0$ 及 $A_{i,j} = 1$，$i \neq 14$，18。即在工期和质量约束较紧时，可以通过投入更多的预算，获得更好的风险应对效果。

（3）当项目管理者比较关注预算和工期时（$B \leqslant 275000$，$\varepsilon^k = 2$），随着质量要求的不断变化，被选出的风险应对策略和风险应对效果均保持不变，针对风险 R_8，在质量要求较紧时，选择应对策略

A_3、A_{13} 和 A_{15} 来应对风险 R_8，而没有选择应对策略 A_{14}，这是因为相对于策略 A_{14}，策略 A_3、A_{13} 和 A_{15} 的成本较小，提前的天数较多，且改善的质量较大。随着质量要求的不断放松，选择出的应对策略没有发生变化，这是因为在预算和工期要求较紧时，选择出的应对策略 A_3、A_{13} 和 A_{15} 改善的质量空间较大，即应对策略对质量约束的变化并不敏感，此时，放松项目质量要求，所选择的应对策略并不发生变化。同理对于风险 R_1、R_7 和 R_9 也有类似的结论。此时的最优预算 $B = 260000$，使得项目风险应对效果最大（$e_{ij} = 247742$），最优应对策略集合为 A_2，A_3，A_4，A_5，A_6，A_7，A_8，A_9，A_{10}，A_{11}，A_{12}，A_{13}，A_{15}，A_{16}，A_{17}，A_{19}。即在预算和工期约束较紧时，质量要求的变化对风险应对策略选择影响较小。

综上所述，在项目工期、项目质量以及项目预算要求都较为严格时，所选出的风险应对策略并不能获得最优的风险应对效果，即项目工期短、质量高以及投入的项目预算少，三者不能同时兼得。若想要获得更好的应对效果，需要在三个因素之间进行权衡，若更多地关注项目质量和预算，则应对项目工期要求进行适当的放松，若更多地关注项目质量和质量工期，则应给予充足的项目预算。

比较图 4 – 20（a）、图 4 – 21（a）和图 4 – 22（a）与图 4 – 20（b）、图 4 – 21（b）和图 4 – 22（b），以分析考虑风险关联情形下与不考虑风险关联情形下的风险应对结果，可以得到如下结论：

（1）整体看来，考虑风险关联情形下，由于风险之间存在关联作用，使得风险应对效果变化趋势较原来相比更不稳定。即风险关联的存在对风险应对效果产生影响，因此，在项目风险管理中，有必要考虑风险之间存在的关联作用。

（2）在相同的预算以及工期质量要求下，考虑风险关联作用情形下的风险应对效果小于不考虑风险关联作用情形下的风险应对效果。这是由于风险关联作用的存在，使得一个风险的发生会增加另外一个风险发生的可能性，以至于工期更大程度的延长或质量存在更大程度的缺陷，从而导致风险应对效果降低。说明不考虑风险关联情形下的风险应对策略选择会高估应对策略带来的应对效果。

（3）不考虑关联时，当质量或工期要求很严格时（$\delta^k = 0.01$ 或 $\varepsilon^k = 1$），在任何预算下，都没有风险应对策略被选出，风险应对效果为 0。考虑风险关联时，当质量和工期要求较严格时（$\delta^k \leqslant 0.02$，$\varepsilon^k \leqslant 2$），在任何预算下，都没有风险应对策略被选出，风险应对效果为 0，即在质量和工期要求比较严格时，由于风险之间存在关联作用，使得风险不能被有效地应对。因此，项目管理者在进行工期计划时，需要适当地放松项目工期要求，以避免由于风险关联给项目带来不必要的损失。

（4）当预算较大且工期要求较宽松时（$B \geqslant 295000$，$\varepsilon^k \geqslant 4$），随着质量要求的不断变化，考虑关联情形下的备选风险应对策略和不考虑关联情形下的应对策略是相同的；当预算较小且工期要求较紧时（$B \leqslant 290000$，$\varepsilon^k = 2$），随着预算的不断变化，两种情形下的备选风险应对策略是不同的，比如，当 $B = 275000$、$\varepsilon^k = 2$、$\delta^k = 0.04$ 时，不考虑风险关联情形下，选择的应对策略集合为 $\{A_1$，A_2，A_3，A_4，A_5，A_6，A_7，A_8，A_9，A_{11}，A_{12}，A_{13}，A_{15}，A_{16}，A_{17}，A_{18}，$A_{20}\}$，应对策略 A_{10}、A_{14} 和 A_{19} 没有被选出；考虑风险关联情形下，选择的应对策略集合为 $\{A_2$，A_3，A_4，A_5，A_6，A_7，A_8，A_9，A_{10}，A_{11}，A_{12}，A_{13}，A_{15}，A_{16}，A_{17}，A_{19}，$A_{20}\}$，应对策略 A_1、A_{14} 和 A_{18} 没有被选出。对比两种情形发现，考虑风险关联时，应对策略由 A_1（应对风险 R_1 和 R_7）变为 A_{10}（应对风险 R_5），A_{18}（应对风险 R_9）变为 A_{19}（应对风险 R_9）。这是由于在考虑风险关联情形下，风险 R_5 与风险 R_1、R_2、R_3、R_4、R_8、R_9 都存在关联作用，且 R_5 是风险 R_3、R_4、R_8、R_9 的紧前风险，而风险 R_7 仅与风险 R_1 存在关联，且在第 8 个工作上，R_7 和 R_1 是相互关联关系，可以看出，与风险

R_1 和 R_7 相比，风险 R_5 的关联性更强，有效地应对风险 R_5 不仅能够达到更好的应对效果，同时还能避免由于风险 R_5 应对不当影响其他关联风险，进而导致更大程度的项目工期延误或质量下降，因此，在考虑关联情形下，选择应对策略 A_{10} 来替换应对策略 A_1。此外，比较应对策略 A_{18} 和 A_{19} 可以发现，两者实施后提前的天数和改善的质量效果是一样的（参照表 4 - 6 和表 4 - 7），但是策略 A_{19} 的应对效果较大且需要花费的成本较多，同时，应对策略 A_{10} 的成本小于应对策略 A_1 的成本，将应对策略 A_1 换为应对策略 A_{10} 节省了一些预算，使得有足够的预算来选择成本高但效果更好的应对策略 A_{19} 来应对风险 R_9，从而可以达到更好的应对效果。因此，当项目对于预算和工期要求比较严格时，项目管理者需要考虑风险关联作用，识别关键风险从而选取更合适的风险应对策略集合，以达到更好的风险应对效果。

4.4　本章小结

本章主要是在给出风险关联的定义的基础上，引出了项目风险之间的关联程度的度量方法，并对考虑风险关联情形下的项目风险应对策略选择的优化模型进行构建，最后运用潜在应用分析对提出的方法和模型进行有效性验证。现对本章的主要内容进行如下总结：

（1）在定义了风险关联的基础上，对风险关联的内涵进行了进一步的分析。通过举例说明风险关联可能存在的三种类型，从而引出风险关联的定义，并给出风险关联三种类型的图例。根据项目不同的施工阶段特点，明确不同施工阶段可能发生的风险关联类型以及可能性，进而对本书所研究的风险关联关系的特点进行分析，并选择了 MACBETH 方法度量本书的项目风险关联程度。

（2）依据风险关联的定义和对风险关联的分析，通过一个具体的例子详细阐述了如何利用 MACBETH 方法实现风险之间关联程度的度量。遵照 MACBETH 方法的三个基本步骤，首先进行风险的识别和风险的评估，由专家组给出各自的关联矩阵，将关联矩阵信息输入 M－MACBETH 软件中，由 M－MACBETH 软件关联矩阵进行一致性验证，若关联矩阵未能满足一致性的要求，则 M－MACBETH 软件会给出相应的调整建议，专家组可以根据 M－MACBETH 软件给出的建议对关联矩阵进行信息调整，使其满足一致性要求，也可以重新给出风险关联矩阵，重新输入检验。最后运用多属性决策方法中的向量规范化方法对 M－MACBETH 软件给出的关联程度结果进行数据处理，并运用平均法对所有专家的评估结果进行集结。此外，通过 Ucinet 软件画出风险关联图，呈现出风险关联的度量结果。

（3）结合现实中的项目风险管理问题，阐述了实际背景下项目风险应对问题的基本思想。在此基础上，考虑风险之间的关联作用，明确风险关联对项目工期、质量以及应对效果的影响，并给出相应的数学表达式。此外，给出了构建考虑风险关联情形下，项目风险应对策略选择模型的基本框架，即获得最理想风险应对策略集的迭代过程。

（4）根据项目要求和风险分析说明构建模型的要点，即考虑风险关联的情形下，根据项目的三个基本要素——项目预算、项目工期、项目质量，以及风险应对策略之间的约束关系，通过达到最大的项目整体风险应对效果来构建考虑风险关联情形下的项目风险应对策略选择的优化模型，并根据模型的特点进行模型的求解。

（5）给出本章所采用的案例背景，即某通风系统和空调设备安装项目。明确项目范围以及项目实施过程中涉及的八个关键工作，并给出了项目结构分解图和基于八个关键工作的施工过程图。进而对该通风系统和空调设备安装项目可能发生的风险进行关联性分析，求出所有风险的关联程度。运用 Ucinet 画出风险事件的关联关系图，直观地看出风险之间的关联方向。在此基础上，构建考虑风险关联情形下的风险应对策略选择模型。通过对预算（B）、工期（ε^k）和质量（δ^k）参数进行灵敏度分析发现，预算（B）、工期（ε^k）和质量（δ^k）参数的变化不仅会影响风险应对策略的变化，且会影响风险应对效果的变化。根据考虑风险关联情形与不考虑风险关联情形进行对比分析发现，不考虑风险关联情形下的风险应对会高估应对策略带来的应对效果，因此，在项目风险管理中有必要考虑风险之间的关联作用。

| 第 5 章 |

基于 Bow – tie 分析的项目
风险应对的预防策略
和保护策略选择方法

　　项目由一组相互关联的任务或活动组成，这些任务或活动由临时团队在固定期限、预算和其他限制条件下执行。考虑到每个项目的唯一性，以及项目管理的临时性特征，项目在实践中面临着多重风险[101]。风险被定义为一种不确定的事件或条件，一旦发生就会对至少一个项目目标产生影响[102]。如果在项目管理过程中风险没有得到有效的处理，可能会导致时间延误和成本超支。因此，项目风险管理已成为项目从业人员和学者关注的重要议题。一般来说，项目风险管理包括三个主要阶段：风险识别、风险分析和风险应对[4,13]。风险识别是指识别和记录可能影响项目目标的潜在风险[103]。风险分析是指分析和评估风险的发生概率和影响[32]。风险应对是确定和实施适当的策略或行动，减少由风险带来的威胁[104]。可以看出，在三个阶段中，风险应对是项目管理者或决策者能够积极采取行动降低风险发生概率和/或影响的阶段[104]。因此，从这个角度来看，风险应对是项目风险管理的关键阶段[27,105]。为了实现项目风险管理的目标，在实践中，项目管理者会采取一定措施降低风险发生前的概率和/或降低风险发生后的影响。由于风险通常由预期损失来衡量，预期损失的定义是潜在影响和发生概率的乘积，风险的预期损失可以通过预防和/或保护策略来降低[43]。这里，风险预防策略是指在风险发生之前，采取降低风险发生概率的行动或措施。风险保护策略是指在风险发生后降低影响的行动或措施。现有的大多数关于项目风险应对的研究只考虑预期损失本身，没有分别考虑概率和影响两方面的乘性影响，而这种差距又会带来一些问题。例如，两种风险的预期损失相同，但两种风险的概率/影响通常是不同的。此外，每个风险属性（概率或影响）通常都需要受到现实中策略的影响[106]。因此，需要采取不同的预防和保护策略，实施这些策略的成本和应对效果也可能不同。此外，风险事件可能由一个或多个原因引起，并可能导致一个或多个后果。为了减少风险的预期损失，还需分析其成因和后果，然后采取适当的策略来预防成因和/或减轻后果。为了解决该问题，本章从预防和保护的角度提出了一种方法，解决确定风险应对策略的问题。

　　Bow - tie 法是一种能够对风险进行深入分析的技术。Bow - tie 是与风险事件相关的成因和后果的图形表示法[107]。它以风险事件为中心，由左侧的故障树、右侧的事件树和中间的屏障组成[108]。Bow - tie 法也可用于分析预防性屏障以防止风险事件发生，也可用于分析保护性屏障以降低其后果的严重性[109]。Bow - tie 法可以被看作是一个具有预防性和修复性的分析工具。在现有的研究中，该方法被广泛应用于定性和定量评估风险中。

　　本章旨在从预防和保护的角度选择相应的策略来降低风险。在该方法中，第一，根据与关键风险相关的风险成因和后果来构建领结图。第二，风险因素的概率和后果的损失（影响）分别用模糊语义和明确的数值来评估。风险因素的发生概率由项目管理者或专家用模糊语义进行评估。由于评估是一项复杂的任务，充满着不确定性和模糊性。因此专家和管理人员在实践中使用定性的模糊语义来描述风险概率更直观[33]。此外，在大多数项目中一旦发生风险，损失被描述为经济损失，这不仅包括受损财产的价值，还包括维修或维护费用。因此，确切的数值应该用于描述后果的损失。第三，提出候选预防策略以及保护策略，并评估相应的实施成本和应对效果。第四，计算关键风险的概率和影响并建立以最小化成本为目标的模糊优化模型。该模糊优化模型可以转化为具有非线性清晰约束的整数规划模型。这个模型可以很容易地被商业求解器求解。第五，获得了最优的预防策略和保护策略，并得到一些管理启示。

在现有文献中，权衡法、决策树法和优化方法被认为是用于确定项目风险管理中风险应对策略的主要方法[4,12,13,16,22,25,27,43,73,87,88,91,104,110-114]。这些研究的总结如表 5-1 所示。在下文中，将对这些方法进行简要描述和评论。

表 5-1   相关研究总结

文献	主要考虑的因素	方法
[86]	风险的概率和发生后的影响	权衡法
[90]	项目工期、质量和成本	
[87]	风险的可控程度和可预测度	
[110]	项目直接风险和外部风险的加权概率	
[104]	风险可控的程度和风险特定于项目的程度	
[112]	给定项目总成本的成功概率和给定成功概率的项目总成本	
[88]	风险概率和影响的可接受程度	
[115]	与风险应对策略相关的成本和工作损失百分比	
[22]，[111]	项目时间和成本	决策树法
[112]	实施策略的结果	
[113]，[16]	风险严重性、风险概率和风险影响	

续表

文献	主要考虑的因素	方法
[12]，[43]	预期的风险损失和应对方案的成本	优化法
[25]	应对成本/风险比上限与应对成本/风险比之间的差异	
[13]	风险预防、风险调整、风险的期望损失和应对成本	
[114]	风险的期望损失和应对策略的总成本	
[27]	风险的期望损失和风险相互作用	
[4]	项目进度、质量和成本	
[73]	项目管理者的预期效用和风险相互依存性	
[109]	风险成因、风险后果和安全屏障	Bow – tie 分析法
[116]	风险因素、风险影响和安全屏障	
[117]	实施安全屏障的有效性、可靠性、可用性和成本	

　　在权衡法中，这些方法或概念被用于在各类风险标准间进行权衡，以获得风险应对策略。克莱因（Klein）提出了一个概念模型，在项目持续时间、质量和成本之间进行权衡，以确定风险应对策略[90]。弗拉纳根和诺曼（Flanagan and Norman）给出了基于矩阵的方法来权衡风险发生的可能性和风险的严重性[86]。在该方法中，两个标准分别映射到水平轴和垂直轴。根据两个准则的不同取值，形成由多个区域组成的二维图或矩阵。不同的策略被放置在它们对应的区域中。在此基础上，研究人员针对不同的标准给出权衡方法。例如，风险的可预测程度和影响程度、风险的可控程度和风险对项目的具体影响程度、直接项目风险和外部项目风险的加权概率，影响的可接受程度和风险的概率[87,88,104,110]。此外，库贾夫斯基（Kujawski）给出了有效的应急边界，以在给定总项目成本的成功概率和给定成功概率的总项目成本之间进行权衡[91]。海姆斯（Haimes）建议在风险应对策略的成本和与风险应对策略相关的工作损失百分比之间进行权衡，以获得帕累托（Pareto）最优解[115]。

决策树法作为另外一种量化工具也被用于风险应对策略的选择。戴伊（Dey）使用层次分析法（AHP）评估风险概率，应用决策树分析计算预期货币价值，并确定最佳风险应对策略[111]。戴伊通过引入因果图来识别风险，进一步扩展了该方法[22]。库贾夫斯基和安吉利斯（Kujawski and Angelis）基于决策树模拟了风险情景，并使用因子分析法来确定首选的应对策略集[112]。马尔米耶（Marmier）等提出了基于决策树和 Prorisk 的决策工具来选择风险应对策略从而提高新产品开发项目的成功率[113]。马尔米耶等提出了相应的决策支持系统，该系统包括设计、项目管理和风险管理[16]。在该系统中，决策树分析被用来确定考虑了合同承诺的风险应对策略。

优化方法是由本 – 大卫和拉兹首次提出的，他们构建了一个整数优化模型，模型的目标函数是最小化总成本。通过求解该模型，可以得到最优的风险应对策略集[12]。本 – 大卫等进一步拓展了该模型，构建了一个目标是最小化预期风险损失和应对成本的优化模型，用以获得最佳风险应对策略[43]。考虑到实际项目风险管理中的情况，众多学者构建了具有不同目标函数和约束的优化模型[25]。例如，最小化应对成本/风险比上限与预算约束下应对成本/风险比之间差异；在风险预期损失的约束下最小化风险应对成本[13]；风险应对成本与分配资源后风险损失的总和[114]；在资源限制下最大化减缓效果[27]；在项目工期、项目质量和风险应对成本的约束下，最大化应对效果[4]；在预算约束下最大化项目管理者的预期效用[73]。

上述方法为选择风险应对策略做出了一定贡献。但是，现有的方法仍有一些局限性。这体现在权衡法一般是用于确定风险应对策略在风险概率和影响方面的适用性，而不能从备选方案中选择策略。并且，该方法未考虑策略与风险的概率/影响之间的关系。在决策树方法中虽然可以得到风险应对策略，但在涉及多个任务或较多的候选策略的复杂项目中，选择合适的风险应对策略将是一项困难

项目风险应对决策理论与方法

而耗时的工作。优化方法可以弥补以上不足以获得最佳的风险应对策略。然而，大多数涉及优化模型的文献都侧重于从风险的预期损失而不是分别从风险概率和影响的角度来确定风险应对策略。

在优化方法中，与本章密切联系的方法相对较少，已有的方法虽针对风险概率和/或风险影响确定应对策略，但实质上在决策过程中依然仅考虑了风险的预期损失，并没有分析导致风险发生的成因和风险的后果，也没有考虑有关概率或影响的决策要求或目标。此外，一些文献的主要研究目的不是选择风险应对策略，而是研究各种项目特征和风险应对策略之间的关系，以及如何给出一个更优的分支定界算法求解非凸混合整数 0 ~ 1 规划[114]。此外，一些与我们的研究相关的，侧重于 Bow - tie 分析法确定应对策略的研究被列在表 5 - 1 中[109,116,117]。巴德丹和埃默（Badreddine and Amor）提出了一种贝叶斯方法以动态方式构建 Bow - tie 图，并且可以通过层次分析法选择预防和保护屏障[109]。阿克兰和阿里（Aqlan and Ali）将 Bow - tie 分析法和精益原则应用于化工行业的风险评估中[116]。在他们的研究中，Bow - tie 分析法用于计算集结后的风险概率和影响，故障模式和影响分析（FMEA）则用于选择预防和保护屏障。在上述两项研究中，多准则决策（MCDM）方法虽然可以用于获得屏障的排序结果，但并不能保证所有选择的屏障的集合对于整个系统是最优的。巴德丹等提出了多目标优化方法来确定基于三个阶段的安全屏障，包括参数学习阶段、模拟阶段和选择阶段[117]。目标包括最大化效率、最大化可靠性、最大化可用性和最小化成本。在选择阶段，提出了一种算法来选择满足四个目标的预防和保护屏障。但是用于衡量流程工业中实施屏障的目标，并不适合用来评估项目风险管理中的应对策略。并且，这种算法是一种近似最优算法，涉及大量的计算。虽然有一些局限，但是上述方法都为 Bow - tie 框架下决策优化做出了重要贡献。此外，这些方法启发了我们解决项目风险管理中的风险应对问题。在本章的研究中，为了获得更好的应对效果，我们确定了风险预防策略以降低风险因素的概率，并确定了风险保护策略以降低后果的严重程度。然后，通过求解考虑风险概率、风险损失、应对效果和实施成本的模糊规划模型得到最优的风险应对策略。

5.1 基于 Bow – tie 分析的方法

本章的目的是给出一种基于 Bow – tie 分析的方法来确定项目风险应对的预防和保护策略。该方法详细阐述如下，研究框架见图 5 – 1。

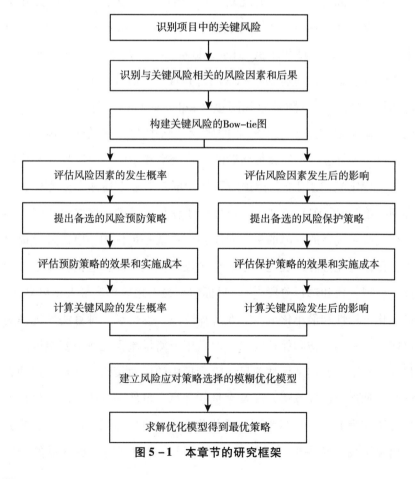

图 5 – 1 本章节的研究框架

本章首先给出如下符号介绍：

$A_{i,j}^{pre}$：可用于应对第 i 个风险因素的第 j 个风险预防策略，$j = 1$，2，$\cdots$，m；

A_k^{pro}：在第 k 个保护层中可以使用的风险保护策略集，$A_k^{pro} = \{A_{k,1}^{pro}, A_{k,2}^{pro}, \cdots, A_{k,l_k}^{pro}\}$，$k = 1$，$2$，$\cdots$，$K - 1$；

$A_{k,l}^{pro}$：集合 A_k^{pro} 中的第 l 个保护策略，$l = 1$，2，$\cdots$，l_k；

C_j^{pre}：第 j 个风险预防策略的实施成本；

$C_{k,l}^{pro}$：在第 k 个保护层中使用的第 l 个保护策略的实施成本；

$E_{i,j}^{pre}$：实施第 j 个预防策略以应对第 i 个风险因素的效果的归一化值（即发生可能性的降低程度）；

$E_{k,l}^{pro}$：在第 k 个保护层中使用的第 l 个保护策略的估计成功率；

IR_s：第 s 个中间风险，$s = 1$，2，$\cdots$，S；

L_k：第 k 个结果事件的损失；

L^0：关键风险的初始总损失；

L：实施保护策略后关键风险的全部损失；

L^*：一旦风险事件发生，可接受的损失水平；

OE_k：第 k 个结果事件，$k = 1$，2，$\cdots$，K；

$\tilde{P}_{Rf_i}^a$：由第 a 位专家评估的第 i 个风险因素发生的可能性；

$\tilde{P}_{Rf_i}^{a\prime}$：预防后第 a 位专家评估的第 i 个危险因素发生的可能性；

$\tilde{P}_{Rf_i}$：第 i 个风险因素的发生可能性，它被描述为一个语言术语，可以转化为以（$\underline{P}_{Rf_i}$，P_{Rf_i}，$\overline{P}_{Rf_i}$）的形式表示的三角模糊数（TFN）；

$\tilde{P}_{Rf_i}^{\prime}$：实施预防策略后第 i 个风险因素发生的可能性；

$\tilde{P}^0$：关键风险的初始发生可能性；

$\tilde{P}$：预防后关键风险发生的可能性；

P_k^0：关键风险发生时第 k 个结果事件的初始发生概率；

P_k：关键风险发生时，保护后第 k 个结果事件的发生概率；

$\tilde{P}^*$：关键风险发生可能性的可接受水平，它被描述为一个语言学术语，可以被转化为一个以 $(\underline{P}^*, P^*, \overline{P}^*)$ 形式表示的 TFN；

R：项目中的关键风险事件；

Rf：可能导致关键风险发生的一组风险因素，$Rf = \{Rf_1, Rf_2, \cdots, Rf_n\}$；

Rf_i：第 i 个风险因素，$i = 1, 2, \cdots, n$；

$\tilde{R}$：关键风险的预期损失；

R^*：关键风险的预期损失的可接受水平；

$x_{i,j}$：决策变量，如果选择第 j 个预防策略来应对第 i 个风险因素，则 $x_{i,j} = 1$，否则 $x_{i,j} = 0$；

$y_{k,l}$：决策变量；如果选择第 l 个预防策略用于第 k 个保护层，则为 $y_{k,l} = 1$，否则为 $y_{k,l} = 0$。

Bow-tie 分析法是分析故障树和以常见关键事件为中心的事件树，如图 5-2 所示。

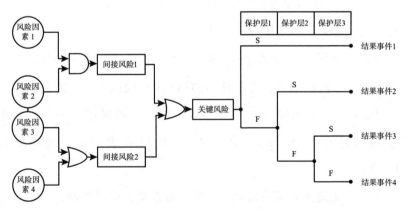

图 5-2　Bow-tie 图的范例

故障树是一种用于识别关键风险事件的所有可能原因的技术。

　项目风险应对决策理论与方法

关键风险可能由一个或多个中间风险引起，每个中间风险可能由其风险因素引起。风险及其相关成因之间的关系由逻辑"AND"（和）和"OR"（或）规则表示。在故障树分析中，定性分析主要是识别中间风险、风险因素和关系。定量分析则是评估风险因素的发生概率，然后通过加权的风险概率来计算关键风险的发生概率。

在定性分析中，具有相关丰富经验的项目成员和专家可以识别关键风险、中间风险、风险因素以及它们之间的关系。关系由"AND"规则和"OR"规则表示。"AND"规则意味着风险事件的发生需要其所有相关原因都发生。"OR"规则意味着风险事件的发生仅需要其中任一因素的发生。

在定量分析中，由于没有足够的概率数据可用于统计分析，风险因素的概率由邀请的专家来评估。专家们通常对概率的了解也是相对模糊的，无法用精确的数值估计概率。这个理论是基于"不相容原则"，该原则指出现实生活中的某些定性方面，尤其是那些基于主观判断的领域，由于其复杂性，不能仅用数字来完全解释[118]。因此，为了避免这种"不相容"，扎德（Zadeh）提出了一种不太具体但更具代表性的方法来评估与人类感知相关的复杂现象，即模糊语义法。具体来说，这种方法使用自然语境中的单词或句子进行评估[118,119]。例如，对于一个建筑项目，使用语义"低"可能比使用精确值 0.1 来描述该风险的概率更为合适。为了定量地处理语义，本章使用了可以将语义转换为三角模糊数（TFN）的模糊集理论，如表 5 – 2 所示[119]。

表 5 – 2　　　　　　　　每个语言学术语的模糊集表述

可能程度	对应的三角模糊数
非常低	[0, 0, 0.1]

可能程度	对应的三角模糊数
很低	[0, 0.1, 0.2]
低	[0.1, 0.2, 0.3]
略低	[0.2, 0.3, 0.4]
一般低	[0.3, 0.4, 0.5]
中等	[0.4, 0.5, 0.6]
一般高	[0.5, 0.6, 0.7]
略高	[0.6, 0.7, 0.8]
高	[0.7, 0.8, 0.9]
很高	[0.8, 0.9, 1]
非常高	[0.9, 1, 1]

假设有 A 位专家对风险因素的发生可能性进行评估，第 a 位专家评估的第 i 个风险因素的语言项对应的 TFN 为 $\tilde{P}_{Rf_i}^a = (\underline{P}_{Rf_i}^a, P_{Rf_i}^a, \overline{P}_{Rf_i}^a)$，$a = 1, 2, \cdots, A$，风险因素的综合发生可能性可以通过式（5-1）说明的三角平均公式来计算[120]：

$$\tilde{P}_{Rf_i} = (\underline{P}_{Rf_i}, P_{Rf_i}, \overline{P}_{Rf_i}) = \left(\frac{1}{A} \sum_{a=1}^{A} \underline{P}_{Rf_i}^a, \frac{1}{A} \sum_{a=1}^{A} P_{Rf_i}^a, \frac{1}{A} \sum_{a=1}^{A} \underline{P}_{Rf_i}^a \right)$$

$$(5-1)$$

然后，关键风险的概率可通过式（5-2）~式（5-5）的逻辑规则来计算，这些规则分别对应"AND""OR""AND-OR""OR-AND"规则：

$$\tilde{P}^0 = \prod_{i \in \Theta^{and}} \tilde{P}_{Rf_i} \qquad (5-2)$$

$$\tilde{P}^0 = 1 - \prod_{i \in \Theta^{or}} (1 - \tilde{P}_{Rf_i}) \qquad (5-3)$$

$$\tilde{P}^0 = 1 - (1 - \prod_{i \in \Theta^{and}} \tilde{P}_{Rf_i}) \prod_{i \in \Theta^{or}} (1 - \tilde{P}_{Rf_i}) \qquad (5-4)$$

$$\widetilde{P}^0 = \left[1 - \prod_{i \in \Theta^{or}} (1 - \widetilde{P}_{Rf_i}) \right] \prod_{i \in \Theta^{and}} \widetilde{P}_{Rf_i} \qquad (5-5)$$

其中 Θ^{and} 和 Θ^{or} 是风险因素的集合，它们与关键风险的关系分别由 "AND" 和 "OR" 规则表示。上述公式中涉及的模糊算术运算可以定义如下[121]：

$$\widetilde{a} + \widetilde{b} = (a_1 + b_1, \ a_2 + b_2, \ a_3 + b_3) \qquad (5-6)$$

$$\widetilde{a} - \widetilde{b} = (a_1 - b_3, \ a_2 - b_2, \ a_3 - b_1) \qquad (5-7)$$

$$\widetilde{a} \widetilde{b} = (a_1 b_1, \ a_2 b_2, \ a_3 b_3) \qquad (5-8)$$

其中 $\widetilde{a} = (a_1, \ a_2, \ a_3)$，$\widetilde{b} = (b_1, \ b_2, \ b_3)$。

事件树给出了关键风险事件之后的所有可能结果。事件树分析中的定性分析是识别保护层、保护策略和结果事件。量化分析是评估保护策略的成功率和结果事件的损失，然后计算关键风险的总损失。识别和评估需要由项目成员和具有相关经验和专业知识的专家进行。

保护策略的成功率是以百分比来评估的。由于结果事件的损失代表了结果事件的经济损失，所以用精确数值表示。其中 E_k^{pro} 表示第 k 个保护层中实施的保护策略的成功率，$k = 1, 2, \cdots, K - 1$；L_k 表示第 k 个结果事件的损失，$k = 1, 2, \cdots, K$；P_k^0 表示第 k 个结果事件发生的概率。因此，P_k^0 可以通过式（5 – 9）计算：

$$P_k^0 = \begin{cases} E_k^{pro}, & k = 1 \\ E_k^{pro} \prod_{k'=1}^{k-1} (1 - E_{k'}^{pro}), & k = 2, \cdots, K - 1 \\ \prod_{k'=1}^{k-1} (1 - E_{k'}^{pro}), & k = K \end{cases} \qquad (5-9)$$

那么，关键风险的总损失的计算公式为式（5 – 10）：

$$L^0 = \sum_{k=1}^{K} P_k^0 L_k \qquad (5-10)$$

5.2　构建模糊优化模型

5.2.1　模型的建立

为了从预防和保护两个方面选择项目风险应对策略，需要提出候选的风险预防和保护策略，并评估其相应的应对效果和实施成本。

每个预防策略的应对效果通过一个范围从 0～10 的数值来进行评估[52]。数字越大，代表实施预防策略后，风险概率降低程度越高。例如，如果风险因素的当前概率被评估为"高"，数字"2"意味着在实施预防策略后，概率将从"高"降低到"中等"，数字"5"意味着风险概率从"高"降低到"相当低"，这可以从表 5 - 2 得出。此外，为了计算方便，效果数值 0～10 被归一化，因为风险因素的概率被表示为 0～1 之间的三角模糊数。$E_{i,j}^{pre}$ 表示第 j 种预防策略对第 i 种风险因素的影响的标准化值，$j = 1，2，\cdots，m$。因此，专家 A 在实施预防策略后评估的第 i 个风险因素的发生概率可按式（5 - 11）计算：

$$
\begin{aligned}
\widetilde{P}_{Rf_i}^{a\prime} &= \widetilde{P}_{Rf_i}^{a} - \sum_{j=1}^{m} E_{i,j}^{pre} x_{i,j} \\
&= \Big[\max\Big(\underline{P}_{Rf_i}^{a} - \sum_{j=1}^{m} E_{i,j}^{pre} x_{i,j}, 0\Big), \ \max\Big(P_{Rf_i}^{a} - \sum_{j=1}^{m} E_{i,j}^{pre} x_{i,j}, 0\Big), \\
&\qquad \max\Big(\overline{P}_{Rf_i}^{a} - \sum_{j=1}^{m} E_{i,j}^{pre} x_{i,j}, 0\Big) \Big]
\end{aligned}
\tag{5 - 11}
$$

加权后的概率可以通过下面的三角平均公式来计算[120]：

$$
\widetilde{P}_{Rf_i}^{\prime} = (\underline{P}_{Rf_i}^{\prime}, P_{Rf_i}^{\prime}, \overline{P}_{Rf_i}^{\prime}) = \Big(\frac{1}{A} \sum_{a=1}^{A} \underline{P}_{Rf_i}^{a\prime}, \ \frac{1}{A} \sum_{a=1}^{A} P_{Rf_i}^{a\prime}, \ \frac{1}{A} \sum_{a=1}^{A} \overline{P}_{Rf_i}^{a\prime} \Big)
$$

$$
\tag{5 - 12}
$$

因此，实施预防策略后，关键风险的发生概率可以通过式（5 – 13）计算出来：

$$
\tilde{P} = \begin{cases}
\prod\limits_{i \in \Theta^{and}} \left[\dfrac{1}{A} \sum\limits_{a=1}^{A} \left(\tilde{P}_{Rf_i}^{\,a} - \sum\limits_{j=1}^{m} E_{i,j}^{pre} x_{i,j} \right) \right], & \text{AND } rule \\[4mm]
1 - \prod\limits_{i \in \Theta^{or}} \left[1 - \dfrac{1}{A} \sum\limits_{a=1}^{A} \left(\tilde{P}_{Rf_i}^{\,a} - \sum\limits_{j=1}^{m} E_{i,j}^{pre} x_{i,j} \right) \right], & \text{OR } rule \\[4mm]
1 - \left\{ \prod\limits_{i \in \Theta^{or}} \left[1 - \dfrac{1}{A} \sum\limits_{a=1}^{A} \left(\tilde{P}_{Rf_i}^{\,a} - \sum\limits_{j=1}^{m} E_{i,j}^{pre} x_{i,j} \right) \right] \right\} \\[2mm]
\left\{ 1 - \prod\limits_{i \in \Theta^{and}} \left[\dfrac{1}{A} \sum\limits_{a=1}^{A} \left(\tilde{P}_{Rf_i}^{\,a} - \sum\limits_{j=1}^{m} E_{i,j}^{pre} x_{i,j} \right) \right] \right\}, & \text{AND – OR } rule \\[4mm]
\left\{ \prod\limits_{i \in \Theta^{and}} \left[\dfrac{1}{A} \sum\limits_{a=1}^{A} \left(\tilde{P}_{Rf_i}^{\,a} - \sum\limits_{j=1}^{m} E_{i,j}^{pre} x_{i,j} \right) \right] \right\} \\[2mm]
\left\{ 1 - \prod\limits_{i \in \Theta^{or}} \left[1 - \dfrac{1}{A} \sum\limits_{a=1}^{A} \left(\tilde{P}_{Rf_i}^{\,a} - \sum\limits_{j=1}^{m} E_{i,j}^{pre} x_{i,j} \right) \right] \right\}, & \text{OR – AND } rule
\end{cases}
$$

$$(5 – 13)$$

同样，每个保护层中的候选保护策略的缓解能力被描述为专家评估的成功率。$E_{k,l}^{pro}$ 表示第 k 个保护层中第 l 个保护策略的成功率，$l = 1, 2, \cdots, l_k$，$k = 1, 2, \cdots, K-1$。

因此，第 k 个结果事件的概率可按式（5 – 14）计算：

$$
P_k = \begin{cases}
\sum\limits_{l=1}^{l_k} y_{k,l} E_{k,l}^{pro}, & k = 1 \\[4mm]
\left[\prod\limits_{k'=1}^{k-1} \left(1 - \sum\limits_{l=1}^{l_k} y_{k',l} E_{k',l}^{pro} \right) \right] \sum\limits_{l=1}^{l_k} y_{k,l} E_{k,l}^{pro}, & k = 2, \cdots, K-1 \\[4mm]
\prod\limits_{k'=1}^{k-1} \left(1 - \sum\limits_{l=1}^{l_k} y_{k',l} E_{k',l}^{pro} \right), & k = K
\end{cases}
$$

$$(5 – 14)$$

关键风险的总损失被定义为式（5 – 15）：

$$L = \sum_{k=1}^{K} P_k L_k \qquad (5-15)$$

关键风险的预期损失可以通过式（5-16）计算：

$$\tilde{R} = \tilde{P} L \qquad (5-16)$$

最后，我们构建了一个优化模型来选择项目风险应对的策略，如下所示：

$$\min \quad z = \sum_{j=1}^{m} \left(C_j^{pre} \max_i x_{i,j} \right) + \sum_{k=1}^{K-1} \sum_{l=1}^{l_k} y_{k,l} C_{k,l}^{pro} \qquad (5-17a)$$

$$\text{s. t.} \quad \tilde{P} \leqslant \tilde{P}^* \qquad (5-17b)$$

$$L \leqslant L^* \qquad (5-17c)$$

$$\tilde{R} \leqslant R^* \qquad (5-17d)$$

$$\sum_{j=1}^{m} x_{i,j} \leqslant 1 \quad i = 1, 2, \cdots, n; j = 1, 2, \cdots, m \qquad (5-17e)$$

$$\sum_{l=1}^{l_k} y_{k,l} \leqslant 1 \quad l = 1, 2, \cdots, l_k; k = 1, 2, \cdots, K-1$$

$$(5-17f)$$

$$x_{i,j}, \ y_{k,l} = 0, \ 1 \quad \forall i, j, k, l \qquad (5-17g)$$

在该模型中，目标函数（5-17a）使实施预防和保护策略的总成本最小。在式（5-17a）中，"$\max_i$" 确保每个预防策略的实施成本不能被计算超过一次。约束条件（5-17b）~约束条件（5-17d）是为了将关键风险的可能性、损失和预期损失分别控制在可接受的水平。约束条件（5-17e）确保不能选择一个以上的风险预防策略来应对每个风险因素。约束条件（5-17f）确保在每个保护层中不能使用多于一个风险保护策略。约束条件（5-17g）表示决策变量是二元变量。

5.2.2　模型求解

可以看出，模型（5-17）是一个带有约束的模糊优化模型。

　项目风险应对决策理论与方法

学者给出了多种求解这类模型的方法，如带模糊变量的线性优化模型、非线性模糊约束的模糊规划、模糊多目标规划、带模糊值目标函数的模糊多目标规划等[122-127]。由于模型（5 – 17）是一个单目标模型，且涉及模糊系数的约束条件是非线性的，本章采用以下的方法来解决模型（5 – 17）[124]。

在刘（Liu）提出的方法中，通过引入模糊满意度的方法可以将带有模糊系数的约束转化为确切数约束[124]。对于两个 TFNs $\tilde{a} = (a_1, a_2, a_3)$ 和 $\tilde{b} = (b_1, b_2, b_3)$，让 $P(\tilde{a} \leqslant \tilde{b})$ 表示 $\tilde{a} \leqslant \tilde{b}$ 的满足度，它可被视为决策者对模糊约束的满意度。让 $\tilde{c} = \tilde{a} - \tilde{b} = (c_1, c_2, c_3)$，$P(\tilde{a} \leqslant \tilde{b})$ 可定义为式（5 – 18）：

$$P(\tilde{a} \leqslant \tilde{b}) = P(\tilde{c} \leqslant 0) = \frac{\int_0^1 (\max(0, -c_\alpha^L) - \max(0, -c_\alpha^U)) \mathrm{d}\alpha}{\int_0^1 (c_\alpha^U - c_\alpha^L) \mathrm{d}\alpha}$$

$$(5 – 18)$$

其中 c_α^L 和 c_α^U 分别是模糊数 $\tilde{c}$ 的 α – cut 左、右切点，$c_\alpha^L = (c_2 - c_1)\alpha + c_1$，$c_\alpha^U = c_3 - (c_3 - c_2)\alpha$，$c_1 = a_1 - b_3$，$c_2 = a_2 - b_2$，$c_3 = a_3 - b_1$。

为了计算方便，式（5 – 18）可以表示为式（5 – 19）：

$$P(\tilde{c} \leqslant 0) = \begin{cases} 1, & c_3 \leqslant 0 \\ 1 - \dfrac{c_3^2}{(c_3 - c_2)(c_3 - c_1)}, & c_2 \leqslant 0 \leqslant c_3 \\ \dfrac{c_1^2}{(c_2 - c_1)(c_3 - c_1)}, & c_1 \leqslant 0 \leqslant c_2 \\ 0, & c_1 \geqslant 0 \end{cases}$$

$$(5 – 19)$$

根据决策者的满意程度，模糊约束 $\tilde{a} \leqslant \tilde{b}$ 可以转化为几个确切数约束。p 表示决策者的满意程度。如果 $p = 1$，针对式（5 – 19）中的第一种情况，$\tilde{a} \leqslant \tilde{b}$ 可以被转化为式（5 – 20）：

$$a_3 \leqslant b_1 \qquad (5 – 20)$$

若 $0 < p < 1$，$\tilde{a} \leqslant \tilde{b}$ 可以转化为以下约束。式（5-21a）~式（5-21c）和式（5-22a）~式（5-22c）分别与式（5-19）中的第二和第三种情况相吻合：

$$1 - \frac{(a_3 - b_1)^2}{(a_3 - b_1 - a_2 + b_2)(a_3 - b_1 - a_1 + b_3)} \geqslant p \quad (5-21a)$$

$$a_2 \leqslant b_2 \quad (5-21b)$$

$$a_3 \geqslant b_1 \quad (5-21c)$$

$$\frac{(a_1 - b_3)^2}{(a_2 - b_2 - a_1 + b_3)(a_3 - b_1 - a_1 + b_3)} \geqslant p \quad (5-22a)$$

$$a_1 \leqslant b_3 \quad (5-22b)$$

$$a_2 \geqslant b_2 \quad (5-22c)$$

如果 $p = 0$，对应于式（5-19）中的最后一种情况，$\tilde{a} \leqslant \tilde{b}$ 可以被转化为式（5-23）：

$$a_1 \geqslant b_3 \quad (5-23)$$

由于可接受的水平是由项目管理者或决策者设定的，p 的满足度可视为 1。因此，约束条件（5-17b）和约束条件（5-17d）可分别转化为式（5-24）和式（5-25）：

$$\overline{P} \leqslant \underline{P}^* \quad (5-24)$$

$$\overline{PL} \leqslant R^* \quad (5-25)$$

模型（5-17）可以转化为具有非线性精确数值约束的整数规划模型，并可以通过 LINGO 14.0 软件进行求解。

5.3　案例研究

为了验证方法的可实施性，模型被应用到一个地铁建设项目中。

该项目是 S 市地铁站建设项目的一部分，地铁站为地铁 4 号线的第二站，即正新路。正新路车站的施工因其场地开阔，采用了传统明挖法，并采用地下连续墙作为主要结构。在初步设计中，车站总长185 米，总宽 20 米。地下连续墙的深度和厚度分别为 22 米和 80 厘米。地下连续墙的建设预算约为 7600 万元。地下连续墙是深基坑的主要支撑形式之一，其主要作用是保证周围土结构的稳定。渗漏是地下连续墙施工过程中常见的混凝土损坏。渗水的发生将威胁基坑的安全。因此，地下连续墙的渗漏风险被确定为地下连续墙施工中的关键风险。

为了确定与地下连续墙渗漏相关的风险因素和后果，专家小组由五名在地下连续墙施工方面具有丰富经验和专业知识的专业人员组成。在专家组会议上，下封和开裂被确定为地下连续墙渗水的两个直接原因。它们中的任何一种都可能导致地下连续墙的渗漏。就开裂而言，槽壁施工不当、土方开挖误差和地下连续墙附近的质量荷载是三个根本原因，每一个都会导致开裂。中间风险和风险因素的详细信息见表 5 – 3。同时，会议确定了三个保护层并讨论了结果事件。表 5 – 3 还提供了保护层和结果事件的详细信息。基于上述分析，构建了如图 5 – 3 所示的 Bow – tie 图。

表 5 – 3　风险因素、中间风险和结果事件的详细信息

符号	名称
Rf_1	错误的接头类型
Rf_2	接缝处缺乏防水处理
Rf_3	混凝土质量差
Rf_4	生产钢筋笼的程序不正确
Rf_5	不合理的比例和泥浆的特征
Rf_6	刷墙施工不当

符号	名称
Rf_7	槽壁施工不当
Rf_8	土方开挖错误
Rf_9	地下连续墙附近的质量荷载
IR_1	钢筋笼接头处理不当
IR_2	地下连续墙泥浆差
IR_3	地下连续墙的底封
IR_4	地下连续墙开裂
Pl_1	清理渗水后堵漏
Pl_2	插入管道排水，喷射混凝土，然后堵塞
Pl_3	回填然后封堵
OE_1	几乎没有
OE_2	轻微财产损失
OE_3	周边土壤沉降
OE_4	基坑坍塌

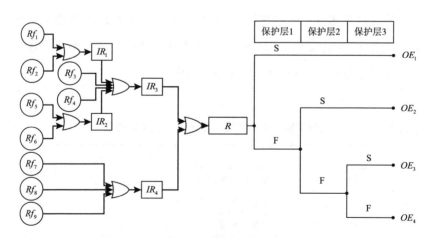

图 5 – 3　地下连续墙渗漏的 Bow – tie 图示

此外，项目风险评估过程还邀请了三位来自研究机构和相关行

业的专家进行评估风险因素的发生可能性。所有专家在地铁建设领
域都有超过十年的经验。其中一位是沈阳某高校的教授，他的研究
方向是项目风险管理，他参与了多个地铁建设项目。另外两位拥有
工程管理相关领域的学士和硕士学位，目前在不同的建筑工程公司
担任技术职务。同时，结果事件的损失由项目的成本部门进行评
估。评估结果如表 5 – 4 所示。接下来，确定了候选的预防策略和保
护策略，并估算了其相应的效果和成本，如表 5 – 5 和表 5 – 6 所示。
最后，关键风险的发生可能性和每个结果事件的发生概率可以分别
通过式（5 – 2）~ 式（5 – 5）和式（5 – 9）计算出来。

表 5 – 4　　　　　　　　风险因素和结果事件的评估结果

符号	评估结果		
	专家 1	专家 2	专家 3
Rf_1	非常低	非常低	很低
Rf_2	低	低	略低
Rf_3	一般高	中等	略低
Rf_4	中等	略低	一般高
Rf_5	中等	略低	略低
Rf_6	略低	中等	略低
Rf_7	中等	中等	略低
Rf_8	略低	略低	略低
Rf_9	略低	略低	略低
OE_1	17387 元		
OE_2	127952 元		
OE_3	1364196 元		
OE_4	4513036 元		

表 5 - 5　　　　　拟议的风险预防策略及其估计成本和效果

风险预防策略	成本（元）	被应对的风险	预估效果
综合分析选择接头（$A_{1,1}^{pre}$）	8000	Rf_1	2
选择具有保水保土作用的接缝（$A_{1,2}^{pre}$）	12800	Rf_1	1
定期抽样检查（$A_{2,3}^{pre}$）	12000	Rf_2	2
定期抽样检查（$A_{4,3}^{pre}$）	12000	Rf_4	5
接缝外用砾石充填回填（$A_{2,4}^{pre}$）	15340	Rf_2	3
清洗接合部位的凹凸不平的表面（$A_{2,5}^{pre}$）	12526	Rf_2	3
严格控制混凝土配合比（$A_{3,6}^{pre}$）	16850	Rf_3	5
严格控制混凝土的卸料时间和浇筑时间的间隔（$A_{3,7}^{pre}$）	8490	Rf_3	3
浇筑前混凝土坍落度测试（$A_{3,8}^{pre}$）	11601	Rf_3	4
雇用熟练的焊工（$A_{4,9}^{pre}$）	36000	Rf_4	6
制定钢筋笼详细施工方案（$A_{4,10}^{pre}$）	10680	Rf_4	4
提高泥浆黏度，减少沉积物厚度（$A_{5,11}^{pre}$）	14854	Rf_5	5
定期测试泥浆性能（$A_{5,12}^{pre}$）	28725	Rf_5	6
严格控制泥浆比例（$A_{5,13}^{pre}$）	10637	Rf_5	4
刷墙时检查垂直度和密封性（$A_{6,14}^{pre}$）	12500	Rf_6	5
严格控制刷机次数（$A_{6,15}^{pre}$）	7624	Rf_6	3
跟踪检查刷墙过程（$A_{6,16}^{pre}$）	8319	Rf_6	4
墙体开槽后的垂直度超声波检测（$A_{7,17}^{pre}$）	96000	Rf_7	6
安装混凝土开槽机自动纠偏装置（$A_{7,18}^{pre}$）	18796	Rf_7	4
培训混凝土开槽机的司机（$A_{7,19}^{pre}$）	8000	Rf_7	3
近墙人工开挖（$A_{8,20}^{pre}$）	8800	Rf_8	3
采取措施减少墙体变形（$A_{8,21}^{pre}$）	10580	Rf_8	4
禁止地下连续墙附近的质量荷载（$A_{9,22}^{pre}$）	8000	Rf_9	3
增加车辆、机器和设备到坑边的距离（$A_{9,23}^{pre}$）	12000	Rf_9	5

项目风险应对决策理论与方法

表 5 - 6　　　　拟议的风险保护策略及其估计成本和成功率

保护策略	成本（元）	成功率
使用防水砂浆堵漏（$A_{1,1}^{pro}$）	8735	0.8
使用波特兰（Portland）水泥、水和水玻璃的混合物进行堵塞（$A_{1,2}^{pro}$）	14308	0.85
使用快速硬化波特兰水泥进行封堵（$A_{1,3}^{pro}$）	18342	0.9
使用水溶性聚氨酯进行封堵（$A_{1,4}^{pro}$）	27072	0.95
水泥浆喷射混凝土和快速硬化波特兰水泥封堵（$A_{2,1}^{pro}$）	17361	0.9
水泥砂浆喷射混凝土和水溶性聚氨酯封堵（$A_{2,2}^{pro}$）	23074	0.95
水溶性聚氨酯喷射混凝土和快凝硬化水泥封堵（$A_{2,3}^{pro}$）	48705	0.99
用沙袋回填并用波特兰水泥封堵（$A_{3,1}^{pro}$）	39730	0.9
土石混合物回填，水溶性聚氨酯封堵（$A_{3,2}^{pro}$）	43860	0.95
用砾石和水泥的混合物回填并用快凝和硬化水泥封堵（$A_{3,3}^{pro}$）	69358	0.99

　　基于上述分析，根据模型（5 - 17）构建了一个确定预防策略和保护策略的模糊优化模型。然后，模糊优化模型被转化为精确数的整数优化模型，并可以使用 LINGO14.0 软件进行求解。计算结果将在下文给出并进行分析。在关键风险发生的可能性、关键风险发生后的损失和关键风险的预期损失的可接受水平的不同组合下，最优策略和最小化成本是不同的。因此，我们进行了敏感性分析，研究 $\tilde{P}^*$、L^* 和 R^* 的参数变化对最优策略和总应对成本的影响。

　　不同参数 $\tilde{P}^*$、L^* 和 R^* 下的最小应对成本如图 5 - 4 所示。总的来说，可以看出，当约束更严格时，总应对成本变得更大。当风险应对约束高度严格时，模型将不选择任何策略，应对成本为零。由此可以得出结论，应在风险应对成本和风险应对效果之间进行权衡，即风险应对效果与风险属性相关。如图 5 - 4 所示，即使预期损失处于相同水平，不同风险属性下的总应对成本和选择的策略也不同。此外，既要确定降低风险可能性的预防策略，也要确定降低风

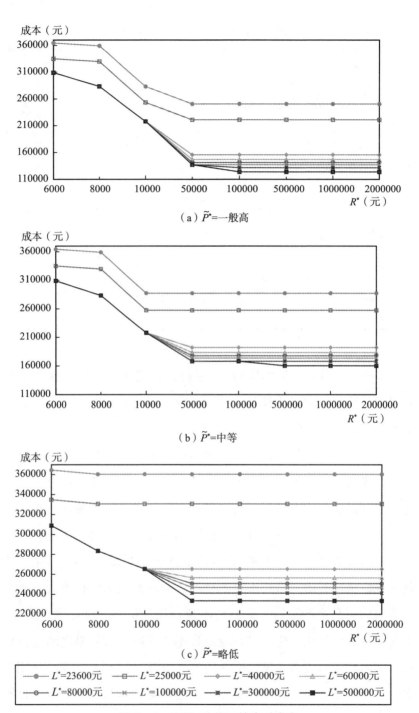

（a）$\widetilde{P}^*$=一般高

（b）$\widetilde{P}^*$=中等

（c）$\widetilde{P}^*$=略低

L^*=23600元	L^*=25000元 L^*=40000元 L^*=60000元
L^*=80000元	L^*=100000元 L^*=300000元 L^*=500000元

图 5-4 不同 R^* 值下的应对成本

险损失的保护策略，并在预防和保护之间进行权衡。因此，在实际的项目风险管理中，项目管理者必须考虑风险可能性和风险损失并在预防和保护之间进行权衡。

为了更好地理解结果，表 5 - 7 和表 5 - 8 分别给出了在预期损失的严格和宽松约束水平下的最优应对策略和总应对成本。如表 5 - 7 所示，被选择的预防策略是 $A_{3,8}^{pre}$、$A_{5,11}^{pre}$ 和 $A_{6,16}^{pre}$ 而不是 $A_{3,6}^{pre}$、$A_{5,12}^{pre}$ 和 $A_{6,14}^{pre}$，因为风险损失约束变得更紧张且其他约束保持不变时，预防策略 $A_{3,8}^{pre}$、$A_{5,11}^{pre}$ 和 $A_{6,16}^{pre}$ 的实施成本和应对效果将低于 $A_{3,6}^{pre}$、$A_{5,12}^{pre}$ 和 $A_{6,14}^{pre}$。此外，在风险损失受到严格约束的情况下，保护策略 $A_{2,3}^{pro}$ 和 $A_{3,1}^{pro}$ 替代了 $A_{2,2}^{pro}$。保护策略 $A_{2,3}^{pro}$ 的实施成本和成功率均高于 $A_{2,2}^{pro}$，第三防护层采用保护策略 $A_{3,1}^{pro}$ 可以增强保护效果。由此可见，当预期损失和风险损失的约束条件较紧时，优先选择效果较好的保护策略和成本较低的预防策略。在预期损失约束宽松的情况下，如表 5 - 8 所示，随着发生概率的约束变紧，预防策略 $A_{2,5}^{pre}$、$A_{4,9}^{pre}$、$A_{6,16}^{pre}$ 和 $A_{7,17}^{pre}$ 将取代 $A_{2,3}^{pre}$、$A_{4,3}^{pre}$、$A_{6,14}^{pre}$ 和 $A_{7,18}^{pre}$。预防策略 $A_{2,5}^{pre}$、$A_{4,9}^{pre}$ 和 $A_{7,17}^{pre}$ 的实施成本和应对效果高于 $A_{2,3}^{pre}$、$A_{4,3}^{pre}$ 和 $A_{7,18}^{pre}$。随着风险损失的约束越来越紧，选择保护策略 $A_{1,4}^{pro}$、$A_{2,3}^{pro}$ 和 $A_{3,1}^{pro}$ 代替 $A_{1,3}^{pro}$、$A_{2,2}^{pro}$。保护策略 $A_{1,4}^{pro}$、$A_{2,3}^{pro}$ 和 $A_{3,1}^{pro}$ 的实施成本和应对效果大于 $A_{1,3}^{pro}$ 和 $A_{2,2}^{pro}$。由此可见，在风险概率和风险损失的严格约束下，分别选择了成本和效果较高的预防策略和保护策略。

表 5 - 7　　预期损失约束较紧时的最优应对策略和成本

序号	R^*（元）	$\tilde{P}^*$	L^*（元）	预防策略	保护策略	成本（元）
1	8000	一般高	25000	$A_{1,1}^{pre}$，$A_{2,5}^{pre}$，$A_{3,8}^{pre}$，$A_{4,9}^{pre}$，$A_{5,11}^{pre}$，$A_{6,14}^{pre}$，$A_{7,17}^{pre}$，$A_{8,21}^{pre}$，$A_{9,23}^{pre}$	$A_{1,4}^{pro}$，$A_{2,3}^{pro}$，$A_{3,1}^{pro}$	329568

序号	R^*（元）	$\widetilde{P}^*$	L^*（元）	预防策略	保护策略	成本（元）
2	8000	一般高	40000	$A_{1,1}^{pre}$，$A_{2,5}^{pre}$，$A_{3,6}^{pre}$，$A_{4,9}^{pre}$，$A_{5,12}^{pre}$，$A_{6,14}^{pre}$，$A_{7,17}^{pre}$，$A_{8,21}^{pre}$，$A_{9,23}^{pre}$	$A_{1,4}^{pro}$，$A_{2,2}^{pro}$	283327
3	8000	一般高	60000	$A_{1,1}^{pre}$，$A_{2,5}^{pre}$，$A_{3,6}^{pre}$，$A_{4,9}^{pre}$，$A_{5,12}^{pre}$，$A_{6,14}^{pre}$，$A_{7,17}^{pre}$，$A_{8,21}^{pre}$，$A_{9,23}^{pre}$	$A_{1,4}^{pro}$，$A_{2,2}^{pro}$	283327
4	8000	一般高	80000	$A_{1,1}^{pre}$，$A_{2,5}^{pre}$，$A_{3,6}^{pre}$，$A_{4,9}^{pre}$，$A_{5,12}^{pre}$，$A_{6,14}^{pre}$，$A_{7,17}^{pre}$，$A_{8,21}^{pre}$，$A_{9,23}^{pre}$	$A_{1,4}^{pro}$，$A_{2,2}^{pro}$	283327
5	8000	中等	25000	$A_{1,1}^{pre}$，$A_{2,5}^{pre}$，$A_{3,8}^{pre}$，$A_{4,9}^{pre}$，$A_{5,11}^{pre}$，$A_{6,14}^{pre}$，$A_{7,17}^{pre}$，$A_{8,21}^{pre}$，$A_{9,23}^{pre}$	$A_{1,4}^{pro}$，$A_{2,3}^{pro}$，$A_{3,1}^{pro}$	329568
6	8000	中等	40000	$A_{1,1}^{pre}$，$A_{2,5}^{pre}$，$A_{3,6}^{pre}$，$A_{4,9}^{pre}$，$A_{5,12}^{pre}$，$A_{6,14}^{pre}$，$A_{7,17}^{pre}$，$A_{8,21}^{pre}$，$A_{9,23}^{pre}$	$A_{1,4}^{pro}$，$A_{2,2}^{pro}$	283327
7	8000	中等	60000	$A_{1,1}^{pre}$，$A_{2,5}^{pre}$，$A_{3,6}^{pre}$，$A_{4,9}^{pre}$，$A_{5,12}^{pre}$，$A_{6,14}^{pre}$，$A_{7,17}^{pre}$，$A_{8,21}^{pre}$，$A_{9,23}^{pre}$	$A_{1,4}^{pro}$，$A_{2,2}^{pro}$	283327
8	8000	中等	80000	$A_{1,1}^{pre}$，$A_{2,5}^{pre}$，$A_{3,6}^{pre}$，$A_{4,9}^{pre}$，$A_{5,12}^{pre}$，$A_{6,14}^{pre}$，$A_{7,17}^{pre}$，$A_{8,21}^{pre}$，$A_{9,23}^{pre}$	$A_{1,4}^{pro}$，$A_{2,2}^{pro}$	283327
9	8000	略低	25000	$A_{1,1}^{pre}$，$A_{2,5}^{pre}$，$A_{3,6}^{pre}$，$A_{4,9}^{pre}$，$A_{5,11}^{pre}$，$A_{6,16}^{pre}$，$A_{7,17}^{pre}$，$A_{8,21}^{pre}$，$A_{9,23}^{pre}$	$A_{1,4}^{pro}$，$A_{2,3}^{pro}$，$A_{3,1}^{pro}$	330636
10	8000	略低	40000	$A_{1,1}^{pre}$，$A_{2,5}^{pre}$，$A_{3,6}^{pre}$，$A_{4,9}^{pre}$，$A_{5,12}^{pre}$，$A_{6,14}^{pre}$，$A_{7,17}^{pre}$，$A_{8,21}^{pre}$，$A_{9,23}^{pre}$	$A_{1,4}^{pro}$，$A_{2,2}^{pro}$	283327
11	8000	略低	60000	$A_{1,1}^{pre}$，$A_{2,5}^{pre}$，$A_{3,6}^{pre}$，$A_{4,9}^{pre}$，$A_{5,12}^{pre}$，$A_{6,14}^{pre}$，$A_{7,17}^{pre}$，$A_{8,21}^{pre}$，$A_{9,23}^{pre}$	$A_{1,4}^{pro}$，$A_{2,2}^{pro}$	283327
12	8000	略低	80000	$A_{1,1}^{pre}$，$A_{2,5}^{pre}$，$A_{3,6}^{pre}$，$A_{4,9}^{pre}$，$A_{5,12}^{pre}$，$A_{6,14}^{pre}$，$A_{7,17}^{pre}$，$A_{8,21}^{pre}$，$A_{9,23}^{pre}$	$A_{1,4}^{pro}$，$A_{2,2}^{pro}$	283327
13	8000	略低	任何	无	无	—

表5-8 预期损失约束松散时的最优应对策略和成本

序号	R^*（元）	$\widetilde{P}^*$	L^*（元）	预防策略	保护策略	成本（元）
1	500000	一般高	25000	$A_{1,1}^{pre}$，$A_{2,3}^{pre}$，$A_{4,3}^{pre}$，$A_{3,6}^{pre}$，$A_{5,11}^{pre}$，$A_{6,14}^{pre}$，$A_{7,18}^{pre}$，$A_{8,21}^{pre}$，$A_{9,23}^{pre}$	$A_{1,4}^{pro}$，$A_{2,3}^{pro}$，$A_{3,1}^{pro}$	221087

续表

序号	R^*（元）	$\widetilde{P}^*$	L^*（元）	预防策略	保护策略	成本（元）
2	500000	一般高	40000	$A_{1,1}^{pre}$，$A_{2,3}^{pre}$，$A_{4,3}^{pre}$，$A_{3,6}^{pre}$，$A_{5,11}^{pre}$，$A_{6,14}^{pre}$，$A_{7,18}^{pre}$，$A_{8,21}^{pre}$，$A_{9,23}^{pre}$	$A_{1,4}^{pro}$，$A_{2,2}^{pro}$	155726
3	500000	一般高	60000	$A_{1,1}^{pre}$，$A_{2,3}^{pre}$，$A_{4,3}^{pre}$，$A_{3,6}^{pre}$，$A_{5,11}^{pre}$，$A_{6,14}^{pre}$，$A_{7,18}^{pre}$，$A_{8,21}^{pre}$，$A_{9,23}^{pre}$	$A_{1,3}^{pro}$，$A_{2,2}^{pro}$	146996
4	500000	一般高	80000	$A_{1,1}^{pre}$，$A_{2,3}^{pre}$，$A_{4,3}^{pre}$，$A_{3,6}^{pre}$，$A_{5,11}^{pre}$，$A_{6,14}^{pre}$，$A_{7,18}^{pre}$，$A_{8,21}^{pre}$，$A_{9,23}^{pre}$	$A_{1,3}^{pro}$，$A_{2,1}^{pro}$	141283
5	500000	中等	25000	$A_{1,1}^{pre}$，$A_{2,5}^{pre}$，$A_{3,6}^{pre}$，$A_{4,9}^{pre}$，$A_{5,11}^{pre}$，$A_{6,14}^{pre}$，$A_{7,18}^{pre}$，$A_{8,21}^{pre}$，$A_{9,23}^{pre}$	$A_{1,4}^{pro}$，$A_{2,3}^{pro}$，$A_{3,1}^{pro}$	257613
6	500000	中等	40000	$A_{1,1}^{pre}$，$A_{2,5}^{pre}$，$A_{3,6}^{pre}$，$A_{4,9}^{pre}$，$A_{5,11}^{pre}$，$A_{6,14}^{pre}$，$A_{7,18}^{pre}$，$A_{8,21}^{pre}$，$A_{9,23}^{pre}$	$A_{1,4}^{pro}$，$A_{2,2}^{pro}$	192252
7	500000	中等	60000	$A_{1,1}^{pre}$，$A_{2,5}^{pre}$，$A_{3,6}^{pre}$，$A_{4,9}^{pre}$，$A_{5,11}^{pre}$，$A_{6,14}^{pre}$，$A_{7,18}^{pre}$，$A_{8,21}^{pre}$，$A_{9,23}^{pre}$	$A_{1,3}^{pro}$，$A_{2,2}^{pro}$	183522
8	500000	中等	80000	$A_{1,1}^{pre}$，$A_{2,5}^{pre}$，$A_{3,6}^{pre}$，$A_{4,9}^{pre}$，$A_{5,11}^{pre}$，$A_{6,14}^{pre}$，$A_{7,18}^{pre}$，$A_{8,21}^{pre}$，$A_{9,23}^{pre}$	$A_{1,3}^{pro}$，$A_{2,1}^{pro}$	177809
9	500000	略低	25000	$A_{1,1}^{pre}$，$A_{2,5}^{pre}$，$A_{3,6}^{pre}$，$A_{4,9}^{pre}$，$A_{5,11}^{pre}$，$A_{6,16}^{pre}$，$A_{7,17}^{pre}$，$A_{8,21}^{pre}$，$A_{9,23}^{pre}$	$A_{1,4}^{pro}$，$A_{2,3}^{pro}$，$A_{3,1}^{pro}$	330636
10	500000	略低	40000	$A_{1,1}^{pre}$，$A_{2,5}^{pre}$，$A_{3,6}^{pre}$，$A_{4,9}^{pre}$，$A_{5,11}^{pre}$，$A_{6,16}^{pre}$，$A_{7,17}^{pre}$，$A_{8,21}^{pre}$，$A_{9,23}^{pre}$	$A_{1,4}^{pro}$，$A_{2,2}^{pro}$	265275
11	500000	略低	60000	$A_{1,1}^{pre}$，$A_{2,5}^{pre}$，$A_{3,6}^{pre}$，$A_{4,9}^{pre}$，$A_{5,11}^{pre}$，$A_{6,16}^{pre}$，$A_{7,17}^{pre}$，$A_{8,21}^{pre}$，$A_{9,23}^{pre}$	$A_{1,3}^{pro}$，$A_{2,2}^{pro}$	256545
12	500000	略低	80000	$A_{1,1}^{pre}$，$A_{2,5}^{pre}$，$A_{3,6}^{pre}$，$A_{4,9}^{pre}$，$A_{5,11}^{pre}$，$A_{6,16}^{pre}$，$A_{7,17}^{pre}$，$A_{8,21}^{pre}$，$A_{9,23}^{pre}$	$A_{1,3}^{pro}$，$A_{2,1}^{pro}$	250832
13	500000	略低	任何	无	无	—

　　为了调查所提出的方法在实际应用中的有效性或可行性，我们组织召开了一次会议。参会人员包括上述三位专家、研究人员、项目管理者，以及四名团队成员（一名是项目工程师，一名负责成本管理，另外两名负责安全/风险管理）。会上，与会人员各抒己见，就所提出的方法和结果进行了讨论。这些意见和讨论概括为以下三

个要点：首先，所有参与者基本认同所提出的方法。具体来说，他们认为必须考虑风险的概率和风险损失，而不仅仅是风险的预期损失。因为在一般情况下都需要采取预防措施来降低风险可能性以满足一定标准，并且需要采取保护措施来减少风险损失以满足实际项目预算。此外，项目组也赞同在项目组控制风险事件损失的能力有限的情况下，优先选择效果更好的预防措施。事实上，项目组在实际风险管理过程中对风险预防的重视程度较低。预防措施通常是实践中的规章制度，并将安全责任分配给相应的人。因此，本研究结果起到提醒项目组重视风险预防的目的。其次，所有参与者都同意有必要确定关键风险事件的所有可能原因。然而，一些团队成员质疑是否应考虑次生风险及其应对措施。我们承认确实应该考虑次生风险，我们将通过将次生风险纳入研究框架来进一步改进研究。最后，项目管理者和团队成员关心如何实施该方法。研究人员建议，商业求解器很容易在几分钟内解决模型，但是，应该更好地开发决策支持系统（DSS）以应对项目风险。

5.4 本章小结

从预防和保护的角度确定风险应对策略以应对项目风险是项目风险管理实践中的关键问题。本章提出了一种结合 Bow-tie 分析法和优化模型来选择合适的风险预防和保护策略的方法。在所提出的方法中，Bow-tie 分析法用于分析与关键风险相关的各种原因和后果，以及它们之间的关系。建立优化模型，以最小化应对成本为目标，确定满足风险概率、风险损失和预期损失可接受水平要求的最优预防和保护策略。

项目风险应对决策理论与方法

　　地铁站建设项目的案例研究清楚地展示了如何实施所提出的方法来选择实际应用的预防和保护策略。案例研究中构建的领结图可以帮助项目团队成员全面了解关键风险可能发生的路径，以及一旦发生关键风险，负面后果可能会扩大。基于 Bow – tie 分析法建立的优化模型可以支持确定风险应对计划的决策。从案例研究的结果和讨论中可以得出对决策者或项目管理者的若干管理影响。首先，必须在预期损失相同的情况下，确定不同的预防策略和保护策略，需要在预防和保护之间进行权衡。其次，项目管理者需要仔细分析风险应对效果和总应对成本之间的权衡，特别是在严格的概率和损失约束的情况下。

| 第 6 章 |

考虑预防和保护的项目
风险应对预算分配方法

在项目实施过程中，项目风险是客观存在的，其一旦发生往往会对项目造成不利影响，严重者可导致项目失败[128,129]。因此，为了保证项目顺利完成，采取有效的应对策略来减缓风险显得至关重要[13]。应对策略的实施往往需要资金上的支持。针对某一策略，较高的预算投入通常能带来较好的应对效果，同时也将导致较高的项目成本，那么，在进行风险应对时，如何权衡策略的应对效果及其实施成本，并在此基础上进行风险应对预算的合理分配是一个具有现实意义的研究问题。

目前，关于项目风险应对的研究多数将关注焦点放在项目风险应对策略选择问题上，并提出了一些方法来确定风险应对策略集合，如基于权衡的方法，基于决策树的方法，基于相似案例的方法，以及基于优化的方法等[4,12,13,16,17,22,25,27,70,73,75,77,78,85-91,111-114,130]。然而，关于项目风险应对预算分配问题的研究还比较缺乏[26,130]。谢拉里等采用事件树来分析风险发生后各种结果事件的逻辑顺序及发生概率，在此基础上构建优化模型来进行风险减缓资源的最优分配[26]。佐藤和平尾（Sato and Hirao）针对项目预算和项目关键风险之间的权衡问题，以最大化基于风险的项目价值为目标构建优化模型来进行项目各工作活动之间的预算分配[131]。可以看出，文献[26] 中风险减缓资源分配的目的是减少风险发生后的损失，而文献［130］是为了降低项目活动中风险发生的概率。实际项目风险管理中，项目经理通常会从降低风险概率和减少风险损失两个方面来应对风险。如工业生产项目中，设置安全警示牌来减小安全风险的发生概率，设置点火喷水装置来降低安全风险所带来的损失。同时，一些研究也指出了项目风险应对需要从风险预防和风险保护两个方面进行，并将风险应对策略分为风险预防策略和风险保护策略[13,75]。其中，风险预防策略指的是通过降低风险发生概率来应对风险的措施，通常在计划阶段执行；风险保护策略指的是通过减少风险损失来应对风险的措施，通常在风险发生后实施[13,130]。但是，这些研究仅给出了最优风险应对策略的选择方法，并未涉及如何在预防策略和保护策略之间进行应对预算的合理分配[130]。

可以看出，上述文献虽然对项目风险应对的相关研究做出了许多贡献，但是仍然存在着以下不足：以往研究很少关注风险应对预算分配问题，使得其对项目管理实践的指导较为有限；已有研究大多假设策略的实施效果及成本是固定的。实际中，策略的效果往往与策略本身、风险特性以及所投入的预算有关。比如，实施预防策略或保护策略都能在一定程度上降低风险，然而对两种策略投入相同的预算所带来的风险降低程度可能不同；同时当初始风险特性不同时，针对同一策略投入相同的预算所带来的应对效果也会有所不同。当初始风险概率或损失较大时，实施应对策略通常能显著地降低风险；而当风险较小时，若想获得相同的风险降低程度往往需要投入更多的预算。针对现有研究的不足，本章尝试对策略的效果与策略本身、风险特性以及所投入预算之间的关系进行分析，并在此基础上探讨项目风险应对预算分配问题。首先，分析风险预防策略或保护策略的效果与策略本身、风险特性以及所投入预算之间的关系，并给出相应的关系表达式。其次，在满足风险控制要求的约束下，以最小化风险应对预算为目标构建考虑预防和保护的风险应对预算分配优化模型，通过模型求解，可得到最优的应对预算分配决策。最后，通过分析最优决策得到一些有价值的定理和结论，从而为项目风险应对的相关决策提供支持与参考。

6.1　风险应对策略分析

本节对策略效果与策略本身、风险特性以及预算之间的关系进行分析。本节涉及的变量符号及相应说明见表6－1。

表6－1　　　　　　　　　　　变量符号及其说明

符号	说明	符号	说明
P_0	初始风险概率	L_0	初始风险损失
q	风险预防预算	r	风险保护预算
P	预防后的风险概率	L	保护后的风险损失
ε	预防后风险概率的下界	δ	保护后风险损失的下界
a	风险预防系数	b	风险保护系数
R	可接受的风险期望损失	C	风险应对预算

6.1.1　风险预防策略

风险预防的目的是尽可能地降低风险概率，进而减少风险期望损失[13]。那么，预防策略的效果体现在能将风险概率降低到何种程度。以往研究认为风险概率与应对预算之间的关系呈现向下凸的曲线形式[13,131]。即当向预防策略不投入预算时，风险发生概率保持不变，与初始风险概率相同；随着所投入预算的增加，风险概率呈现降低的趋势。通常情形下，当风险概率已处于较低水平时，随着预算的持续投入，风险概率降低的程度会越来越小。此外，在不更改项目活动的情况下，任何策略都不能保证项目免受风险，那么无论向预防策略投入多少预算，风险概率只能无限接近于一个相对较低的值。基于上述分析，风险概率和所投入预算之间的关系应满足如下性质：①当 $q = 0$ 时，$P = P_0$；②$\dfrac{\partial P}{\partial q} < 0$，$\dfrac{\partial^2 P}{\partial q^2} > 0$；③当 $q \to \infty$ 时，$P \to \varepsilon$。

综上所述，给出风险预防预算与风险概率的关系式，如式（6 – 1）所示：

$$P = \frac{(a\varepsilon q + P_0)}{(aq + 1)} \qquad (6-1)$$

其中，a 为风险预防系数，表示单位预算投入所带来的风险概率的降低程度，a 越大，P 越小。

6.1.2 风险保护策略

风险保护策略的效果体现在能将风险损失降低到何种程度。类似地，风险损失与所投入预算之间的关系应满足如下性质：①当 $r = 0$ 时，$L = L_0$；②$\dfrac{\partial L}{\partial r} < 0$，$\dfrac{\partial^2 L}{\partial r^2} > 0$；③当 $r \to \infty$ 时，$L \to \delta$。

与风险预防预算和风险概率的关系式相似，风险保护预算与风险损失之间的关系表达式为：

$$L = \frac{(b\delta r + L_0)}{(br + 1)} \qquad (6-2)$$

其中，b 为风险保护系数，表示单位预算投入所带来的风险损失的降低程度，b 越大，L 越小。

为了避免由于风险概率和风险损失取值范围不同对风险应对预算分配决策所产生的影响，将初始风险损失的取值进行归一化处理，使得 $L_0 \in [0, 1]$。

6.2 项目风险应对预算分配优化模型

6.2.1 问题描述

考虑项目面临一个关键风险，项目风险管理小组对该风险进行了分析和评估，得到该风险的发生概率 P_0 以及风险发生之后所带来的损失 L_0。为了将该风险降低在项目可接受水平内，项目风险管理小组提出了一个预防策略和一个保护策略，分别用来减小风险概率和减少风险损失。预防策略或保护策略的效果与对其投入的预算有关。那么本节要解决的问题是，在满足项目风险控制要求的前提下，如何在预防策略和保护策略之间进行预算分配，使得所投入的总风险应对预算最小。

依据上述分析，以风险应对预算最小为目标，以满足风险控制要求为约束构建优化模型，如下：

$$\min C = q + r \qquad (6-3)$$

$$\text{s. t. } PL = R \qquad (6-4)$$

$$q \geqslant 0, \ r \geqslant 0 \tag{6-5}$$

其中，q、r 为决策变量；式（6-4）是风险控制要求约束，R 为可接受的风险期望损失，即项目风险控制要求，可由项目经理确定。这里假设 $R > \varepsilon\delta$，因为 $R \leqslant \varepsilon\delta$ 意味着无论投入多少努力都不可能满足风险控制要求，那么风险应对决策将变得毫无意义。

6.2.2　结果分析

对模型进行求解分析，可得到以下定理和结论。

定理 6-1　优化模型（6-3）~优化模型（6-5）的最优解存在且唯一，即：

$$q^* = \frac{(P_0 - \varepsilon) + \kappa(P_0\delta - R)}{a\kappa(R - \varepsilon\delta)} \tag{6-6}$$

$$r^* = \frac{\kappa R(L_0 - \delta) + (L_0\varepsilon - R)}{b(R - \varepsilon\delta)} \tag{6-7}$$

最优的风险应对预算为：

$$C^* = \frac{2b(P_0 - \varepsilon) + \kappa[\,b(P_0\delta - R) + a(L_0\varepsilon - R)\,]}{ab\kappa(R - \varepsilon\delta)} \tag{6-8}$$

其中，$\kappa = \sqrt{b\dfrac{(P_0 - \varepsilon)}{[\,aR(L_0 - \delta)\,]}}$。

证明：由于预防预算和风险概率、保护预算和风险损失之间是一对一的关系，那么求解最优的风险概率和风险损失，就能得到预防预算和保护预算的最优解。

对式（6-1）和式（6-2）进行变换，可得到预防预算关于风险概率的表达式 $q = \dfrac{(P_0 - P)}{[\,a(P - \varepsilon)\,]}$，保护预算关于风险损失的表达式 $r = \dfrac{(L_0 - L)}{[\,b(L - \delta)\,]}$；由式（6-4）可知 $L = \dfrac{R}{P}$，将上述表达式代入式

（6－3），可得到风险应对预算关于风险概率的表达式如下：

$$C = \frac{P_0 - P}{a(P - \varepsilon)} + \frac{PL_0 - R}{b(R - \delta P)} \qquad (6-9)$$

对式（6－9）分别求风险应对预算关于 P 的一阶导数和二阶导数可得：

$$\frac{\partial C}{\partial P} = \frac{\varepsilon - P_0}{a(P - \varepsilon)^2} + \frac{R(L_0 - \delta)}{b(R - P\delta)^2} \qquad (6-10)$$

$$\frac{\partial^2 C}{\partial P^2} = \frac{2(P_0 - \varepsilon)}{a(P - \varepsilon)^3} + \frac{2R\delta(L_0 - \delta)}{b(R - P\delta)^3} \qquad (6-11)$$

显然 $\frac{\partial^2 C}{\partial P^2} > 0$，即风险应对预算是关于 P 的严格凸函数，最优解存在且唯一。因此，由一阶条件 $\frac{\partial C}{\partial P} = 0$ 可得到最优的风险概率，相应地，将最优风险概率代入式（6－1）～式（6－4），可得到最优的预防预算、保护预算以及风险应对预算。证毕。

对定理 6－1 进行分析可得到如下结论。

结论 6－1 风险控制要求对风险应对预算分配决策的影响如下：

$$\frac{\partial q^*}{\partial R} < 0, \quad \frac{\partial r^*}{\partial R} < 0, \quad \frac{\partial C^*}{\partial R} < 0$$

证明：分别求 q^* 和 r^* 关于风险控制要求 R 的一阶导数，可得

$$\frac{\partial q^*}{\partial R} = \frac{(\varepsilon - P_0)(\kappa\delta + \frac{1}{2} + \frac{\varepsilon\delta}{2R})}{a\kappa(R - \varepsilon\delta)^2}, \quad \frac{\partial r^*}{\partial R} = \frac{(\delta - L_0)\left(\frac{\kappa R}{2} + \frac{\kappa\varepsilon\delta}{2} + \varepsilon\right)}{b(R - \varepsilon\delta)^2}。由于$$

$P_0 > \varepsilon$，$L_0 > \delta$，$R > \varepsilon\delta$，那么，$\frac{\partial q^*}{\partial R} < 0$，$\frac{\partial r^*}{\partial R} < 0$，进而 $\frac{\partial C^*}{\partial R} < 0$。证毕。

结论 6－1 表明，最优的预防预算 q^*、最优的保护预算 r^* 以及总风险应对预算 C^* 都与可接受的风险期望损失 R 负相关。较高的 R 意味着项目经理对风险控制的要求较低，即将风险控制在较高的风险期望损失内就能使项目经理满意，此时，对风险预防和风险保护

投入的预算也较低；而当项目经理对风险控制要求越来越严格时，需要同时增加对风险预防和风险保护投入的预算，相应地，总的风险应对预算也随之增加。

结论 6 - 2　初始风险概率对风险应对预算分配决策的影响如下：

$$\frac{\partial q^*}{\partial P_0} > \frac{\partial r^*}{\partial P_0} > 0, \ \frac{\partial C^*}{\partial P_0} > 0$$

证明：分别求 q^* 和 r^* 关于初始风险概率 P_0 的一阶导数，可得

$\frac{\partial q^*}{\partial P_0} = \frac{\left(\frac{1}{2} + \kappa\delta\right)}{[a\kappa(R - \varepsilon\delta)]}$，$\frac{\partial r^*}{\partial P_0} = \frac{\kappa R(L_0 - \delta)}{[2b(P_0 - \varepsilon)(R - \varepsilon\delta)]}$，那么，$\frac{\partial q^*}{\partial P_0} -$

$\frac{\partial r^*}{\partial P_0} = \frac{\delta}{[a(R - \varepsilon\delta)]} > 0$；显然，$\frac{\partial q^*}{\partial P_0} > \frac{\partial r^*}{\partial P_0} > 0$，进而 $\frac{\partial C^*}{\partial P_0} > 0$。证毕。

结论 6 - 2 表明，随着初始风险概率 P_0 的增加，最优的风险预防预算 q^*、风险保护预算 r^* 以及总风险应对预算 C^* 呈现递增的趋势，且最优预防预算 q^* 的增加速度大于最优保护预算 r^* 的增加速度。即当初始风险概率增加时，若想满足项目风险控制要求，不仅需要追加预防预算，同时还需追加保护预算。这是因为，在同样的风险控制要求下，降低较高的初始风险概率需要投入较高的风险预防预算，而当将风险概率降低到一定程度后，单位预防预算所带来的概率降低程度较小，此时可以通过增加风险保护预算的方式来降低风险损失，进而达到降低风险期望损失的目的。

结论 6 - 3　初始风险损失对风险应对预算分配决策的影响如下：

$$\frac{\partial r^*}{\partial L_0} > \frac{\partial q^*}{\partial L_0} > 0, \ \frac{\partial C^*}{\partial L_0} > 0$$

证明：求 q^* 和 r^* 对初始损失 L_0 的一阶导数，可得 $\frac{\partial q^*}{\partial L_0} =$

$\frac{(P_0 - \varepsilon)}{[2a\kappa(L_0 - \delta)(R - \varepsilon\delta)]}$，$\frac{\partial r^*}{\partial L_0} = \frac{(\kappa R + 2\varepsilon)}{[2b(R - \varepsilon\delta)]}$，$\frac{\partial r^*}{\partial L_0} - \frac{\partial q^*}{\partial L_0} =$

$\frac{\varepsilon}{[b(R - \varepsilon\delta)]} > 0$，显然，$\frac{\partial r^*}{\partial L_0} > \frac{\partial q^*}{\partial L_0} > 0$，$\frac{\partial C^*}{\partial L_0} > 0$。证毕。

结论 6-3 表明，随着初始风险损失 L_0 的增加，最优预防预算 q^*、保护预算 r^* 以及风险应对预算 C^* 均呈现增加趋势，且保护预算 r^* 的增加速度高于预防预算 q^* 的增加速度。这是由于初始风险损失的增加使得初始风险期望损失增加，若要满足相同的风险控制要求，则需要向预防策略和保护策略投入更多的预算来降低风险。同时，单位预算所带来的应对效果与风险概率或损失的初始值有关，当初始损失（或概率）较大时，预算投入到风险保护（或预防）所得到的应对效果较好。因此，随着初始风险损失的增加，风险预防预算和保护预算都会增加，且风险保护预算的增加速度较快。

定理 6-2　最优的风险预防预算 q^* 和风险保护预算 r^* 之间的关系如表 6-2 所示。

表 6-2　　　　　　　　最优的预防预算和保护预算之间的关系

R 的取值范围	预防预算和保护预算的关系	是否向风险预防/保护投入预算
$P_0\delta > R$ 且 $L_0\varepsilon > R$	当 $b(P_0\delta - R) > a(L_0\varepsilon - R)$ 时，$q^* > r^*$； 当 $b(P_0\delta - R) = a(L_0\varepsilon - R)$ 时，$q^* = r^*$； 当 $b(P_0\delta - R) < a(L_0\varepsilon - R)$ 时，$q^* < r^*$	$q^* > 0$，$r^* > 0$
$P_0\delta > R$ 且 $L_0\varepsilon < R$	$q^* > r^*$	当 $R = R''$ 时，$r^* = 0$
$P_0\delta < R$ 且 $L_0\varepsilon > R$	$q^* < r^*$	当 $R = R'$ 时，$q^* = 0$
$P_0\delta < R$ 且 $L_0\varepsilon < R$	当 $b(P_0\delta - R) > a(L_0\varepsilon - R)$ 时，$q^* > r^*$； 当 $b(P_0\delta - R) = a(L_0\varepsilon - R)$ 时，$q^* = r^*$； 当 $b(P_0\delta - R) < a(L_0\varepsilon - R)$ 时，$q^* < r^*$	当 $R = R'$ 时，$q^* = 0$ 当 $R = R''$ 时，$r^* = 0$

注：$R' = P_0\delta + \dfrac{a(L_0 - \delta)(P_0 - \varepsilon)}{2b} + \sqrt{\left[2P_0\delta + \dfrac{a(L_0 - \delta)(P_0 - \varepsilon)}{2b}\right]\dfrac{a(L_0 - \delta)(P_0 - \varepsilon)}{2b}}$；

$R'' = L_0\varepsilon + \dfrac{b(L_0 - \delta)(P_0 - \varepsilon)}{2a} + \sqrt{\left[\dfrac{b(L_0 - \delta)(P_0 - \varepsilon)}{2a} + 2L_0\varepsilon\right]\dfrac{b(L_0 - \delta)(P_0 - \varepsilon)}{2a}}$。

证明：首先，证明最优风险预防预算 q^* 和风险保护预算 r^* 之间的大小关系。比较 q^* 和 r^* 可得：

$$q^* - r^* = \frac{b(P_0\delta - R) - a(L_0\varepsilon - R)}{ab(R - \varepsilon\delta)} \qquad (6-12)$$

当 $P_0\delta > R$ 且 $L_0\varepsilon > R$（或 $P_0\delta < R$ 且 $L_0\varepsilon < R$）时，无法准确判断 $b(P_0\delta - R)$ 和 $a(L_0\varepsilon - R)$ 之间的大小，因此，在这两种情形下，q^* 和 r^* 之间的关系为：当 $b(P_0\delta - R) > a(L_0\varepsilon - R)$ 时，$q^* > r^*$；当 $b(P_0\delta - R) = a(L_0\varepsilon - R)$ 时，$q^* = r^*$；当 $b(P_0\delta - R) < a(L_0\varepsilon - R)$ 时，$q^* < r^*$。

当 $P_0\delta > R$ 且 $L_0\varepsilon < R$ 时，$b(P_0\delta - R) > 0 > a(L_0\varepsilon - R)$，由式（6-12）可知，$q^* > r^*$；同理，当 $P_0\delta < R$ 且 $L_0\varepsilon > R$ 时，$b(P_0\delta - R) < 0 < a(L_0\varepsilon - R)$，那么 $r^* > q^*$。

其次，证明是否需要同时向风险预防和风险保护投入预算。

当 $P_0\delta > R$ 时，意味着单独进行风险保护难以满足项目风险控制要求，因此，需要向风险预防策略投入预算，即 $q^* > 0$；类似地，当 $L_0\varepsilon > R$ 时，表明单独进行风险预防无法将风险期望损失降低到可接受水平，此时需要通过风险保护来降低风险损失，进而达到降低风险期望损失的目的，即 $r^* > 0$。显然，当 $P_0\delta > R$ 且 $L_0\varepsilon > R$ 时，需要同时对风险预防策略和风险保护策略投入预算，即 $q^* > 0$，$r^* > 0$；当 $P_0\delta < R$ 或（且）$L_0\varepsilon < R$ 时，可能存在单独向风险保护或风险预防投入预算就能达到风险控制要求的情形。下面对是否存在 $q^* = 0$ 或 $r^* = 0$ 的情形以及存在该情形的条件进行讨论。

情形 6-1　是否存在 $q^* = 0$ 以及存在 $q^* = 0$ 的条件。

$q^* = 0$ 意味着仅向风险保护投入预算就可以将风险期望损失降低到可接受水平，因此我们在 $P_0\delta < R$ 的前提下，讨论 $q^* = 0$ 存在的条件。

若 $q^* = 0$，意味着最优的风险概率与初始风险概率相同，即

$P^* = P_0$。由定理 $6-1$ 可知，$P^* = \dfrac{(\kappa R + \varepsilon)}{(1 + \kappa \delta)}$，那么 $P^* = P_0$ 可替换

为 $\dfrac{(\kappa R + \varepsilon)}{(1 + \kappa \delta)} = P_0$。通过公式变换可得：

$$R = P_0 \delta + \frac{a(L_0 - \delta)(P_0 - \varepsilon)}{2b}$$

$$\pm \sqrt{\left[2P_0 \delta + \frac{a(L_0 - \delta)(P_0 - \varepsilon)}{2b} \right] \frac{a(L_0 - \delta)(P_0 - \varepsilon)}{2b}} \quad (6-13)$$

由于 $R > P_0 \delta$ 且 $\dfrac{a(L_0 - \delta)(P_0 - \varepsilon)}{2b} <$

$\sqrt{\left[2P_0 \delta + \dfrac{a(L_0 - \delta)(P_0 - \varepsilon)}{2b} \right] \dfrac{a(L_0 - \delta)(P_0 - \varepsilon)}{2b}}$，那么式（$6-13$）

的右边取正号，$R = P_0 \delta + \dfrac{a(L_0 - \delta)(P_0 - \varepsilon)}{2b} +$

$\sqrt{\left[2P_0 \delta + \dfrac{a(L_0 - \delta)(P_0 - \varepsilon)}{2b} \right] \dfrac{a(L_0 - \delta)(P_0 - \varepsilon)}{2b}}$，记为 R'。即当

$R = R'$ 时，$q^* = 0$。

情形 6-2 是否存在 $r^* = 0$ 以及存在 $r^* = 0$ 的条件。

与情形 $6-1$ 相似，$r^* = 0$ 的前提条件是 $L_0 \varepsilon < R$。当 $r^* = 0$ 时，

$L^* = \dfrac{R(1 + \kappa \delta)}{(\kappa R + \varepsilon)} = L_0$。通过公式变换可得，$R = L_0 \varepsilon +$

$\dfrac{b(L_0 - \delta)(P_0 - \varepsilon)}{2a} + \sqrt{\left[\dfrac{b(L_0 - \delta)(P_0 - \varepsilon)}{2a} + 2L_0 \varepsilon \right] \dfrac{b(L_0 - \delta)(P_0 - \varepsilon)}{2a}}$，

记为 R''。即存在 $r^* = 0$ 的情形，其存在的条件为 $R = R''$。证毕。

对定理 $6-2$ 进行分析可得到如下结论：

结论 6-4 当单独向风险预防或风险保护投入无限多预算都不能达到风险控制要求时，风险预防和风险保护需要同时投入预算，且有效性较高的策略所投入的预算较多。

证明：由定理 $6-2$ 可知，在同时进行风险预防和风险保护时，

项目风险应对决策理论与方法

更重视风险预防还是风险保护取决于 $\dfrac{(P_0\delta - R)}{a}$ 和 $\dfrac{(L_0\varepsilon - R)}{b}$ 之间的大小关系。其中，$P_0\delta - R$ 表示将损失减少到最低限度时的期望损失与风险控制要求之间的差距，可理解为风险概率的可控程度，当风险概率的可控程度较大时，需要更加关注风险预防，以达到降低风险的目的；a 为风险预防系数，a 越小表明单位预算能够减小的风险概率越小，此时，更加需要向风险预防投入较多的预算来减小风险概率，从而降低风险期望损失。这里，将 $\dfrac{(P_0\delta - R)}{a}$ 认为是风险预防策略的有效性，类似地，将 $\dfrac{(L_0\varepsilon - R)}{b}$ 认为是风险保护策略的有效性。因而，在满足风险控制要求的条件下，对有效性较高的策略投入更多的预算能使得总风险应对预算最小。证毕。

结论 6 – 5　当仅采取预防策略就能够满足风险控制要求而仅实施保护策略难以满足风险控制要求时，最优风险预防预算大于最优风险保护预算，反之亦然。

结论 6 – 6　存在仅采取单一应对策略就能达到风险控制要求的情形；且在 $\varepsilon = \delta = 0$ 情形下，当 $\dfrac{a}{b} = \dfrac{R}{(P_0 L_0)}$ 时，仅采取保护策略，最优保护预算为 $r^* = \dfrac{(b-a)}{(ab)}$；当 $\dfrac{a}{b} = \dfrac{P_0 L_0}{R}$ 时，仅采取预防策略，最优预防预算为 $q^* = \dfrac{(a-b)}{(ab)}$。

证明：由定理 6 – 2 可知，存在仅进行风险预防或风险保护就能满足风险控制要求的情形；当 $\varepsilon = \delta = 0$ 时，最优风险预防预算和风险保护预算分别为 $q^* = \dfrac{(P_0 - \kappa R)}{(a\kappa R)}$ 和 $r^* = \dfrac{(\kappa L_0 - 1)}{b}$。令 $q^* = 0$ 可得，$\dfrac{a}{b} = \dfrac{R}{(P_0 L_0)}$ 且 $r^* = \dfrac{(b-a)}{(ab)}$；令 $r^* = 0$ 可得，$\dfrac{a}{b} = \dfrac{P_0 L_0}{R}$ 且 $q^* =$

$\dfrac{(a-b)}{(ab)}$。证毕。

结论 6-6 表明，当采取风险应对策略能使风险概率和损失降低到接近零，且预防系数和保护系数的比例与可接受的风险期望损失和初始风险期望损失的比例相等时，仅需向预防系数或保护系数较高的策略投入预算，且所投入的预算与初始风险概率、初始风险损失无关，仅与预防系数和保护系数有关。

6.3 本 章 小 结

本章给出了考虑预防和保护的项目风险应对预算分配方法，通过该方法可得到最优的项目风险应对预算分配决策。对最优决策进行分析，可为项目经理提供如下管理启示及决策建议：

（1）项目经理可根据具体的项目、风险以及策略信息来确定风险应对效果与预算之间的关系参数，并依据本章提出的模型确定最优的风险预防预算以及风险保护预算，从而实现以最少的风险应对预算满足项目风险控制要求的目的。最优的项目风险应对预算与项目经理所设定的风险控制要求有关。当项目经理对风险控制的要求较高时，需要向风险预防和风险保护投入较多的预算；当项目经理对风险控制要求较低时，仅需投入较少的风险预防预算和风险保护预算。可以看出，风险控制要求与风险应对预算是两个相互对立的目标，较严格的项目风险控制要求通常会导致较高的风险应对预算投入。因此，项目经理在进行风险应对时，需要在风险控制要求和风险应对预算之间进行权衡。

（2）随着项目的持续开展，风险概率或损失的评估结果将会发生变化，此时需要项目经理及时调整风险应对预算分配决策，以满足项目风险控制要求。具体地，当初始风险概率增加时，项目需要同时增加对预防策略和保护策略的预算投入，且向预防策略增加的预算投入大于向保护策略增加的预算投入；反之亦然。

（3）在实际项目风险管理中，针对多数项目风险，项目经理需要同时实施预防策略和保护策略来降低风险。此时，向预防策略投入更多的预算还是向保护策略投入更多的预算与策略的有效性有关。当初始风险概率较高、风险损失能降低到的最低限度较大且风险预防系数较小时，向风险保护策略投入更多预算已无法满足风险控制要求，此时对风险预防给予更多的关注并加大对风险预防策略的预算投入可以带来更大程度的风险降低，进而能以较少的应对预算来满足风险控制要求。因此，在此种情形下，建议项目经理对风险预防给予更多的关注以及预算投入。反之，当初始风险损失较大、预防后的风险概率下界较大且风险保护系数较小时，建议项目经理更多地关注风险保护并向风险保护策略投入更多的预算。

| 第 7 章 |

项目风险应对预算分配方法

项目风险管理（PRM）是项目管理中的一个重要问题，关系到项目的成功完成。项目风险管理一般由三个阶段构成：风险识别、风险分析和风险应对[13,132]。风险识别是识别和记录项目中所有潜在的风险[133]。风险分析是估计潜在风险发生的概率和影响[32]。风险应对是确定风险应对策略，并确定实施这些应对行动的时间和相关成本[104]。在这三个阶段中，风险应对需引起项目管理者的重视，因为在这个阶段项目管理者可以主动采取行动来控制项目中的风险[27,104,105]。

在项目风险的实际应对过程中，在对项目风险进行识别和分析后，可以采取一些措施或行动来应对风险。如果某些风险发生，项目管理者或决策者将实施相应的措施，以减少风险的损失。例如，在软件设计项目中，需求分析错误的风险通常被认为是概率高、影响严重的关键风险。其原因可能是系统规划不明确，用户对业务流程的描述不清晰，缺乏有效的需求分析工具等。为了防止该类风险的发生，项目管理者针对风险成因确定相应措施。然而，如果这些预防措施已经实施，但风险依然发生并导致了额外的业务流程和二次开发。在这种情况下，项目管理者还需对这些后果采取措施，进一步降低需求风险造成的损失。在本章节中，风险未发生时，为防止风险发生而采取的措施被称为预防策略；风险发生后，为减少风险的损失而采取的措施被称为保护策略。预防策略和保护策略的实施都需要资金的支持。在实际项目中，用来控制风险的预算通常是有限的。那么，风险预防和风险保护是否应该同时进行，尤其是在预算有限的情况下？如果是，项目管理者如何在风险预防和风险保护之间进行权衡？风险预防和风险保护应分别投入多少预算，投入的预算如何影响总的风险应对效果？为了回答上述问题，我们从预防和保护的角度提出一种在风险应对策略中分配有限预算的方法。我们的工作与现有文献之间的区别被列在表 7 - 1 中，研究贡献如下：首先，我们同时考虑了风险预防和风险保护，这是项目风险应对中不可缺少的两个阶段；其次，同时考虑了风险的可能成因和风险导致的后果；最后，应对预算被分配给每个所选的风险应对策略。为此，我们通过分析风险预防策略和风险保护策略的特点，分别应用 logit 函数和指数函数来研究风险概率及影响与预算的关系。下面我们将回顾相关文献。

表 7 - 1　　　　相关研究及工作定位

研究工作	风险预防	风险保护	预算分配
大多数文献	—	√	—
参考文献 [26]	—	√	√
参考文献 [137]	—	√	√
参考文献 [131]	—	√	√
参考文献 [142]	—	—	√
参考文献 [138]	—	√	√
参考文献 [139]	—	√	√
我们的工作	√	√	√

目前，学者对项目风险应对提出了不同的方法，如权衡法、优化法，以及决策树法[4,12,13,16,18,22,25,27,43,73,86-88,90,104,110-114,134-136]。这些研究对风险应对做出了一定贡献，但主要侧重于在已知风险应对成本以及满足预算约束的前提下选择适当的风险应对策略。少数研究确实考虑了项目风险应对中的最佳预算分配问题，并强调了预算分配在风险应对中的重要性，但他们实质上依然是确定最佳应对策略集[137-141]。其中比较具有代表性的研究有，赵和蒋（Zhao and Jiang）提出了一个博弈论优化模型，将风险控制措施应用到处理多个项目风险中[137]。在该研究中，每个项目风险都被描述为一个博弈论中的"参与者"，该"参与者"与另一个"参与者"竞争应对措施。通过求解博弈论优化模型，可以找到应对措施最优组合的纳什（Nash）均衡解。托迪诺夫（Todinov）将有限的风险应对资源在应对风险之间的最优预算分配问题表述为经典的 0~1 背包问题，通过选择最优的风险降低方案集来最大限度地降低风险[138]。此外，托迪诺夫改进了其求解算法，从而在离散的风险应对策略之间更好地分配有限的资源[139]。

大多数现有研究假设风险应对策略的成本是已知的，并可以在预算内确定应对策略。但是，在实际的项目风险应对中，在确定风险应对计划时，确定每个风险应对策略的成本是一项重要的工作。风险应对计划应充分利用现有预算减少项目风险造成的损失。一般来说，投入的预算越多，应对效果越好。并且，每个应对策略的特殊性和目标风险的匹配程度等因素也应予以考虑。也就是说，即使为每个策略分配相同数量的预算，不同的策略也会导致不同的风险降低程度。就风险预防策略而言，由于预防策略的特殊性，以单位投资衡量的风险概率降低程度也不同。同理，每一种保护策略对单位投资后果损失的降低程度也不同。此外，初始风险概率和后果损失的不同也会导致应对效果的不同。因此，为了最大限度地降低风险，必须同时考虑这些因素并在风险应对策略中合理分配有限的预算，确定项目风险应对计划。

为了解决以上所说的问题，谢拉里等提出了基于事件树的优化方法来分配安全系统中有限的风险应对资源[26]。该研究首先使用事件树法分析了风险可能出现的级联后果，然后提出优化模型及其相应求解算法确定分配的资源数量来降低安全风险发生后的损失。佐藤和平尾构建的优化模型被用来分配不同项目活动的预算从而降低项目活动的失败概率使基于风险的项目价值最大化[131]。考克斯（Cox）总结了三个风险指标，包括风险、风险降低和风险降低/成本比，评估和比较了它们在将有限预算分配到风险降低措施方面的表现[142]。在考克斯的研究中，风险降低被描述为被风险应对策略应对后的风险残余损失。尽管上述研究均涉及预算分配，但没有考虑风险预防与风险保护这两个项目风险应对中不可或缺的阶段。此外，风险的概率和风险后果也并没有被同时考虑，但在实际中多重原因和后果是项目风险管理中的普遍现象。

从以上文献回顾可以看出，在风险应对策略中合理分配有限预算的问题值得被解决。本章从预防和保护的角度提出了一种在风险应对策略中分配有限预算的方法。该方法首先通过识别和评估风险成因、风险后果以及它们之间的关系来分析关键项目风险的概率和损失。然后，计算关键风险的初始发生概率及其潜在损失并确定用于应对风险成因的预防策略和针对风险后果的保护策略以及其应对效果和相应实施成本之间的关系。在此基础上，建立了一个优化模型，在这些预防和保护策略之间分配风险应对预算。该模型旨在最小化总成本，即风险应对成本和风险的预期损失之和。最后，本章提供了相应的案例研究来验证所提出的方法的潜在应用，该案例旨在信息系统项目中为不同的预防和保护策略给出一种预算分配方法。图 7-1 给出了本章节方法的总体思路。7.1 节和 7.2 节将分析与关键项目风险相关的可能风险成因和后果，并在此基础上构建风险应对策略的预算分配优化模型。

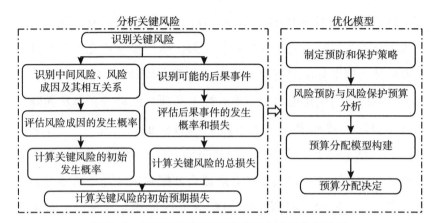

图 7-1　项目风险管理预算分配方法的总体思路

7.1　关键项目风险分析

为了从预防和保护的角度解决最佳应对预算分配的问题，应该确定和分析与关键风险有关的基本风险成因和风险后果，以及可以实施的预防策略，从而减小关键风险的发生概率，而与风险后果有关的保护策略可以用来降低风险发生后的严重程度。因此，在项目风险应对中，减少风险预期损失的目标可以通过降低这两方面的因素进行实现。为了计算风险的预期损失，我们将首先分析风险成因和关键风险的概率，然后分析风险后果和关键风险的损失。下面首先给出本章使用的符号。

Rc_i：与关键风险相关的第 i 个风险成因，$i = 1,\ 2,\ \cdots,\ n$；

IR_k：与关键风险相关的第 k 个中间风险，$k = 1,\ 2,\ \cdots,\ K$；

CE_j：由关键风险引起的第 j 个可能的后果事件，$j=1$，2，$\cdots$，m；

P_i^a：第 a 位专家评估的第 i 个风险成因的初始发生概率，$a=1$，2，$\cdots$，A；

q_i'：针对第 i 个风险成因为预防策略投入的假设预算；

$P_i^{a'}$：由第 a 位专家评估的假设预算投资预防后第 i 个风险成因的发生概率；

w^a：第 a 位专家的权重；

P_i^0：第 i 个风险成因的初始概率；

P_i：风险预防后第 i 个风险成因的加权概率；

P^0：关键风险的初始发生概率；

P：风险预防后关键风险的发生概率；

h_j^a：第 a 位专家评估的第 j 个后果事件的发生概率；

h_j：第 j 个后果事件的加权概率；

L_j^0：第 j 个后果事件的初始损失；

r_j'：为减轻第 j 个后果事件的损失而投资于保护策略的假设预算；

$L_j^{a'}$：第 a 位专家评估保护后第 j 个后果事件的损失；

L_j：风险保护后第 j 个后果事件的损失；

L^0：关键风险的初始总损失；

L：风险保护后关键风险的总损失；

R^0：关键风险的初始预期损失；

R：风险应对后关键风险的预期损失；

α_{i0}：logit 模型的常数；

α_{i1}^a：由第 a 位专家评估的第 i 个风险成因的预防策略系数；

α_{i1}：预防策略对第 i 个风险成因的加权系数；

β_j^a：第 a 位专家评估的第 j 个后果事件的保护策略系数；

β_j：关于第 j 个后果事件的保护策略的加权系数；

B：风险应对总预算；

q_i：决策变量，针对第 i 个风险成因投入预防策略的预算；

r_j：决策变量，针对第 j 个后果事件投入保护策略的预算。

7.1.1 风险成因和关键风险的概率

在本章中，故障树分析法（FTA）被用于分析可能的风险成因，并用来描述风险成因与关键风险之间的关系。故障树分析法是一种系统分析技术，用于识别风险事件的直接原因和根本原因，并描述事件之间的关系[143]。构建故障树后，可以根据风险原因的概率和故障树分析法内部的逻辑规则确定风险事件的发生概率[144,145]。由于故障树分析法可以将可能的原因和风险事件联系起来，并对它们之间的关系进行明确的表述，因此它被广泛应用于各个领域以了解和预防潜在问题[144,146,147]。

一般来说，一个风险的发生可能是由多个来源引起的，而每个来源又可能是由一些根本因素引起的。风险的直接来源和根来源分别称为中间风险和风险成因。从预防的角度分析关键风险，首先，由项目管理者、项目组成员和多名具有相关经验的专家组成风险管理团队，对关键风险、中间风险和风险成因进行定性识别。然后，通过故障树中"AND/OR"分析和描述风险成因、中间风险和关键风险之间的关系。"AND"意味着只有在前面的所有风险事件（风险成因或中间风险）都发生时，后续风险事件（中间风险或关键风险）才会发生。"OR"意味着任何先前风险事件的发生都可能导致后续风险的发生。

对于关键风险的定量分析，首先根据类似项目的历史数据和专家的经验，对风险成因的发生概率进行评估。之后，可以通过逻辑规则计算出关键风险的发生概率。

　　假设有 n 个已识别的风险成因，并邀请 A 个专家评估这些风险成因的发生概率。第 a 个专家评估的第 i 个风险原因的概率为 P_i^a，$i = 1，2，\cdots，n$，$a = 1，2，\cdots，A$。由于专家的经验和他们对项目的熟悉程度不同，每个专家都被赋予一个权重来描述他/她的重要性。让 w^a 表示第 a 个专家的权重，并且 $\sum_{a=1}^{A} w^a = 1$。每个风险成因的综合概率可以通过式（7 – 1）计算。

$$P_i^0 = \sum_{a=1}^{A} w^a P_i^a \qquad (7-1)$$

　　其中 P_i^0 是第 i 个风险原因的初始加权概率。

　　然后，根据逻辑规则，关键风险的概率可以通过式（7 – 2）~ 式（7 – 5）计算，分别对应"AND"规则、"OR"规则、"AND – OR"规则和"OR – AND"规则：

$$P^0 = \prod_{i \in \Theta^{and}} P_i^0 \qquad (7-2)$$

$$P^0 = 1 - \prod_{i \in \Theta^{or}} (1 - P_i^0) \qquad (7-3)$$

$$P^0 = 1 - (1 - \prod_{i \in \Theta^{and}} P_i^0) \prod_{i \in \Theta^{or}} (1 - P_i^0) \qquad (7-4)$$

$$P^0 = \left[1 - \prod_{i \in \Theta^{or}} (1 - P_i^0)\right] \prod_{i \in \Theta^{and}} P_i^0 \qquad (7-5)$$

　　其中 P^0 是关键风险的初始概率，Θ^{and} 与 Θ^{or} 是风险成因集，其与关键风险的关系分别由"AND"和"OR"描述。

7.1.2　风险后果和关键风险损失

　　在实际的项目风险管理中，一旦发生关键风险，可能会出现多个可能的后果事件。为分析关键风险的后果及其影响，风险管理团队首先识别关键风险之后所有可能的后果事件，然后评估每个风险事件的概率和影响。专家可以根据他们的经验、知识以及类似项目或风险的历史信息来评估概率信息。每个后果事件的影响可以由项目中的成本部门进行评估，并表示为经济损失，包括投入资源的价值、维护或维修费用等。之后，可以获得关键风险的总影响。

假设关键风险的发生可能会导致 m 个可能的后果事件。第 a 位专家评估的第 j 个后果事件的概率是 h_j^a，$j = 1$，2，$\cdots$，m，$a = 1$，2，$\cdots$，A。第 j 个后果事件的初始损失为 L_j^0。因此，每个后果事件的加权概率和关键风险的初始总损失的计算公式分别如下：

$$h_j = \sum_{a=1}^{A} w^a h_j^a \qquad\qquad (7-6)$$

$$L^0 = \sum_{j=1}^{m} h_j L_j^0 \qquad\qquad (7-7)$$

其中，h_j 是第 j 个后果事件的加权概率，L^0 是关键风险的初始总损失。

然后，用 R^0 表示的关键风险的初始预期损失可以计算为式 (7-8)：

$$R^0 = P^0 L^0 \qquad\qquad (7-8)$$

基于上述分析，如果实施预防/保护策略来降低风险成因的发生概率或降低可能的后果事件的损失，那么关键风险的发生概率总损失就会降低，从而可以达到有效的风险应对。

7.2　优化模型的建立

项目风险应对一般是在应对预算有限的情况下，最大限度地降低项目风险。预算被用于实施风险应对策略，而策略用于应对项目风险。从这个角度来看，这些策略更多地充当了应对预算和项目风险之间的桥梁。因此，本节将首先分析投资预算与实施预防/保护策略后的风险之间的关系并构建优化模型从而获得项目风险应对的最佳预算分配。

7.2.1 风险预防与风险保护预算分析

一般来说，每个策略的应对效果都与投入其中的预算有关。更多的预算会产生更好的风险应对效果。当风险降低到一定程度时，对应对策略的进一步投资对于风险降低的影响可以忽略不计。此外，由于没有一个完美的策略可以使得项目完全免受风险影响，因此无论投入多少预算，都无法完全消除一些风险。为此需要探讨应对策略的成本与应对效果之间的关系。

实施风险预防策略旨在降低风险成因的概率，从而降低关键风险的发生概率。因此，实施预防策略的效果可以描述为预防后风险成因的概率。综上所述，在确定各风险预防策略投入的预算与预防后目标风险成因的概率之间的关系时，应保证一些性质。

性质 1：$P_i = P_i^0$，当 $q_i = 0$。

性质 2：$\dfrac{\partial P_i}{\partial q_i} < 0$，$\dfrac{\partial^2 P_i}{\partial q_i^2} > 0$。

性质 3：$P_i \to 0$，当 $q_i \to \infty$。

性质 1 是指在不投入预算的情况下，预防后风险成因的发生概率保持不变。性质 2 表明，随着预防预算的增加，预防后风险成因的概率降低，降低程度越来越小。性质 3 意味着即使在其中投入了更多的资金，也无法完全消除风险成因。

基于这些性质，风险成因的发生概率与投入的预防预算之间的关系可以描述为 P_i 的一个 logit 函数，可以在式（7-9）中看到[26,114]。使用 logit 函数的原因有两个，一是 logit 函数可以满足以上三个性质，二是可以保证概率的取值范围在 $0 \sim 1$ 之间。

$$\ln\left(\frac{P_i}{1 - P_i}\right) = \alpha_{i0} - \alpha_{i1} q_i \qquad (7-9)$$

其中 α_{i0} 是一个常数，描述了投入的预防预算为零时风险成因的发生概率的状况。根据性质 1，预防后目标风险成因的概率等于不投入预算时的初始发生概率。因此，一旦评估了风险成因的初始发生概率，就可以确定 α_{i0}，其计算公式为式（7-10）：

$$\alpha_{i0} = \ln\left(\frac{P_i^0}{1 - P_i^0}\right) \qquad (7-10)$$

α_{i1} 是一个非负风险预防系数，描述了单位预算引起的风险概率降低程度，可以根据专家的判断和具体预防策略的相关信息进行评估。为了评估参数 α_{i1} 的值，需要使用回归分析的技术，一个用于收集样本数据的访谈被召集。在访谈中，受邀专家会在一定预算内实施相应的预防策略后，对 Rc_i 的概率进行赋值。然后，可以根据 logit 函数确定每种预防策略的系数。让 q_i' 表示预防预算的预设值，$P_i^{a'}$ 表示第 a 位专家指定预防后 Rc_i 的概率值，α_{i1}^a 表示第 a 位专家估计的第 i 个风险成因的相应预防策略的系数。α_{i1}^a 的值可以按照式（7-11）估算：

$$\alpha_{i1}^a = \frac{1}{q_i'} \ln \frac{P_i^a - P_i^a P_i^{a'}}{P_i^{a'} - P_i^a P_i^{a'}} \qquad (7-11)$$

然后，通过公式（7-12）加权专家的意见可以确定 α_{i1}：

$$\alpha_{i1} = \sum_{a=1}^{A} w^a \alpha_{i1}^a \qquad (7-12)$$

风险被预防后的关键风险的发生概率可以根据逻辑规则由式（7-13）~式（7-16）计算出来：

$$P = \prod_{i \in \Theta^{and}} P_i \quad \text{AND} \qquad (7-13)$$

$$P = 1 - \prod_{i \in \Theta^{or}} (1 - P_i) \quad \text{OR} \qquad (7-14)$$

$$P = 1 - \left(1 - \prod_{i \in \Theta^{and}} P_i\right) \prod_{i \in \Theta^{or}} (1 - P_i) \quad \text{AND} - \text{OR} \quad (7-15)$$

$$P = \left[1 - \prod_{i \in \Theta^{or}} (1 - P_i)\right] \prod_{i \in \Theta^{and}} P_i \quad \text{OR} - \text{AND} \quad (7-16)$$

同样，实施风险保护策略的目的是减少后果事件的损失。因此，在确定保护后的后果事件损失与相应保护策略投入的预算之间的关系时，应遵循三个性质。性质（1）：$L_j = L_j^0$，当 $r_j = 0$。性质（2）：$\frac{\partial L_j}{\partial r_j} < 0$，$\frac{\partial^2 L_j}{\partial r_j^2} > 0$。性质（3）：$L_j \to 0$，当 $r_j \to \infty$。根据这些性质，指数函数公式（7-17）被用来描述风险保护预算和后果事件损失之间的关系[26,114]：

$$L_j = L_j^0 e^{-\beta_j r_j} \quad (7-17)$$

其中，β_j 是一个非负的风险保护系数，描述了单位预算造成的损失的减少程度。它可以根据专家的知识和具体保护策略的相关信息，通过式（7-18）进行评估。

$$\beta_j = \sum_{a=1}^{A} w^a \beta_j^a \quad (7-18)$$

其中，β_j^a 是由第 a 位专家估计的第 j 个后果事件的相应保护策略的系数。β_j^a 的评价过程与 α_{il}^a 的评价过程相似。r_j' 表示为减轻第 j 个后果事件的损失而投资于保护策略的假设预算，$L_j^{a'}$ 表示由第 a 位专家评估的保护后第 j 个后果事件的损失。根据式（7-17）所表示的指数函数，β_j^a 的计算公式为式（7-19）：

$$\beta_j^a = \frac{1}{r_j'} \ln \frac{L_j^0}{L_j^{a'}} \quad (7-19)$$

那么，关键风险的总损失和预期损失可以分别按式（7-20）~式（7-21）计算。

$$L = \sum_{j=1}^{m} h_j L_j \quad (7-20)$$

$$R = PL \quad (7-21)$$

7.2.2 模型的确定

所考虑问题的主要目的是为风险的预防和保护策略分配合理的预算，以节省成本并尽可能减少风险。因此，目标函数被设置为最小化总风险成本，即分配给风险预防和保护策略的预算与关键风险的期望损失之和。最终，风险应对策略的预算分配优化模型可以构建如下。

$$\min \quad Z = R + \sum_{i=1}^{n} q_i + \sum_{j=1}^{m} r_j \qquad (7-22a)$$

$$\text{s. t.} \quad \sum_{i=1}^{n} q_i + \sum_{j=1}^{m} r_j \leqslant B \qquad (7-22b)$$

$$q_i, \ r_j \geqslant 0, \ i=1, \ 2, \ \cdots, \ n, \ j=1, \ 2, \ \cdots, \ m$$
$$(7-22c)$$

目标函数（7-22a）为关键风险的预期损失，可以根据式（7-21）确定。该函数最小化关键风险的预期损失与实施应对策略分配的总预算。约束条件（7-22b）确保了实施应对策略的成本能够满足预算要求。约束条件（7-22c）意味着决策变量为非负值。可以看出，模型（7-22）为非线性规划，可以采用商业求解器求解，进而得到风险应对预算分配的最优决策。

7.3 案例研究

7.3.1 案例介绍与分析

我们将一个软件项目作为案例来探讨提出的方法的可应用性。

该软件项目由 C 公司发起，旨在实施企业资源计划（ERP）系统，以满足公司的业务战略和目标。系统由位于中国深圳的 S 信息技术公司开发。系统共有九个模块，包括采购订单、订单管理、库存管理、返利管理、总账、应收账款、应付账款、固定资产和成本。每个模块的详细范围在工作说明书（SOW）中进行了描述。开发该系统的预算约为 630 万元。来自 S 公司的 11 名成员和来自 C 公司的 5 名成员参与了这个项目。当需求风险发生时会引起许多问题，如项目延迟和预算超支，因此"需求风险"被确定为本项目的关键风险。

在项目启动前，项目组召开了专家小组会议，成员包括项目管理者、四位来自 S 公司的项目成员、一位来自 C 公司的成员和两位具有相关经验的专家，从而确定可能的风险成因和与需求风险相关的后果事件。在小组会议上，小组成员分享了他们对需求风险的成因和后果以及它们之间的关系的见解，也分享了减轻风险的预防和保护策略。详细信息如表 7 - 2 所示。风险成因、后果和需求风险之间的关系如图 7 - 2 所示。

表 7 - 2　　风险成因、中间风险、后果事件以及相应的预防和保护策略的详细信息

风险	名称	保护和预防策略
Rc_1	进一步系统规划的图像不清晰	潜在需求开发和冗余/增量开发
Rc_2	不断变化的需求	定期会议并尽早了解新要求
Rc_3	用户对业务流程的描述不清晰	实施和遵循沟通计划
Rc_4	缺乏有效的需求分析	聘请经验丰富的需求分析师
IR_1	系统要求编译不正确	—
CE_1	添加简化的业务流程	增加工作时间
CE_2	添加新的业务流程	测试核心模块
CE_3	二次开发	模块外包

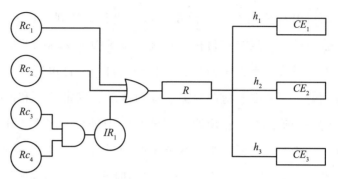

图 7 – 2　风险成因、后果和需求风险之间的关系

　　为估计风险成因和后果事件的概率，项目组邀请了 3 名负责风险管理的项目成员、5 名专家和 2 名具有丰富信息系统项目开发经验的外部专家参加小组会议。考虑到内部专家比外部专家更熟悉这个项目，内部专家与外部专家的权重总和之比约为六比四。最终，这些专家的权重分别为 0.24、0.24、0.24、0.14 和 0.14。项目组首先给出每个风险的区间概率，并要求专家在区间内给出一个尽可能准确的数值。例如，项目组给出的第一个风险成因的区间概率是 $[0.1，0.3]$。h_j^a 的评估过程与 P_i^a 的评估过程相似。项目的成本部门评估后果事件的损失。预防和保护策略的系数值取决于这些策略。因此，在小组会议上，通过如下的问题采访小组成员——如果在每个预防策略中投入 10 万元，预防后每个风险成因的概率将是多少；如果在相应的保护策略中投入 20 万元、50 万元、80 万元，保护后果事件的损失将是多少——来评估这些系数的数值。最终，通过式（7 – 11）和式（7 – 19）可以计算出每个专家估计的策略系数，并根据式（7 – 12）和式（7 – 18）汇总专家的意见，计算出预防系数和保护系数。风险成因、后果事件以及风险预防和保护策略的评价结果如表 7 – 3 所示。

表 7 – 3　　　风险成因、后果事件、风险预防
和保护策略的评估结果

风险	专家 1	专家 2	专家 3	专家 4	专家 5	加权值
P_1^a/α_{11}^a	0.29/ 0.0920	0.28/ 0.1253	0.25/ 0.0560	0.3/ 0.0669	0.12/ 0.0205	0.2556/ 0.0778
P_2^a/α_{21}^a	0.16/ 0.0539	0.14/ 0.0177	0.15/ 0.0258	0.21/ 0.0333	0.26/ 0.0279	0.1738/ 0.0319
P_3^a/α_{31}^a	0.8/ 0.2030	0.74/ 0.1800	0.83/ 0.2033	0.7/ 0.1743	0.66/ 0.1608	0.7592/ 0.1881
P_4^a/α_{41}^a	0.33/ 0.1284	0.35/ 0.0767	0.34/ 0.1071	0.3/ 0.1350	0.27/ 0.1203	0.3246/ 0.1107
h_1^a/β_1^a	0.8/ 0.0490	0.75/ 0.0413	0.7/ 0.0480	0.66/ 0.0607	0.68/ 0.0582	0.7276/ 0.0499
h_2^a/β_2^a	0.17/ 0.0124	0.2/ 0.0184	0.2/ 0.0189	0.3/ 0.0162	0.14/ 0.0105	0.1984/ 0.0157
h_3^a/β_3^a	0.03/ 0.0124	0.05/ 0.0119	0.1/ 0.0107	0.04/ 0.0130	0.18/ 0.0145	0.074/ 0.0122
L_1^0	1280000 元					
L_2^0	2160000 元					
L_3^0	4200000 元					

　　基于上述分析，根据模型（7 – 22）建立了风险应对策略之间的应对预算分配优化模型。由于案例研究中模型的规模不大，求解该模型的时间较快。计算结果将在下一节中提供和讨论。

7.3.2　结果和讨论

　　在不同的应对预算值下，解决方案和最小成本不同。因此，本章节进行了敏感性分析以探究应对预算对项目风险应对预算分配的最佳决策的影响。

图 7 - 3 描述了最优解决方案和应对预算之间的关系。可以看出，应对预算的增加导致分配给风险应对策略的预算增加，预期损失和总风险成本也将随之降低。在应对预算达到一定水平后，更多的投资对最优预算、关键风险的预期损失和总风险成本没有过多的影响。因此，存在一个最优的总应对预算来获得最小的总风险成本。此外，预期损失的减少通常伴随着分配给风险应对策略的预算的增加。当风险降低到一定程度时，进一步降低风险需要更多的预算，这样的策略也是不经济的。因此，在风险应对的预算分配中，应该对风险的预期损失和实施风险应对策略的分配预算进行权衡。

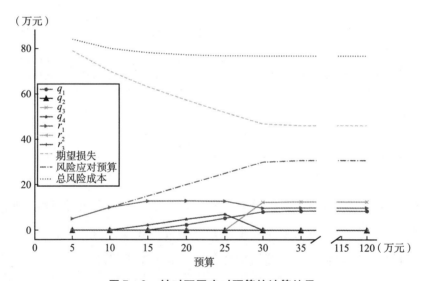

图 7 - 3　针对不同应对预算的计算结果

关于总预算对分配给每个应对策略的预算的影响，从图 7 - 3 可以看出，分配给每个风险应对策略的最佳预算对总应对预算的变化是敏感的。当总预算紧张时，模型更倾向于选择更多的风险保护策略，特别是与预期损失最大的后果事件相对应的策略。随着总预算的增加，风险预防策略被分配了一些预算以减少风险成因的概率。具体来说，在所有的预防策略中，用于处理"OR"集合中初始发生概率较大的风险成因的预防策略是首选，然后是关于"AND"集合中初始发生概率较低的风险成因的预防策略。同时，分配给保护策略的预算略有减少。当应对预算足够时，在应对"AND"集合的风险成因的策略中，较高预防系数的策略较之较低预防系数的策略被分配了更多的预算从而降低风险概率。

因此，可以总结出三个可供管理应用的启示。首先，当总应对预算紧张时，风险保护优于风险预防。其次，在分配风险保护预算时，应将预算投入具有最大预期损失的后果事件中。最后，在分配风险预防预算时，随着总预算的放松，风险成因应按照适当的顺序进行缓解：初始概率最大的风险成因属于"OR"集合，初始概率最低的风险原因属于"AND"集合。

从分析中可以看出，模型中的所有参数都是数值。然而，一些参数在实践中往往是不确定的，例如每个风险成因和后果事件的发生概率。因此，我们进行随机实验来证明给出模型的稳健性。具体来说，在实验中，我们使用均匀随机概率分布来生成上述参数。下面给出了具有均匀分布的数据范围，所有其他数据仍然设置为与7.3.1 给出的数值相同的数值。每个参数的 100 个随机情景（random scenario）由 Python 3.8 生成并得到相应的计算结果。风险发生概率在随机情景下的总风险成本（total risk cost）分别如图 7 - 4 ～图 7 - 7 所示。后果事件发生概率的随机情景下的总风险成本分别如图 7 - 8 ～图 7 - 10 所示。

$P_{Rc_1} \sim U[0.1, 0.3]$；$P_{Rc_2} \sim U[0.1, 0.3]$；$P_{Rc_3} \sim U[0.6, 0.9]$；$P_{Rc_4} \sim U[0.2, 0.4]$；$h_{CE_1} \sim U[0.6, 0.8]$；$h_{CE_2} \sim U[0.1, 0.3]$；$h_{CE_3} \sim U[0, 0.2]$。

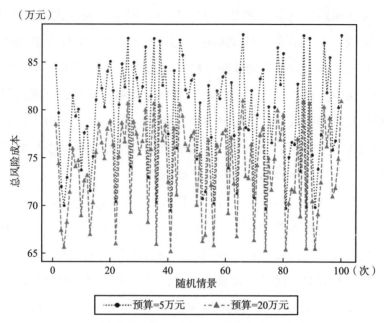

图 7 - 4　总的风险成本与 P_{Rc_1} 的随机情景的对比

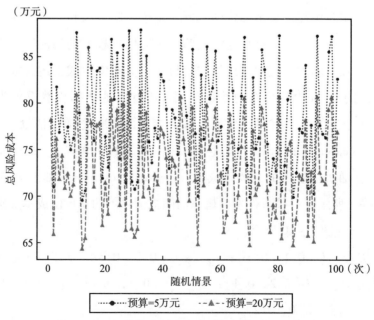

图 7 - 5　总的风险成本与 P_{Rc_2} 的随机情景的对比

　项目风险应对决策理论与方法

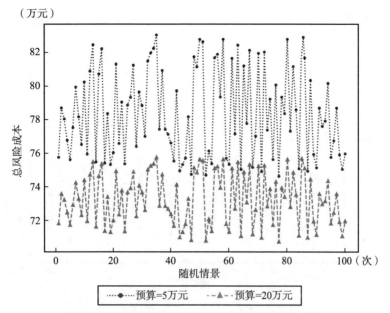

图 7 - 6　总的风险成本与 P_{Rc_3} 的随机情景的对比

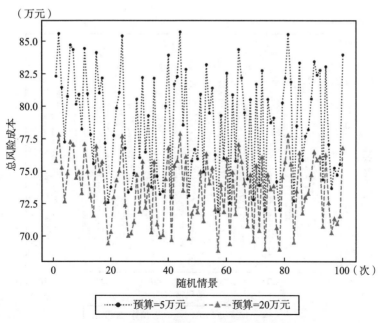

图 7 - 7　总的风险成本与 P_{Rc_4} 的随机情景的对比

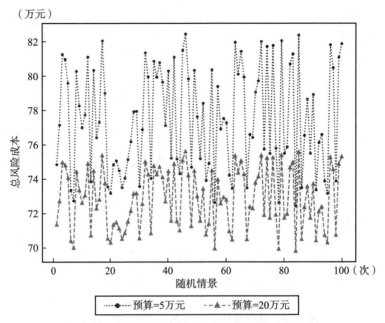

图7-8 总的风险成本与 h_{CE_1} 的随机情景的对比

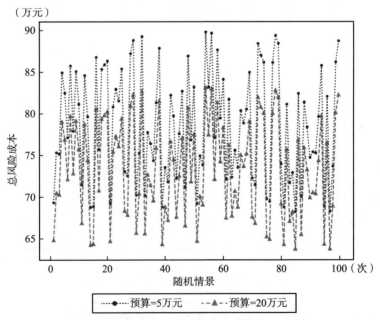

图7-9 总的风险成本与 h_{CE_2} 的随机情景的对比

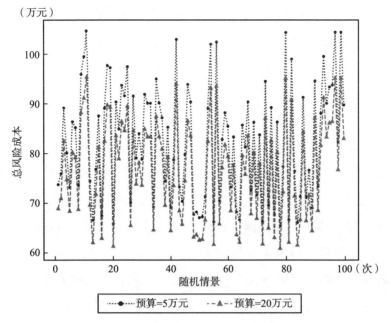

图 7 - 10 总的风险成本与 h_{CE_3} 的随机情景的对比

为了验证所提出方法在实际应用中的可行性和有效性,举行了圆桌讨论会。作者、项目管理者、负责风险管理的 3 名项目成员、来自成本部门的项目成员 1 名、特邀专家 2 名参加了本次讨论。关于所提出方法的反馈可以概括为四个方面。首先,他们都同意应实施预防性策略和保护性策略来降低项目风险。明确每个风险的来源和后果对于项目风险管理非常有用。其次,在预算不足的情况下,风险保护比风险预防更有优势的结果也符合实际情况。他们指出,在实际的项目风险管理中,项目管理者一般先考虑不可接受或不可控的风险,并采取改变一些项目活动以彻底消除风险或购买保险将风险转移给第三方等措施。项目管理者一般会关注那些可控风险,从而通过采取预防和保护措施将其概率或者损失降低到一定程度。但是,当风险管理的预算比较紧张时,一些可控的风险可以通过考虑资金使用效率来确定保护措施以应对。再次,与会人员对规定风险预防策略和保护策略优先级的最优预算分配规则表示认同。具体而言，在属于"OR"集合的风险中，初始发生概率最大的风险成因应优先应对。在属于"AND"集合的风险成因中，最好优先为初始发生概率最低的风险成因分配应对预算。该分配规则为他们做出项目风险应对决策提供了一些指导，并再次确认了识别和分析风险源的重要性。最后，在讨论中提出了关键风险的风险成因之间的非确定性关系问题。与会者指出，在复杂的项目中，风险成因之间的关系可能是不确定的，不能完全通过一些逻辑关系来描述。对于某些风险成因的同时存在只会增加关键风险的发生概率而不是导致关键风险发生的情况，这种假设太过强烈。实际项目中确实存在风险成因的发生可能不足以导致关键风险发生的现象。从理论上讲，这种非决定性的关系可以由"Noisy – AND"和"Noisy – OR"逻辑规则来描述，这些规则是"AND"和"OR"规则的模糊情形。但是，如果将噪声逻辑规则应用于实际的项目风险管理，就很难准确估计出关键风险的增加概率。这项研究将通过放松逻辑"AND/OR"规则和描述风险资源之间的非决定性关系来进一步改进。

7.4　本章小结

　　所提出的方法使项目管理者找到在应对策略之间分配风险应对预算的解决方案，目标是最小化关键风险的预期损失和包含实施应对策略的预算在内的总成本。该方法主要包括如下步骤：首先，分析可能的风险成因、后果事件以及它们之间的关系，计算出关键风险的概率和损失；其次，建立优化模型以获得投资于每种风险应对策略的最优预算；最后，给出的方法被应用到案例分析中用来验证方法的有效性和应用性。

从本书的研究结果中得出了一些关于项目风险应对的结论和管理上的启示。首先，项目管理者或决策者应在为风险应对投入的预算与减少的风险预期损失之间进行权衡。从风险应对中减少的预期损失必须与实施应对策略的投资预算相平衡。其次，在应对预算不足的情况下，风险保护优于风险预防，在应对预算充足的情况下，风险预防策略和保护策略都应投入以减轻风险。最后，在风险保护策略之间分配应对预算时，预算应投资于用于处理预期损失最大的后果事件的策略。在风险预防策略之间分配应对预算以减轻风险成因时，应首先考虑属于"OR"集合的发生概率最高的风险成因，然后再考虑属于"AND"集合的发生概率最低的风险成因。此外，我们进行随机实验以证明所开发模型的稳健性。结果和管理见解也适用于其他项目，如建设项目、基础设施项目等。

| 第 8 章 |

基于案例分析的项目风险
应对策略选择方法

在项目风险应对阶段，选择风险应对策略是一项备受关注的重要工作。在现有研究中，确定风险应对策略主要基于项目经理和专家的过去经验[13,90,148]。具体来说，在管理当前项目中的风险时，项目经理和专家通常会参考历史文档和数据库，其中存储了有关以前项目中风险应对策略的信息。正如休姆（Hume）曾经说过的，"从看起来相似的原因，我们期望类似的效果"，如果我们在制定风险应对策略时期望类似的效果，那么采用从已成功应对类似风险的历史项目中得出的风险应对策略将是明智之举[149]。但是，某些备选方案可能不适合减轻当前项目中的风险。因此，项目经理必须在这些备选方案中做出选择。此外，在选择风险应对策略时，项目经理需要考虑有限的资源和其他约束条件，这在没有定量方法的帮助下是相当具有挑战性的。因此，必须使用优化模型等量化方法来评估和选择风险应对策略，以实现项目目标[150]。迄今为止，学者和从业者已经开发了一些优化模型来确定风险应对策略的最佳集合[4,12,25-27,43,73]。

此外，一些研究人员应用基于案例的方法从备选风险应对策略中进行选择，这使项目经理能够以客观的方式利用他们以前的知识。例如，拉姆（Lam）等人设计了一个决策支持系统来降低红酒存储中可能存在的风险，该系统基于射频识别（RFID）技术在仓库中进行实时监控[24]。这种基于案例的系统还可以检索类似的历史风险并提供相应的风险应对策略。在厄兹泰金和卢修（Oztekin and Luxhøj）的研究中，基于案例的方法被应用于应对航空风险[23]。他们建立了一个概率模型来表示航空风险，然后使用基于案例的方法引入美国国家航空航天局（NASA）干预措施作为风险应对策略，以减轻航空风险造成的负面影响。樊等人在地铁建设中应用基于案例的推理方法，通过该方法确定一组风险应对策略[17]。事实证明，这些基于案例的方法对于获得适当的历史风险应对策略是可行的。但在现实中，由于一些资源的限制，例如预算限制，通过这种方式选择的风险应对策略的实施效果一般都不是最优的。

根据上述分析，我们的想法是在实践中以相对客观的方式确定风险应对策略备选方案，最终目的是获得考虑约束条件的最优风险应对策略集合。因此，本章试图提出一种将优化模型与案例分析相结合的风险应对策略选择方法。在本书中，具体而言，基于案例的方法用于确定备选历史风险应对策略，而优化方法用于进一步确定最终的风险应对策略集。

8.1　备选风险应对方案的确定

本章提出了基于模糊相似度的历史风险检索方法用来检索案例库中的历史风险及该历史风险对应的风险应对方案。为了达到这一目的，首先描述了项目中的目标风险以及历史案例库中的案例。其次，给出了基于模糊距离的相似度确定方法用于计算当前项目风险和历史项目风险之间的相似度，并比较计算出的模糊相似度与阈值的大小从而筛选出具有和当前风险具有较高相似度的历史案例。最后，给出了历史案例的调整方法。

8.1.1 项目风险的描述

项目风险可以通过项目风险发生的概率以及影响两个属性进行描述。然而在实际的项目风险管理中，专家和项目管理者很难对项目风险的这两个属性有清晰的、准确的数值评价。针对这种情况，本节给出了基于语义值的风险评价方法。通过使用"非常不可能"（very unlikely）、"不可能"（unlikely）、"中等可能"（medium）、"可能"（likely）以及"非常可能"（very likely）这五个标度的语言值来描述风险的发生概率。用"极小影响"（minimal）、"较小影响"（low）、"中等影响"（moderate）、"高度影响"（high）以及"严重影响"（critical）这五个标度的语言值来描述风险影响[33]。以上提出的所有语言值都对应着一个三角模糊数，三角模糊数的具体形式如图 8 – 1 和图 8 – 2 所示，另外表 8 – 1 列出了每个语义变量所对应的模糊数。

除此之外，由于风险评估是一项需要多个专家参与的过程，需要给出一种集结的方法从而将多专家的意见进行汇总。为了实现该目的，在此给出了基于算数三角平均数的方法，具体形式如式（8 – 1）所示[120]：

$$T_i^{average} = \frac{1}{L}(T_i^1 + \cdots + T_i^L) = \frac{1}{L}\left[\sum_{l=1}^{L} t_p^l, \sum_{l=1}^{L} t_m^l, \sum_{l=1}^{L} t_o^l\right]_i$$

$$(8-1)$$

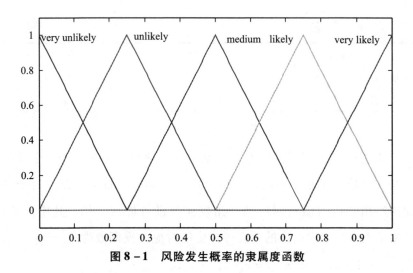

图 8 - 1　风险发生概率的隶属度函数

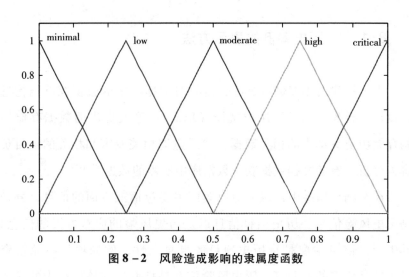

图 8 - 2　风险造成影响的隶属度函数

表 8 - 1　　　　　　　　　每个语言值所对应的模糊数

语言值	范围	对应的模糊数
非常不可能/极小影响/差	$0 \leqslant x \leqslant 0.25$	$[0, 0, 0.25]$
不可能/较低影响/一般	$0 \leqslant x \leqslant 0.25$；$0.25 \leqslant x \leqslant 0.5$	$[0, 0.25, 0.5]$
一般可能/一般影响/好	$0.25 \leqslant x \leqslant 0.5$；$0.5 \leqslant x \leqslant 0.75$	$[0.25, 0.5, 0.75]$

语言值	范围	对应的模糊数
可能/较高影响/很好	$0.5 \leqslant x \leqslant 0.75$；$0.75 \leqslant x \leqslant 1$	$[0.5, 0.75, 1]$
非常可能/严重影响/极好	$0.75 \leqslant x \leqslant 1$	$[0.75, 1, 1]$

式（8-1）说明当有 L 个专家对 n 个项目风险中的第 i 个风险进行评估后，被集结后的风险概率或者影响的属性值，是对每个专家所给出的语言值所对应的三角模糊数进行加权平均。其中，第 l 个专家对 i 个风险给出的语言评价值所对应的模糊数为 $T_i^l = [t_p^l, t_m^l, t_o^l]_i$，$i = 1, 2, \cdots, n$，$l = 1, 2, \cdots, L$。

8.1.2　历史案例的表示方法

为了构建历史案例数据库，需要对数据库中的数据存储结构进行设计。首先，通过采用埃文斯（Evans）等人提出的数据存储结构存储历史案例中的相关数据，然后邀请相关专家和相关的项目负责人分析已有的文档数据获得数据库中所需的数据[151,152]。

在案例数据库中，每个历史案例主要包括三方面的信息，分别是历史风险信息、历史项目信息以及历史风险的应对方案的信息。其中项目信息主要是指历史项目的自身属性，例如项目的总投资额，项目所属的行业等。历史风险信息是指发生在该项目中的某一个风险的相关属性，例如风险的发生概率、风险的严重程度、风险评估的时间等。历史风险应对方案的信息是指应对该历史风险的应对方案的相关信息，例如历史应对方案的名称、方案的应对成本以及方案的应对效果。以历史案例 1 为例，R_1^1 是表示发生在大连市地铁三号线第一标段中的"挖掘面不稳定风险"。该风险在当时被专家评估为不太可能发生，但该风险若是发生将带来很严重的影响。

为了应对该风险，项目团队提出了项目风险应对方案 A_1^1。项目风险应对方案 A_1^1 是通过锚杆支撑的方式降低"挖掘面不稳定风险"的发生概率，该方案在当时被专家及项目管理者评价为具有很好的风险应对效果。历史案例 1 的所有相关信息被列在表 8 - 2 中。从表 8 - 2 可以看出，在项目团队对风险应对方案的效果进行评估时也采用了语义评价的方法来降低评估的难度。风险应对方案的应对效果可以分为"差""一般""好""很好""极好"这五个标度，每个标度所对应模糊数被列在表 8 - 1 中[153]。

表 8 - 2　　　　　　　　历史案例 1 的案例模板

类别	属性	信息
历史项目	项目编号	P_1
	项目名称	大连市地铁三号线第一标段
	项目所属行业	建筑类
	总投资	50 亿元
	总耗时	2012. 2. 24 ~ 2013. 5. 31
历史风险	风险编号	R_1^1
	风险名称	挖掘面不稳定
	风险类别	隧道结构风险
	风险概率	不太可能
	风险影响	严重影响
	评估日期	2012. 5. 1
历史方案	方案编号	A_1^1
	方案名称	锚杆支撑
	方案成本	2 万美元
	方案效果	好

8.1.3 模糊相似度的确定

为了能获得应对当前风险的历史项目应对方案，首先需要检索出与当前风险相似的历史风险，这样应对历史风险的方案便可以相应地提取出来。在确定历史风险与当前风险的相似度过程中，采用了由古哈和查克拉博蒂（Guha and Chakraborty）提出的模糊相似度法[154]。通过使用该计算方法，项目管理者可以分别得出历史风险与当前风险在风险概率和影响这两个属性上的相似度，然后通过给这两个相似度赋予一定的权重可以集结出当前风险和历史风险之间的综合相似度。由于风险概率和影响均被设定为模糊数，因此风险之间在概率和影响上的距离也应该为模糊距离，相应的相似度应该也为模糊数相似度。然而在已有的文献中，大部分的研究都是通过以精确数的形式计算模糊数之间的距离[155-157]。下面简要介绍几种应用较为广泛的模糊数相似度计算方法。

陈（Chen）较早地提出了模糊数相似度计算方法，并将该方法用于风险的分析中[155]。假设两个模糊数分别为三角模糊 $A = [a_1, a_2, a_3]$ 和 $B = [b_1, b_2, b_3]$，其中 $0 \leqslant a_1 \leqslant a_2 \leqslant a_3 \leqslant 1$，$0 \leqslant b_1 \leqslant b_2 \leqslant b_3 \leqslant 1$。那么这两个三角模糊数的相似度根据陈（Chen）所提出的方法可以通过式（8-2）进行计算：

$$s(A, B) = 1 - \frac{|a_1 - b_1| + 2|a_2 - b_2| + |a_3 - b_3|}{4} \qquad (8-2)$$

在式（8-2）中，模糊数的相似度可以通过 $s(A, B)$，$s(A, B) \in [0, 1]$ 进行度量，在式中，$|a|$ 表示实数 a 绝对值。

同陈的方法类似，李（Lee）也提出了一种相似度的计算方法，并将其用于度量群决策中一致性的问题[156]。同样假设两个模糊数分别为三角模糊 $A = [a_1, a_2, a_3]$ 和 $B = [b_1, b_2, b_3]$，其中 $0 \leqslant$

$a_1 \leqslant a_2 \leqslant a_3 \leqslant 1$，$0 \leqslant b_1 \leqslant b_2 \leqslant b_3 \leqslant 1$。那么这两个三角模糊数的相似度根据李所提出的方法可以通过式（8-3）进行计算：

$$s(A, B) = 1 - \frac{\|A - B\|_{l_p}}{\|U\|} \times 4^{-1/p} \qquad (8-3)$$

其中，U 为模糊数 A 和 B 的论域，并且 $\|A - B\|_{l_p}$ 和 $\|U\|$ 可以分别通过式（8-4）和式（8-5）计算出来：

$$\|A - B\|_{l_p} = \left(\sum_{i=1}^{3} |a_i - b_i|^p \right)^{1/p} \qquad (8-4)$$

$$\|U\| = \max(U) - \min(U) \qquad (8-5)$$

谢（Hsieh）等人也对模糊数之间的相似度进行了深入的研究，并提出了根据模糊数之间的距离计算相似度的方法[158]。假设两个模糊数分别为三角模糊 $A = [a_1, a_2, a_3]$ 和 $B = [b_1, b_2, b_3]$，其中 $0 \leqslant a_1 \leqslant a_2 \leqslant a_3 \leqslant 1$，$0 \leqslant b_1 \leqslant b_2 \leqslant b_3 \leqslant 1$。那么这两个三角模糊数的相似度可根据式（8-6）计算得出：

$$S(A, B) = \frac{1}{1 + d(A, B)} \qquad (8-6)$$

其中，$d(A, B) = |P(A) - P(B)|$。$P(A)$ 和 $P(B)$ 分别为等级均值综合表示（graded mean integration representation），并可以表示这两个模糊数的均值。具体地，这两个等级均值可以分别通过式（8-7）和式（8-8）计算出来：

$$P(A) = \frac{a_1 + 4a_2 + a_3}{6} \qquad (8-7)$$

$$P(B) = \frac{b_1 + 4b_2 + b_3}{6} \qquad (8-8)$$

以上方法得出的相似度都是确切数类型的相似度。当风险概率以及风险影响均为模糊数时，项目管理者得到精确类型的相似度后难免会产生疑问，即两个模糊数之间的运算，得到的计算结果应当也为模糊数。为了能够回答"数字本身就是不精确的，何谈精确的距离"这一问题，沃克斯曼（Voxman）首次引入了模糊距离的概念[159]。古哈和查克拉博蒂则在此基础上提出了新的模糊距离计算方法，并证明他们所提出的方法在很多性质上优于沃克斯曼的方法[160]。与此同时，古哈和查克拉博蒂提出的方法被很多学者改进并应用到实践中，例如萨迪－内扎德（Sadi－Nezhad）等将该方法从二维拓展到 K 维，塔瓦纳（Tavana）等提出了一种混合群决策支持框架用来评估美国国家航空航天局的项目，其中模糊距离被用于优劣解距离法（TOPSIS）的权重确定流程中[161,162]。除此之外，古哈和查克拉博蒂对原有方法中的不足之处进行了改进[154]。下面简要介绍古哈和查克拉博蒂所提出的模糊相似度法。

假设有两个模糊数 $A = [a_1, a_2, a_3]$ 和 $B = [b_1, b_2, b_3]$，其中 $0 \leqslant a_1 \leqslant a_2 \leqslant a_3 \leqslant 1$，$0 \leqslant b_1 \leqslant b_2 \leqslant b_3 \leqslant 1$。两个模糊数的 α 截集下所对应的区间数分别为 $[A]_\alpha = [A^L(\alpha), A^R(\alpha)]$ 和 $[B]_\alpha = [B^L(\alpha), B^R(\alpha)]$，其中 $\alpha \in [0, 1]$。这样两个模糊数之间的距离可以通过式（8-9）计算出来：

$$\tilde{d}(A, B) = (d_{\alpha=1}^{L(R)} - \theta, \ d_{\alpha=1}^{L(R)}, \ d_{\alpha=1}^{L(R)} + \pi) \qquad (8-9)$$

其中，$\theta = d_{\alpha=1}^{L(R)} - \max\left\{\int_0^1 d_\alpha^L d\alpha, 0\right\}$，$\pi = \left| \int_0^1 d_a^R d\alpha - d_{\alpha=1}^{L(R)} \right|$。$d_a^L$ 和 d_a^R 可以被定义为以下的形式：

$$[d_a^L, d_a^R] = \begin{cases} [L(\alpha), R(\alpha)]; \ L(\alpha) \geqslant 0 \\ [0, \ |L(\alpha)| \vee R(\alpha)]; \ L(\alpha) \leqslant 0 \leqslant R(\alpha) \end{cases}$$

在上式中，$L(\alpha)$ 和 $R(\alpha)$ 可以分别通过式（8-10）和式（8-11）计算得出：

$$L(\alpha) = \lambda[A^L(\alpha) - B^L(\alpha) + A^R(\alpha) - B^R(\alpha)] + [B^L(\alpha) - A^R(\alpha)]$$
$$(8-10)$$

$$R(\alpha) = \lambda[A^L(\alpha) - B^L(\alpha) + A^R(\alpha) - B^R(\alpha)] + [B^R(\alpha) - A^L(\alpha)]$$
$$(8-11)$$

式（8 - 10）和式（8 - 11）中，当 $\alpha = 1$ 时 $d_{\alpha=1}^{L} = d_{\alpha=1}^{R}$。指示变量 λ 可以被定义为如下形式：

$$\lambda = \begin{cases} 1, & \dfrac{A^L(1) + A^R(1)}{2} > \dfrac{B^L(1) + B^R(1)}{2} \\[3mm] 0, & \dfrac{A^L(1) + A^R(1)}{2} \leqslant \dfrac{B^L(1) + B^R(1)}{2} \end{cases}$$

在确定了两个模糊数的模糊距离的基础上，可以通过范和谢所提出的方法确定出两个模糊距离之间的模糊相似度，其中模糊距离和模糊相似度之间的关系如式（8 - 12）所示[163]。

$$\tilde{s}_{A,B} = 1 - \tilde{d}(A, B)，\text{其中} 0 \leqslant \tilde{d}(A, B) \leqslant 1 \quad (8 - 12)$$

然而，两个风险之间的相似度并不能简单通过两个风险的概率和影响属性确定，风险的类别也是影响两个风险相似度的重要因素。例如，在历史项目中，历史风险 R_j^k 属于技术类风险，而当前风险 R_i 属于需求类风险。即使两个风险 R_j^k 和 R_i 在风险发生概率和影响这两个属性上高度相似，历史风险的 R_j^k 的应对方案也不能够被应用到应对当前风险 R_i 上，因为这两个风险完全属于两个类别，不存在可比性。为了排除不属于同一类别的风险以免应用不恰当的风险应对方案，该方法通过引入指示变量 ε_{ijk}^h 排除不属于同一类别的项目风险。具体地，如果两个风险 R_i 和 R_j^k 属于同一类别 Ω_h，Ω_h 表示第 h 类别的风险 $h = 1, 2, \cdots, H$，那么指示变量 ε_{ijk}^h 等于 1，否则 ε_{ijk}^h 为 0。通过引入该指示变量 ε_{ijk}^h，可以帮助项目管理者筛选出和当前风险属于相同类别的历史风险，从而获得具有参考价值的历史风险及其对应的历史风险应对方案。

除了以上提到的影响风险相似度的因素外，当前风险与历史风险在评估时间上的时间间隔也被考虑进来。一般来说，随着两个风险时间间隔变长，两个风险之间的相似度会相应地降低。例如同属于一个类别的两个历史风险，风险 R_1^1 和风险 R_2^3 分别发生在 2001 年和 2010 年，而且这两个历史风险同当前风险 R_1（当前风险发生在 2015 年）在发生概率和影响这两个属性上具有相同的模糊相似度。从历史风险 R_1^1 和当前风险 R_1 的时间间隔以及历史风险 R_2^3 和当前风险 R_1 的时间间隔可以看出，前者的间隔明显长于后者。从直观上理解，距离当前项目风险越近的风险应对方案应该具有更高的借鉴价值，因为较新的风险应对方案具有与当前技术更为相近的应用条件。最终，综合考虑风险概率、风险影响、风险类别以及时间间隔各方面因素后的风险间模糊相似度计算方法可以通过式（8-13）计算出来：

$$\tilde{s}_{ijk} = \varepsilon_{ijk}^h \cdot \frac{w_1 \cdot \tilde{s}_{ijk}^P + w_2 \cdot \tilde{s}_{ijk}^L}{(1+d)^{\Delta y_{ijk}}} \qquad (8-13)$$

其中，$\tilde{s}_{ijk}^P$ 和 $\tilde{s}_{ijk}^L$ 分别表示历史风险 R_j^k 和当前 R_i 在风险发生概率和影响这两个属性上的模糊相似度。w_1 和 w_2 分别表示项目管理者对这两方面的相似度的偏好程度，其中 $w_1 \in [0, 1]$，$w_2 \in [0, 1]$ 并且 $w_1 + w_2 = 1$。折现因子 d 表示项目管理者对风险之间间隔的重视程度，d 值越大说明项目管理者更注重和当前风险时间间隔较短的历史风险。Δy_{ijk} 表示历史风险 R_j^k 和当前风险 R_i 在评估时间上的时间间隔。

8.1.4　历史案例的筛选

在确定历史项目风险与当前项目风险之间的相似度后，项目管理者需要设定一定的阈值从而筛选出和当前风险具有较高相似度的历史案例。阈值高低的设置可以反映出项目管理者的选择偏好，例如，项目管理者可以通过设定较高的阈值，将具有高相似度的历史案例挑选出来，这样可以减少备选应对方案的数量，从而提高风险应对方案选择的效率。项目管理者也可以通过设置较低的阈值，获得较多的备选应对方案，从而增加项目管理者可以选择的机会。

阈值通常被项目管理者设定为 0 ~ 1 区间的一个精确数[164,165]。所以比较模糊相似度与阈值时，需要采用朱（Chu）和曹（Tsao）所提出的方法将模糊相似度转化为一个精确数[166]。下面简要介绍这个模糊数比较方法，首先假设三角模糊数 $A = [a_1,\ a_2,\ a_3]$ 的隶属度函数如式（8 - 14）所示：

$$\mu_A = \begin{cases} f(x),\ a_1 \leqslant x < a_2 \\ 1,\ x = a_2 \\ h(x),\ a_2 < x \leqslant a_3 \end{cases} \quad (8-14)$$

如果需要对模糊数进行排序和比较，首先应该将模糊数转化为一个确切型的实数，并且该实数可以很好地代表该模糊数。为了能找到这样一个实数，朱和曹认为可以首先确定出该模糊数所对应的中心点，然后计算该中心点与原点所形成的面积。根据该想法，模糊数的中心点可以被描述为 $(\bar{x}(A),\ \bar{y}(A))$，其中 $\bar{x}(A)$ 和 $\bar{y}(A)$ 分别表示该点模糊数的中心值与坐标轴横轴和坐标轴纵轴的距离。这两个距离可以通过式（8 - 15）和式（8 - 16）计算出来：

$$\bar{x}(A) = \frac{\int_{a_1}^{a_2} x \cdot f(x)\,\mathrm{d}x + \int_{a_2}^{a_3} x \cdot h(x)\,\mathrm{d}x}{\int_{a_1}^{a_2} f(x)\,\mathrm{d}x + \int_{a_2}^{a_3} h(x)\,\mathrm{d}x} \quad (8-15)$$

$$\bar{y}(A) = \frac{\int_0^1 y \cdot f^{-1}(y)\,\mathrm{d}y + \int_0^1 y \cdot h^{-1}(y)\,\mathrm{d}y}{\int_0^1 f^{-1}(y)\,\mathrm{d}y + \int_0^1 h^{-1}(y)\,\mathrm{d}y} \quad (8-16)$$

在式（8 - 15）和式（8 - 16）中，$f(x)$ 和 $h(x)$ 分别为模糊数的左右隶属度函数，$f^{-1}(y)$ 和 $h^{-1}(y)$ 分别表示这两个隶属度函数的反函数。该中心点与原点所构成的面积可以通过式（8 - 17）计算得出：

$$S(A) = \bar{x}(A) \cdot \bar{y}(A) \quad (8-17)$$

该面积具有以下几点性质，通过以下的性质可以实现模糊相似度与阈值之间的比较从而实现对历史案例的筛选。

性质 1：如果 $S(A) > S(B)$，那么 $A > B$。

性质 2：如果 $S(A) < S(B)$，那么 $A < B$。

性质 3：如果 $S(A) = S(B)$，那么 $A = B$。

8.1.5 历史应对方案的修正

当筛选出高于阈值的历史风险后，历史风险的应对方案可以被相应地检索出来。虽然这些风险和当前风险很相似，但是这些风险的应对方案仍是针对历史项目中的风险，如果直接应用到当前项目中，可能会出现不适用或者效果不好的情形。因此，需要邀请专家对这些历史应对方案进行修正。修正的内容主要包括三方面：一是历史应对方案本身，二是历史应对方案的应对效果，三是历史应对方案实施所需的成本。例如，当项目管理者需要应对当前项目中的"缺少管理支持"风险时，被筛选出的历史风险应对方案是"聘请培训机构人员对管理团队人员进行培训"。然而当时为该公司提供培训的机构 A 已经不再存在，所以专家团队需要对该历史风险应对方案本身进行调整。风险应对方案的应对效果和成本也需要进行相应的调整，最终确定出可以应用到当前项目中的修正后的风险应对方案。

通过对检索出的风险应对方案进行调整，可以得到既考虑过去项目经验又考虑当前项目状况的风险应对方案。但是由于检索出的风险应对方案数目较多，项目预算并不允许实施全部的风险应对方案，因此需要对备选应对方案进一步地优化选择从而使得选择出的风险应对方案实施成本符合当前项目的预算要求。

8.2　项目风险应对方案的优化选择模型

在确定出备选风险应对方案后，需要构建项目风险应对方案优化选择模型。首先，对优化模型所研究的问题进行描述，并对优化模型中所涉及的变量进行说明。其次，说明该模型的应用假设并构建以应对效果最大化为目标函数、以预算为约束条件的优化模型。最后，给出求解该优化模型的方法。

8.2.1　问题描述

在当前项目中存在风险集合 $R = \{R_1, R_2, \cdots, R_n\}$，其中 R_i 表示该集合中的第 i 个风险。为了应对当前项目中的风险，项目管理者需要从历史项目中筛选出一组历史风险集合，并将其对应的历史风险应对方案提取出来，构成项目风险应对方案集合 $A = \{A_1, A_2, \cdots, A_m\}$，其中 A_j^k 表示历史风险 R_j^k 所对应的风险应对方案。每个风险应对方案具有一定的实施成本 C_j^k，并具有一定的风险应对效果 D_{jk}。由于被筛选出的方案属于历史风险应对方案，项目管理者需要针对这些历史方案进行一定的调整从而使其可以被再次应用到当前的项目中。所以历史风险应对方案 A_j^k 被调整为备选风险应对方案 $\hat{A}_j^k$，相应地，实施成本以及应对效果也被调整为 $\hat{C}_j^k$ 和 $\hat{D}_{jk}$。对风险应对方案进行优化选择的目的在于项目管理者需要在有限的预算内选择一组最优的风险应对方案 $\hat{A}_j^k$ 去应对当前风险 R_i，从而实现风险应对效果最大化的目的。模型中所涉及的参数及变量如下所示：

R_i：当前项目中的第 i 个风险，$i = 1$，2，$\cdots$，n；

R_j^k：第 k 个历史项目中的第 j 个历史风险，$j = 1$，2，$\cdots$，m，$k = 1$，2，$\cdots$，K；

$\tilde{s}_{ijk}$：历史风险 R_j^k 和当前风险 R_i 的模糊相似度，该模糊相似度是形式如 $\left[s_{ijk}^p，s_{ijk}^m，s_{ijk}^o \right]$ 的三角模糊数；

A_j^k：历史风险 R_j^k 所对应的风险应对方案；

C_j^k：第 k 个历史项目中的第 j 个风险应对方案的应对成本；

D_{jk}：第 k 个历史项目中的第 j 个风险应对方案的应对效果；

$\hat{A}_j^k$：经过调整后的历史风险应对方案 A_j^k；

$\hat{C}_j^k$：经过调整后的历史风险应对方案 A_j^k 的应对成本；

$\hat{D}_{jk}$：经过调整后的历史风险应对方案 A_j^k 的应对效果，该应对效果由形式如 $\left[\hat{D}_{jk}^p，\hat{D}_{jk}^m，\hat{D}_{jk}^o \right]$ 的三角模糊数表示；

σ：用来与模糊相似度进行比较从而筛选出备选风险应对方案的阈值；

B：实施风险应对方案的预算；

ξ_{ijk}：指示变量，当指示变量 ξ_{ijk} 等于 1 时，意味着模糊相似度 $\tilde{s}_{ijk}$ 高于阈值 σ，否则 ξ_{ijk} 等于 0；

x_{ijk}：决策变量，当决策变量 x_{ijk} 等于 1 时，意味着被调整后的风险应对方案 $\hat{A}_j^k$ 被选择用来应对当前风险 R_i，否则 x_{ijk} 等于 0。

8.2.2 模型构建

在构建模型之前，需要说明本模型的应用前提假设。

假设 8 - 1：当前风险是相互独立的。

假设 8 - 2：在案例库中，每一个历史风险都有唯一的一个风险应对方案。

假设 8 - 3：预算被认为是唯一的资源约束。

该模型的完整形式如式（8 - 18）~ 式（8 - 22）所示：

$$\max z = \sum_{k=1}^{K} \sum_{i=1}^{n} \sum_{j=1}^{m} \xi_{ijk} \cdot \tilde{s}_{ijk} \cdot \hat{D}_j^k \cdot x_{ijk} \qquad (8-18)$$

$$\text{s. t. } \sum_{k=1}^{K} \sum_{i=1}^{n} \sum_{j=1}^{m} x_{ijk} \cdot \hat{C}_j^k \leqslant B \qquad (8-19)$$

$$\sum_{k=1}^{K} \sum_{j=1}^{m} x_{ijk} \leqslant 1 \qquad (8-20)$$

$$\xi_{ijk} = \begin{cases} 0, & \tilde{s}_{ijk} < \sigma \\ 1, & \tilde{s}_{ijk} \geqslant \sigma \end{cases} \qquad (8-21)$$

$$x_{ijk} = 0 \text{ 或者 } x_{ijk} = 1, \ i = 1, 2, \cdots, n, \ j = 1, 2, \cdots, m,$$

$$k = 1, 2, \cdots, K \qquad (8-22)$$

在模型（8 - 18）~ 模型（8 - 22）中，目标函数（8 - 18）旨在最大化被修正后的历史风险应对效果。约束条件（8 - 19）确保了实施风险应对方案的成本在预算之内。约束条件（8 - 20）保证了每一个当前风险都有不超过一个修正后的历史风险应对方案进行应对。约束条件（8 - 21）意味着能带来应对效果的历史风险应对方案所应对的历史风险与当前风险的模糊相似度一定是高于阈值的。约束条件（8 - 22）说明本模型中的决策变量 x_{ijk} 是 0 ~ 1 型整数变量。

8.2.3　模型的求解过程

根据赖和黄（Lai and Hwang）提出的方法，带有模糊系数的模糊优化模型划分为三个精确数类型的目标函数[122]。从实际的意义上这三个精确数类型的目标函数如式（8 - 23）~ 式（8 - 25）可以理解为项目管理者旨在最小化较差风险应对效果的可能性，最大化最可能风险应对效果的可能性以及最大化最好应对效果的可能性。

最后，目标函数可以被转化为三个精确数类型的目标函数，分别是 Z_1、Z_2 和 Z_3，其中 $Z_1 = Z_m - Z_p$，$Z_2 = Z_m$，$Z_3 = Z_o - Z_m$，这三个目标函数的具体表达形式如式（8-23）~ 式（8-25）所示：

$$\min Z_1 = \sum_{k=1}^{K} \sum_{i=1}^{n} \sum_{j=1}^{m} (\xi_{ijk} \cdot s_{ijk}^m \cdot \hat{D}_{jk}^m - \xi_{ijk} \cdot s_{ijk}^p \cdot \hat{D}_{jk}^p) \cdot x_{ijk}$$

$$(8-23)$$

$$\max Z_2 = \sum_{k=1}^{K} \sum_{i=1}^{n} \sum_{j=1}^{m} \xi_{ijk} \cdot s_{ijk}^m \cdot \hat{D}_{jk}^m \cdot x_{ijk} \qquad (8-24)$$

$$\max Z_3 = \sum_{k=1}^{K} \sum_{i=1}^{n} \sum_{j=1}^{m} (\xi_{ijk} \cdot s_{ijk}^o \cdot \hat{D}_{jk}^o - \xi_{ijk} \cdot s_{ijk}^m \cdot \hat{D}_{jk}^m) \cdot x_{ijk}$$

$$(8-25)$$

在上述式子中，s_{ijk}^m 是模糊相似度 $\tilde{s}_{ijk}$ 的最可能取值，s_{ijk}^o 和 s_{ijk}^p 则分别是模糊数相似度 $\tilde{s}_{ijk}$ 的最乐观和最悲观取值。类似地，$\hat{D}_{jk}^m$ 是风险应对效果 $\hat{D}_{jk}$ 的最可能值，$\hat{D}_{jk}^o$ 和 $\hat{D}_{jk}^p$ 分别是风险应对效果 $\hat{D}_{jk}$ 的最乐观值和最悲观值。根据齐默尔曼（Zimmermann）提出的模糊规划法，这三个目标函数需要被转化为一个目标函数，并与原有的约束相结合构成一个单目标优化模型[167]。为了求解这个单目标函数优化模型，需要分别确定出目标函数 Z_1、Z_2 和 Z_3 的正负理想解。其中这三个目标函数的正理想解分别为：$Z_1^{PIS} = \min Z_1$、$Z_2^{PIS} = \max Z_2$ 和 $Z_3^{PIS} = \max Z_3$。同时，Z_1、Z_2 和 Z_3 这三个目标函数负理想解分别为：$Z_1^{NIS} = \max Z_1$、$Z_2^{NIS} = \min Z_2$ 以及 $Z_3^{NIS} = \min Z_3$。

在获得了这三个目标函数的正负理想解后，需要定义这三个目标函数的隶属度函数。确定隶属度函数是为将这三个目标函数进行标准化处理进而转化为同一个量纲，从而实现多目标优化转化成单目标优化。目标函数 Z_1、Z_2 和 Z_3 的隶属度函数分别如式（8-26）~ 式（8-28）所示：

$$\mu_{Z_1} = \begin{cases} 1 & Z_1 < Z_1^{PIS} \\ \dfrac{Z_1^{NIS} - Z_1}{Z_1^{NIS} - Z_1^{PIS}} & Z_1^{PIS} \leqslant Z_1 \leqslant Z_1^{NIS} \\ 0 & Z_1 > Z_1^{NIS} \end{cases} \quad (8-26)$$

$$\mu_{Z_2} = \begin{cases} 1 & Z_2 > Z_2^{PIS} \\ \dfrac{Z_2 - Z_2^{NIS}}{Z_2^{PIS} - Z_2^{NIS}} & Z_2^{NIS} \leqslant Z_2 \leqslant Z_2^{PIS} \\ 0 & Z_2 < Z_2^{NIS} \end{cases} \quad (8-27)$$

$$\mu_{Z_3} = \begin{cases} 1 & Z_3 > Z_3^{PIS} \\ \dfrac{Z_3 - Z_3^{NIS}}{Z_3^{PIS} - Z_3^{NIS}} & Z_3^{NIS} \leqslant Z_3 \leqslant Z_3^{PIS} \\ 0 & Z_3 < Z_3^{NIS} \end{cases} \quad (8-28)$$

根据齐默尔曼的方法，可以将目标函数 Z_1、Z_2 和 Z_3 通过 max-min 算子转化为一个单目标函数并与之前所定义的约束构成单目标优化问题，具体形式如下所示：

$$\max W \quad (8-29)$$

$$\text{s. t. } \mu_{Z_r} \geqslant W, \ r = 1, \ 2, \ 3 \quad (8-30)$$

$$\sum_{k=1}^{K} \sum_{i=1}^{n} \sum_{j=1}^{m} x_{ijk} \cdot \hat{C}_j^k \leqslant B \quad (8-31)$$

$$\sum_{k=1}^{K} \sum_{j=1}^{m} x_{ijk} \leqslant 1 \quad (8-32)$$

$$\xi_{ijk} = \begin{cases} 0, & \tilde{s}_{ijk} < \sigma \\ 1, & \tilde{s}_{ijk} \geqslant \sigma \end{cases} \quad (8-33)$$

$$x_{ijk} = 0 \text{ or } x_{ijk} = 1, \ i = 1, \ 2, \ \cdots, \ n, \ j = 1, \ 2, \ \cdots, \ m,$$
$$k = 1, \ 2, \ \cdots, \ K \quad (8-34)$$

其中，目标函数（8-29）的含义可以理解为最大化项目管理者在约束条件下的综合满意度，另外求解模型（8-29）~模型

（8-34）所得到的项目风险应对方案集合等价于求解优化模型（8-18）~优化模型（8-22）。也就是说，求解模型（8-29）~模型（8-34）即可确定出最优的项目风险应对方案集合。在模型求解过程中，可以使用 LINGO 14.0 对该纯整数优化模型进行求解。基于相似度的风险应对方案优化选择的流程如图 8-3 所示。

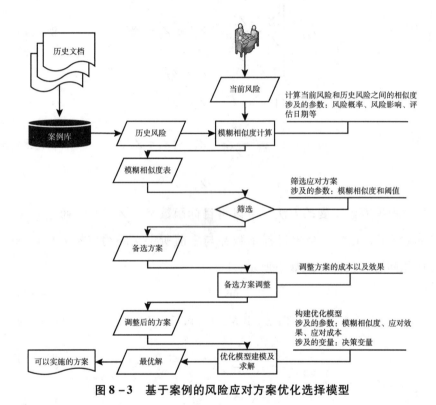

图 8-3　基于案例的风险应对方案优化选择模型

8.3　潜在应用研究

8.3.1　案例介绍

为了验证方法的可行性，基于案例分析的项目风险应对方案优化选择模型被应用到 D 市地铁三号线的某标段项目中。该标段包括车站 A、车站 B 以及 A – B 站台间的隧道区间。该区间长度为 1259 米，车站 A 和车站 B 的建筑总面积分别为 6668 平方米和 6475 平方米。D 市是中国东北部的沿海城市，具有不适宜地铁建造的土壤特点，这也增加了该项目的建设难度。所以项目管理者为了尽可能降低该项目中建设的风险，深入研究了和该标段项目相似的其他历史项目从而应对当前标段项目中的风险。

为了分析当前项目中的风险，项目管理者以及 3 位相关行业专家对当前项目风险进行评价。每个专家对风险发生的概率以及风险发生后带来的影响给出了语义评价。例如，专家 1 针对连续墙结构类中的风险"连续墙不稳定"的概率属性，给出的评价为"可能发生"。专家 2 针对该风险的发生概率给出的语义评价为"一般可能发生"。专家 3 针对该风险的发生概率给出的语义评价为"很可能发生"。那么通过对照表 8 – 1 中的数据可以得出每个语义短语所对应的模糊数，并根据公式（8 – 1）可以得出该风险在风险发生概率属性上的数值。类似地，也可以得出该项目中其他风险在发生概率和影响属性上的数值，如表 8 – 3 所示。

表 8 – 3　　　　　　　　　　当前项目风险信息

序号	风险名称	风险类别	集结后的概率	集结后的影响
R_1	连续墙不稳定	连续墙结构	[0.500, 0.667, 0.917]	[0.417, 0.500, 0.750]
R_2	基坑底部渗漏	渗漏	[0.333, 0.583, 0.833]	[0.250, 0.500, 0.750]
R_3	钢支撑轴线偏移	支持结构	[0.583, 0.750, 1.00]	[0.333, 0.417, 0.667]
R_4	基坑内倾	基坑结构	[0.167, 0.417, 0.667]	[0.250, 0.417, 0.667]
R_5	钢筋受冻	物料	[0.500, 0.667, 0.917]	[0.500, 0.667, 0.917]
R_6	挖掘轴线偏离	参数设定	[0.583, 0.750, 1.000]	[0.500, 0.667, 0.917]
R_7	隧道沉降	隧道结构	[0.250, 0.500, 0.750]	[0.333, 0.583, 0.833]

序号	风险名称	风险类别	集结后的概率	集结后的影响
R_8	盾构机穿越坚硬岩石区	地下土质	[0.167, 0.417, 0.667]	[0.667, 0.750, 1.000]
R_9	盾构机刀片受阻序号	盾构机	[0.167, 0.417, 0.667]	[0.500, 0.750, 1.000]

　　与此同时，为了建立较为完整的历史案例数据库，还需要对历史项目中的文档进行查阅以及整理，并将文档中记录的历史项目风险录入进历史案例数据库中。为了能准确地检索出与当前项目风险相似的历史风险，需要为每个历史案例中风险的类别进行细分从而形成结构如表 8 − 4 所示的历史案例数据库。例如，在表 8 − 4 中，历史案例 1 是发生在历史项目 P_1 中的风险 R_1^1，并且该风险的风险发生概率和风险影响在当时分别被专家评价为"可能发生"和"一般影响"。除此之外，历史风险 R_1^1 可以通过历史风险应对方案 A_1^1 进行风险应对，其中历史风险应对方案的应对成本为 4 万美元，应对效果被评价为"一般"。

表 8 − 4　　　　　　　　　　历史案例数据库的结构

案例编号	项目编号	风险编号	风险名称	风险类别	概率	影响	评估日期	应对方案	应对成本	应对效果
案例 1	P_1	R_1^1	连续墙强度不足	连续墙结构	可能	一般	2012 年5 月 21 日	A_1^1	4 万美元	一般
案例 2	P_2	R_2^1	基坑侧部渗漏	漏	不可能	一般	2012 年7 月 14 日	A_2^1	2 万美元	好
…	…	…	…	…	…	…	…	…	…	…
案例 54	P_6	R_9^6	盾构机刀片损坏	盾构机	很可能	一般	2014 年8 月 2 日	A_9^6	3.5 万美元	好

　　在获得了当前风险信息，并建立好案例库的基础上，可以根据
8.1.3 节提出的方法计算目标风险与历史案例中的风险之间的相似
度。在获得了历史案例风险与当前风险之间的相似度后，需要对计
算出的相似案例进行筛选。为了能筛选出相似度较高的历史风险，
项目管理者需要根据 8.1.4 节提出的方法计算出每个模糊相似度所
对应的 $S(A)$，并根据相应的性质筛选出高于预定阈值的历史风险。
在获得高于阈值的历史案例后，项目管理者需要针对当前项目的实
际情况对历史风险应对方案进行调整。

　　在完成了对历史项目风险应对方案的筛选和调整的基础上，根
据式（8-18）~式（8-22）构建模糊优化模型，并对其进行求解。
通过在筛选过程中选取不同的时间因子系数和不同的阈值，计算了
不同参数组合情形下的最优解，分析出不同参数组合对最优解的影
响，并得到了相应的管理启示。具体的模型求解结果和结果分析将
在以下章节详细阐述。

8.3.2　模型求解与结果分析

　　为了比较不同情境下的计算结果，共计算了当阈值（threshold
values）σ 分别为 0、0.35 和 0.45，时间因子取值（time factor values）
d 分别为 0、0.15 和 0.3 情境下，预算区间在 10 万 ~ 40 万美元之间，
并且以 5 万美元为步长，共 48 种不同参数设定下的优化模型。通过
对模型（8-18）~ 模型（8-22）的等价模型（8-29）~ 模
型（8-34）进行反复求解，不同情形下的最优风险应对方案集合和最
优风险应对效果被分别列在表 8-5 和表 8-6 中。以表 8-5 为例，从
该表中可以看出当预算（budget）为 15 万美元，$d=0$ 并且 $\sigma=0$ 时，最
优的项目风险应对方案组合包括 $\hat{A}_1^6$、$\hat{A}_3^4$、$\hat{A}_5^4$、$\hat{A}_6^3$ 和 $\hat{A}_8^6$。在表 8-6
中，最优风险应对效果为三角模糊数，为了比较不同参数下最优的

风险应对效果，这些应对效果的中心值（centroid values of overall implementation effect）与原点构成的面积 $S(A)$ 也被列在表 8-6 中。

表 8-5　　　　　　不同参数下被选择的风险应对方案集合

时间因子	预算（美元）	阈值		
		$\sigma=0$	$\sigma=0.35$	$\sigma=0.45$
	10万	$[\hat{A}_1^1, \hat{A}_2^4, \hat{A}_5^4, \hat{A}_7^5, \hat{A}_8^6]$	$[\hat{A}_2^5, \hat{A}_3^4, \hat{A}_5^4, \hat{A}_7^2]$	$\hat{A}_7^5$
	15万	$[\hat{A}_1^6, \hat{A}_3^4, \hat{A}_5^4, \hat{A}_6^3, \hat{A}_8^6]$	$[\hat{A}_2^5, \hat{A}_3^4, \hat{A}_5^4, \hat{A}_6^1, \hat{A}_7^2]$	$\hat{A}_7^5$
	20万	$[\hat{A}_1^1, \hat{A}_2^4, \hat{A}_3^4, \hat{A}_5^4, \hat{A}_6^1, \hat{A}_7^5, \hat{A}_8^6]$	$[\hat{A}_1^1, \hat{A}_3^4, \hat{A}_5^4, \hat{A}_7^5, \hat{A}_8^5, \hat{A}_9^1]$	$\hat{A}_7^5$
	25万	$[\hat{A}_2^4, \hat{A}_3^4, \hat{A}_5^4, \hat{A}_6^1, \hat{A}_7^5, \hat{A}_8^6, \hat{A}_9^3]$	$[\hat{A}_1^5, \hat{A}_3^4, \hat{A}_4^4, \hat{A}_5^4, \hat{A}_6^1, \hat{A}_7^5]$	$\hat{A}_7^5$
$d=0$	30万	$[\hat{A}_1^5, \hat{A}_3^4, \hat{A}_4^2, \hat{A}_5^6, \hat{A}_6^3, \hat{A}_7^5, \hat{A}_8^6]$	$[\hat{A}_1^5, \hat{A}_2^1, \hat{A}_3^4, \hat{A}_5^4, \hat{A}_6^1, \hat{A}_7^5, \hat{A}_9^1]$	$\hat{A}_7^5$
	35万	$[\hat{A}_1^1, \hat{A}_3^4, \hat{A}_4^2, \hat{A}_5^4, \hat{A}_6^3, \hat{A}_7^5, \hat{A}_8^6]$	$[\hat{A}_1^5, \hat{A}_2^1, \hat{A}_3^4, \hat{A}_5^4, \hat{A}_6^1, \hat{A}_7^5, \hat{A}_9^1]$	$\hat{A}_7^5$
	40万	$[\hat{A}_1^1, \hat{A}_3^4, \hat{A}_4^2, \hat{A}_5^4, \hat{A}_6^3, \hat{A}_7^5, \hat{A}_8^6]$	$[\hat{A}_1^5, \hat{A}_2^1, \hat{A}_3^4, \hat{A}_5^4, \hat{A}_6^1, \hat{A}_7^5, \hat{A}_9^1]$	$\hat{A}_7^5$
	10万	$[\hat{A}_5^4, \hat{A}_6^3, \hat{A}_7^5, \hat{A}_8^5]$	$[\hat{A}_3^5, \hat{A}_7^5]$	
	15万	$[\hat{A}_3^4, \hat{A}_5^4, \hat{A}_6^3, \hat{A}_7^5, \hat{A}_8^5]$	$[\hat{A}_1^5, \hat{A}_3^5, \hat{A}_7^5]$	
	20万	$[\hat{A}_1^6, \hat{A}_2^4, \hat{A}_3^4, \hat{A}_5^4, \hat{A}_6^3, \hat{A}_7^5, \hat{A}_8^6]$	$[\hat{A}_1^5, \hat{A}_3^5, \hat{A}_7^5, \hat{A}_8^5]$	
	25万	$[\hat{A}_1^5, \hat{A}_2^1, \hat{A}_3^4, \hat{A}_5^6, \hat{A}_6^3, \hat{A}_7^5, \hat{A}_8^5]$	$[\hat{A}_1^5, \hat{A}_3^5, \hat{A}_7^5, \hat{A}_8^5]$	
$d=0.15$	30万	$[\hat{A}_1^1, \hat{A}_2^2, \hat{A}_3^4, \hat{A}_5^4, \hat{A}_6^1, \hat{A}_7^5, \hat{A}_8^6, \hat{A}_9^4]$	$[\hat{A}_1^5, \hat{A}_3^5, \hat{A}_7^5, \hat{A}_8^5]$	无解
	35万	$[\hat{A}_1^1, \hat{A}_2^2, \hat{A}_3^4, \hat{A}_5^4, \hat{A}_6^1, \hat{A}_7^5, \hat{A}_8^6, \hat{A}_9^4]$	$[\hat{A}_1^5, \hat{A}_3^5, \hat{A}_7^5, \hat{A}_8^5]$	
	40万	$[\hat{A}_1^1, \hat{A}_2^2, \hat{A}_3^4, \hat{A}_5^4, \hat{A}_6^1, \hat{A}_7^5, \hat{A}_8^6, \hat{A}_9^4]$	$[\hat{A}_1^5, \hat{A}_3^5, \hat{A}_7^5, \hat{A}_8^5]$	

续表

时间因子	预算（美元）	阈值		
		$\sigma = 0$	$\sigma = 0.35$	$\sigma = 0.45$
$d = 0.3$	10 万	$[\hat{A}_5^4, \hat{A}_6^3, \hat{A}_7^5, \hat{A}_8^5]$	无解	无解
	15 万	$[\hat{A}_2^4, \hat{A}_3^3, \hat{A}_5^4, \hat{A}_6^3, \hat{A}_7^5, \hat{A}_8^6]$		
	20 万	$[\hat{A}_1^6, \hat{A}_2^4, \hat{A}_3^4, \hat{A}_5^4, \hat{A}_6^3, \hat{A}_7^5, \hat{A}_8^6, \hat{A}_9^6]$		
	25 万	$[\hat{A}_1^1, \hat{A}_2^4, \hat{A}_3^4, \hat{A}_4^4, \hat{A}_5^4, \hat{A}_6^1, \hat{A}_7^5, \hat{A}_8^8]$		
	30 万	$[\hat{A}_1^6, \hat{A}_2^4, \hat{A}_3^4, \hat{A}_4^4, \hat{A}_5^4, \hat{A}_6^3, \hat{A}_7^5, \hat{A}_8^6]$		
	35 万	$[\hat{A}_1^6, \hat{A}_2^4, \hat{A}_3^4, \hat{A}_4^4, \hat{A}_5^4, \hat{A}_6^3, \hat{A}_7^5, \hat{A}_8^6]$		
	40 万	$[\hat{A}_1^6, \hat{A}_2^4, \hat{A}_3^4, \hat{A}_4^4, \hat{A}_5^4, \hat{A}_6^3, \hat{A}_7^5, \hat{A}_8^6, \hat{A}_9^1]$		

表 8 - 6　　　不同参数下被选择的风险应对效果以及相应的中心值

时间因子	预算（美元）	阈值		
		$\sigma = 0$	$\sigma = 0.35$	$\sigma = 0.45$
$d = 0$	10 万	[1.406, 1.906, 3.411]，1.077	[1.094, 1.614, 2.896]，0.901	[0.531, 0.719, 1]，0.371
	15 万	[1.797, 2.510, 4.281]，1.386	[1.547, 2.208, 3.791]，1.218	[0.531, 0.719, 1]，0.371
	20 万	[2.344, 3.094, 5.286]，1.725	[1.859, 2.656, 4.458]，1.452	[0.531, 0.719, 1]，0.371
	25 万	[2.344, 3.281, 5.542]，1.804	[2.281, 3.188, 5.104]，1.719	[0.531, 0.719, 1]，0.371
	30 万	[2.391, 3.333, 5.703]，1.843	[2.313, 3.250, 5.354]，1.770	[0.531, 0.719, 1]，0.371
	35 万	[2.438, 3.396, 5.719]，1.867	[2.313, 3.250, 5.354]，1.770	[0.531, 0.719, 1]，0.371

时间因子	预算（美元）	阈值		
		$\sigma = 0$	$\sigma = 0.35$	$\sigma = 0.45$
$d = 0$	40 万	[2.438, 3.396, 5.719], 1.867	[2.313, 3.250, 5.354], 1.770	[0.531, 0.719, 1], 0.371
$d = 0.15$	10 万	[1.104, 1.467, 2.444], 0.809	[0.611, 1.005, 1.522], 0.518	无解
	15 万	[1.470, 1.916, 3.184], 1.060	[0.611, 1.005, 1.739], 0.545	
	20 万	[1.672, 2.279, 3.845], 1.258	[0.611, 1.005, 1.957], 0.571	
	25 万	[1.774, 2.476, 4.044], 1.345	[0.611, 1.005, 1.957], 0.571	
	30 万	[1.879, 2.610, 4.334], 1.428	[0.611, 1.005, 1.957], 0.571	
	35 万	[1.879, 2.610, 4.334], 1.428	[0.611, 1.005, 1.957], 0.571	
	40 万	[1.879, 2.610, 4.334], 1.428	[0.611, 1.005, 1.957], 0.571	
$d = 0.3$	10 万	[0.885, 1.179, 1.968], 0.651	无解	无解
	15 万	[1.158, 1.572, 2.570], 0.858		
	20 万	[1.325, 1.844, 3.078], 1.011		
	25 万	[1.492, 2.084, 3.435], 1.136		
	30 万	[1.485, 2.115, 3.468], 1.147		
	35 万	[1.485, 2.115, 3.468], 1.147		
	40 万	[1.485, 2.115, 3.581], 1.161		

从表 8-5 和表 8-6 中可以看出，阈值 σ 和时间因子 d 会影响最终的风险应对方案的效果也会对最优的风险应对方案集合造成影响。从表 8-5 中可以发现，当阈值 σ 和时间因子 d 被设定为较高的取值时，备选风险应对方案的数量将会下降。也就是说当阈值 σ 和时间因子 d 具有较高的取值时，项目管理者只能关注于那些和当前风险具有较高相似度的且是最近发生过的历史案例。从表 8-6 中也可以发现，随着候选风险应对方案数量的降低，风险应对效果也将下降。另外从表 8-6 中也可以看出，风险应对的效果是随着预算的增加而增高的。为了能更清晰地描述风险应对效果与预算、阈值以及时间因子之间的关系，根据每个应对效果所对应的面积值 $S(A)$ 与相应情形下的阈值和时间因子的数值之间的关系绘制了三者之间的关系图，如图 8-4 所示。

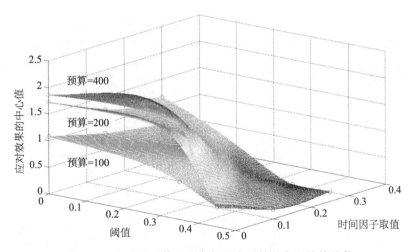

图 8-4　在不同预算以及参数下应对效果中心值的趋势

8.3.3　相关讨论

计算结果表明，如果项目管理者旨在获得较高的风险应对效果，就应该将阈值和时间因素设定为较低数值。然而较低的阈值和时间因素值，在带来更多的备选风险应对方案的同时也会带来更多的调整成本。由于分配给项目风险应对的预算是有限的，分配给风险应对方案调整的成本越多，分配给风险应对的预算就将会越低，从上述的分析可知项目预算的降低将会导致风险应对效果的下降。因此，在构建优化模型时，对项目风险应对方案调整的成本也需要考虑进来。更具体地说，针对每一个被筛选出的历史风险应对方案都应该对应着一个调整成本 $c_{jk}^{adaptation}$，相应的总调整成本 $C_{adaptation}$ 可以通过将所有的调整成本加和的方式获得。这样分配给风险的预算将由原来的 B 降低到 B'，其中 $B' = B - C_{adaptation}$。将优化模型的约束条件进行调整，替换原有的预算约束并重新求解，可以得到表 8 – 7 中的计算结果。

表 8 – 7　　考虑调整成本后不同参数下被选择的风险应对效果

时间因子	预算（美元）	阈值/调整成本		
		$\sigma = 0/C_{adaptation} =$ 27 万美元	$\sigma = 0.35/C_{adaptation} =$ 17.5 万美元	$\sigma = 0.45/C_{adaptation} =$ 1.5 万美元
$d = 0$	10 万	无解	无解	[0.531，0.719，1]，0.371
	15 万			[0.531，0.719，1]，0.371
	20 万		[0.406，0.563，0.958]，0.311	[0.531，0.719，1]，0.371
	25 万		[1.313，1.750，2.875]，0.938	[0.531，0.719，1]，0.371
	30 万		[1.797，2.406，4.083]，1.335	[0.531，0.719，1]，0.371
	35 万	[0.586，0.777，1.264]，0.425	[2.281，3.000，5.063]，1.666	[0.531，0.719，1]，0.371
	40 万	[0.995，1.330，2.283]，0.741	[2.286，3.188，5.396]，1.756	[0.531，0.719，1]，0.371

续表

时间因子	预算（美元）	阈值/调整成本		
		$\sigma = 0/C_{adaptation} = $ 27 万美元	$\sigma = 0.35/C_{adaptation} = $ 7.5 万美元	$\sigma = 0.45/$ $C_{adaptation} = 0$
$d = 0.15$	10 万	无解	[0.462, 0.625, 1.087]，0.349	无解
	15 万		[0.611, 1.005, 1.739]，0.545	
	20 万		[0.611, 1.005, 1.957]，0.571	
	25 万		[0.611, 1.005, 1.957]，0.571	
	30 万		[0.611, 1.005, 1.957]，0.571	
	35 万	[0.795, 1.074, 1.755]，0.587	[0.611, 1.005, 1.957]，0.571	
	40 万	[0.995, 1.330, 2.181]，0.729	[0.611, 1.005, 1.957]，0.571	
时间因子	预算（美元）	$\sigma = 0/C_{adaptation} = $ 27 万美元	$\sigma = 0.35/C_{adaptation} = 0$	$\sigma = 0.45/$ $C_{adaptation} = 0$
$d = 0.3$	10 万	无解	无解	无解
	15 万			
	20 万			
	25 万			
	30 万			
	35 万	[0.795, 1.074, 1.755]，0.587		
	40 万	[1.082, 1.426, 2.334]，0.783		

　　从表 8 - 7 可以看出，当 $d = 0$ 并且 $\sigma = 0.45$ 时，风险应对效果为 [0.531，0.719，1]，该项目风险应对效果同相同参数以及成本

下不考虑调整成本的应对效果是一样的。因为在这种情境下，只有少量的风险应对方案被筛选出来，相应地，调整成本也很低，应用到风险应对中的预算并不会受到很大影响。当 $d=0$，$\sigma=0$ 时，考虑了调整成本后的风险应对效果将远远小于不考虑调整成本时的风险应对效果。因为，当阈值和时间因素值较低时，大量的项目风险应对方案被筛选出来，这些项目风险应对方案需要大量的调整成本，在项目预算不变的情形下，可用于风险应对的成本就被很大幅度地削减，这将导致风险应对效果大幅度地下降。例如，当 $d=0$，$\sigma=0$ 时，预算为 40 万美元时，共有 54 个备选风险应对方案被筛选出来，这些备选项目风险应对方案需要 27 万美元的预算进行调整，剩余的 13 万美元被用于进行风险应对。在同等参数设定下，不考虑调整成本的风险应对效果为 $[2.438，3.396，5.719]$，远高于考虑调整成本的风险应对效果 $[0.995，1.330，2.283]$。因此，当项目管理人员旨在用有限的预算实现最大化风险应对效果的目标时，需要谨慎设置阈值并权衡好实施风险应对方案的成本和调整成本之间的关系。

8.4　本 章 小 结

本章给出了基于案例分析的项目风险应对方案优化选择模型。该模型主要包括确定备选风险应对方案以及构建风险应对方案优化选择模型这两个主要部分。在确定备选风险应对方案时，首先需要将历史案例和当前风险以一定的形式表示出来，然后需要计算历史风险和当前风险之间的模糊相似度。其次，通过比较该模糊相似度与预定阈值的关系筛选出和当前风险具有较高相似度的历史风险以及该风险所对应的历史风险应对方案。最后，通过对筛选出的历史方案进行一定的调整即形成了备选风险应对方案的集合。在得到备选的项目风险应对方案后，项目管理者需要采用优化模型的方法从备选的项目风险应对方案中确定出符合项目预算条件下能够使得风险应对效果最大化的项目风险应对方案组合。

与已有的风险应对方案选择方法相比，提出的方法具有两个主要贡献。首先，该方法结合了案例分析方法和优化模型的方法，项目管理者可以利用基于案例分析的方法确定出备选风险应对方案从而可以降低项目管理者确定风险应对方案的难度。利用优化模型的方法，项目管理者则可以确定出在有限的预算内风险应对效果最好的一组风险应对方案。两种方法相结合可以最大限度地利用项目管理者及专家的经验，并使得确定出的风险应对方案可以在有限的预算下达到最好的风险应对效果。其次，针对项目风险概率、风险影响以及风险应对方案的应对效果难以以精确的数值进行分析的情形，使用模糊集的相关理论进行评估，使得提出的方法以及所得到的最优项目风险应对集合更加合理。

除此之外，通过对计算结果的比较和分析得出了两点管理启示。一方面，企业需要有意识地保管好历史文档并对历史文档进行更好的整理分析。因为完整的历史数据库有助于对当前项目中的风险进行更好的应对，并能提高风险应对的效果。另一方面，较低的阈值可能会造成较高的调整成本从而导致实施风险应对方案的预算被削减，最终导致较低的风险应对效果。但是，如果阈值被设定为较高的数值时，项目管理者可能会得不到备选风险应对方案。这说明项目管理者需要谨慎设置筛选备选风险应对方案的阈值，并权衡好调整成本和实施成本之间的关系，才能使得最终得出的风险应对方案集合所带来的应对效果最优。

| 第 9 章 |

项目风险应对决策支持
系统的设计与实现

第 8 章构建了基于案例分析的项目风险应对方案优化选择方法，该方法首先计算风险之间的模糊相似度，然后比较模糊相似度与阈值的关系，最后构建并求解风险应对方案优化选择模型。在上述流程中，涉及的运算有模糊相似度的计算、模糊数之间的比较以及最优化模型的构建与求解。这些运算如果通过人工计算需要大量时间和成本，并且在实际的项目风险管理中，进行如此大量的计算也是不切合实际的。除此之外，基于案例分析的项目风险应对方案优化选择模型需要项目管理者提供大量的历史案例，从而能确保得到应对效果较高的风险应对方案组合。因此，需要项目管理者应用数据库相关技术从而实现对历史案例的管理及维护。另外，在实际的项目风险管理中，通常需要项目管理者对项目中的风险及时地应对从而确保项目的质量。综上所述，在实践中需要建立一种决策支持系统来实现基于案例分析的项目风险应对方案优化选择模型。该决策支持系统应包括实现模糊相似度计算、模糊数比较和优化模型的求解的模型库组件，还应该包括储存并管理历史案例的数据库组件和实现项目管理者和决策支持系统之间交互的人机交互组件。项目管理者通过使用该决策支持系统可以快速、准确地确定出一组最优的风险应对方案组合，并且可以便捷地调整模型中的参数，从而可以对比不同参数设定下的风险应对效果和最优风险应对方案组合。

这一章节主要从决策支持系统的总体设计、决策支持系统的主要组件功能设计以及决策支持系统的实现三个方面来阐述该决策支持系统从设计到实现的全过程。总体设计部分主要包括该决策支持系统的开发环境的介绍、总体结构的设计以及各个功能模块的设计。决策支持系统的主要组件功能设计是结合一般决策支持系统中最基本的三大组件来阐述本章节所构建的决策支持系统三大组件的功能。决策支持系统的实现部分主要包括各个主要功能的运行截图以及相关功能所涉及的函数的实现代码。

9.1　决策支持系统总体设计

9.1.1　决策支持系统的设计目的及系统开发环境

该系统的设计目标是为了给项目管理者提供在项目风险应对方案选择方面的决策支持，从而使得项目管理者可以对历史数据进行有效的管理，并可以快速、准确地选择出最优的风险应对方案。具体地，通过应用该决策支持系统，项目管理者可以实现以下目的：

（1）对历史案例及当前风险的数据进行维护。项目管理者可以通过该系统增加、删除、修改历史案例和当前风险，并且可以通过SQL语句对已有的历史案例和当前风险进行查询。

（2）计算风险之间的相似度。通过该系统项目管理者可以方便地调节时间因子、权重等参数并计算出历史风险和当前风险之间的相似度，同时也可以实现对相似案例的筛选从而产生备选应对方案。

（3）对备选方案进行优化选择。项目管理者可以通过该系统构建优化模型及约束条件，并进行优化求解。系统可以将计算结果返回给项目管理者并将相关数据的趋势绘制成图像通过用户界面展现给项目管理者。

本系统采用了混合编程方式，使用了 MATLAB、LINGO、微软关系数据库管理系统（Microsoft Access）以及微软电子表格（Microsoft Excel）作为编程及数据存储软件。在 MATLAB 2013 环境中实现了风险相似度的计算、相似案例的筛选、数据库的连接、数据库中数据的调用、用户界面的设计等功能。除此之外，为了使项目管理者可以更快地进行优化求解，本系统还调用了 LINGO 14.0 求解器对优化模型进行求解。在数据存储方面使用了 Microsoft Assess 以及 Microsoft Excel。

9.1.2　决策支持系统的总体结构设计

如图 9-1 所示，该决策支持系统主要包括用户界面、模型库和数据库三个主要组成部分。用户界面主要是为了实现用户与决策系统之间的信息交互。模型库主要是为了实现系统中的主要功能，例如风险之间的相似度计算、备选方案的筛选、备选方案的优选等功能。数据库则是为了实现对系统中所需数据的储存。项目管理者根据需要进行项目风险应对方案选择的具体背景形成待解决的决策问题，并将该问题通过用户界面组件输入决策支持系统。决策支持系统将从用户界面组件获得的数据转化为决策支持系统可以使用的数据类型，并根据项目管理者的需要选择所需要的模型。与此同时，数据库提供决策支持系统所需要的所有数据，并存储项目管理者所输入的历史数据。模型将计算出的结果返回给用户界面，项目管理者可以通过用户界面获得该决策问题的结果。

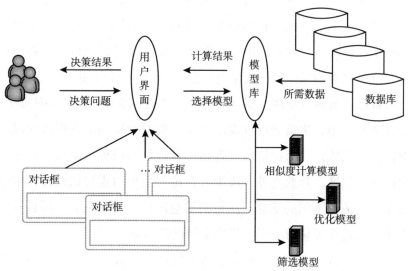

图 9 – 1　决策支持系统总体架构

9.1.3　决策支持系统的功能模块设计

该系统的功能主要包括信息管理模块、备选方案确定模块、备选方案优选模块三个方面如图 9 – 2 所示。

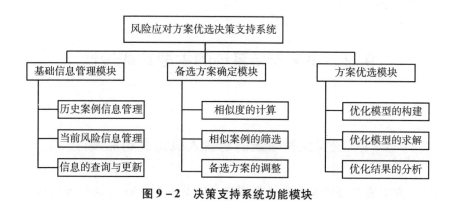

图 9 – 2　决策支持系统功能模块

在信息管理模块，项目管理者可以实现对历史案例信息和当前风险信息的增加、删除、修改等操作。历史案例信息主要包括历史项目名称、历史风险名称、历史风险的发生概率和影响、历史风险的评估时间、历史风险应对方案名称、历史方案应对效果和实施成本。当前风险信息则包括当前项目名称、当前风险名称、当前风险的概率和影响、当前风险的评估时间。除此之外，项目管理者还可以通过信息查询功能对历史案例信息和当前风险信息进行查询。

备选方案确定模块主要是帮助决策者确定备选的风险应对方案。在这个模块中，决策者可以设定对风险概率和影响的重视程度以及时间因子系数，从而批量地或者逐一地计算出历史风险和当前风险之间的相似度。除此之外，决策者在这一模块内也可以通过设定阈值实现对历史案例的筛选。在得到筛选出的历史案例后，项目管理者可以通过该模块对所得的历史案例进行调整。

在获得备选方案后，该系统将对这些备选方案进行进一步的优选。因此需要项目管理者根据实际需要构建相应的目标函数和约束条件并对构建出的模型进行优化求解，最后对优化结果进行分析。在该模块中，决策者可以自行编辑所需要的目标函数、等式约束和不等式约束以及变量的类型。优化模型所得到的结果分为最优的方案集合和最优的风险应对效果两方面，可以通过表格和图两种显示方式呈现出来。

9.2　决策支持系统的主要功能设计

9.2.1　决策支持系统的前台人机交互功能设计

为了能更好地实现系统与用户之间的交互，在对该系统的用户界面进行设计之前，需要对用户的需求进行详细的调研与分析。如图 9 – 3 所示，该决策支持系统的用户界面的主要功能分为两个方面，一是实现决策者对信息的查询以及对决策问题的分析求解，二是实现系统管理员对系统运行状态的评估和对系统的维护。除此之外，用户界面也是连接用户和数据库以及模型的桥梁，当用户向交互界面输入数据后，界面需要对信息进行处理并将处理后的信息传送给数据库或者相应模型。

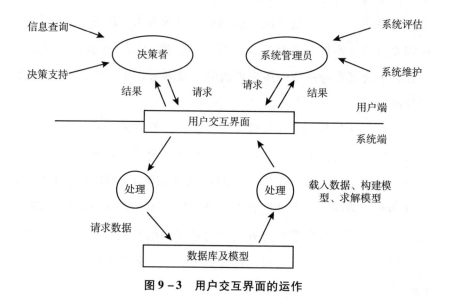

图 9 – 3　用户交互界面的运作

根据用户的需要，在本决策支持系统中主要的用户界面设计分为四个方面：一是系统主界面，二是系统基础性管理功能界面，三是历史案例检索功能界面，四是优化选择功能界面。首先，在系统主界面中，需要实现决策者与数据库的连接需求，由于企业的数据库比较庞大，数据库数量较多，所以在系统主界面需要设有数据库选择列表、数据库连接成功与否的提示栏、数据库连接以及测试按钮。其次，用户界面需要满足决策者或者系统管理人员对数据库中的数据进行增加、删除、修改和查询，并将查询到或者增加的信息显示至用户界面的需求，因此，在系统基础性管理功能界面中应包括结构化查询语言（SQL）语言输入文本框、信息输入文本框、功能按钮、表格等控件。再次，在历史案例检索界面中，需要满足用户计算案例之间的相似度以及对相似案例进行筛选的需求，因此在该界面应主要包括信息输入文本框、功能滑块、表格、按钮控件，从而分别实现文本输入、参数的确定、信息显示以及计算功能。最后，优化选择功能界面需要满足用户对目标函数、约束条件的输入优化结果的展示以及数据结果的图形显示等需求。因此，在该界面中需要包括文本框、表格以及图形控件。鉴于用户界面的重要性，在设计本决策支持系统的用户界面时主要参考以下三点用户界面设计规范。

（1）易用性原则。易用性是指决策支持系统的用户可以很快掌握系统操作要领，界面上的按钮等控件清晰易懂，没有模棱两可的字眼。具体地，在该决策支持系统中所有相关的控件都通过 MAT-LAB 中的"面板"控件进行区分，使得同一类型的控件在同一面板内。使用开发工具自带的对齐工具对系统内的空间进行对齐，各个按钮具有明确的说明，大量使用复选框、滑动条等控件以减少用户的输入量。

（2）规范性原则。规范性原则是指界面具有类似操作系统的规范，即包括菜单栏、工具栏、滚动条等标准格式。本系统根据这一原则，为每个用户交互界面设计了菜单、工具栏等选项。项目管理者可以通过这些选项进行页面的切换、图像及表格的缩放以及打印等功能。

（3）美观原则。美观原则是指用户界面应符合美学观点，感觉协调并且能够吸引用户的关注度。根据这一原则，反复对该决策支持系统的界面大小进行调整从而使得该系统符合最佳的视觉标准，并对页面的控件进行对齐方式的修改，使得处于同一行或者同一列中的控件可以横纵对齐。在颜色方面，本系统界面默认为灰色，并且所有的页面都处于同一色调，使得该系统界面色彩协调。

9.2.2　决策支持系统的后台数据库设计

对于不同数据类型的数据，该决策支持系统采用了不同数据存储方式。具体地，对于长期存储于决策支持系统中的数据，将采用 Microsoft Access 作为后台数据库以及数据库管理的软件；对于临时存储于决策支持系统中的数据，将采用 Microsoft Excel 作为后台存储数据的软件。一般情形下，项目管理者会将收集到的企业内外部数据以及个人的经验数据通过数据提取模块输入该决策支持系统的系统数据库中。与此同时，一部分数据在提取后被构建成数据字典。当决策者需要通过该决策支持系统查询信息时，用户接口会调用数据查询模块，数据查询模块会根据决策者的需求进行不同类型的查询。对于非结构化或者半结构化的查询，数据查询模块会将查询问题交给决策模型进行处理。例如当决策者需要查询某当前风险和历史风险之间的相似度，数据库管理系统并不能完成该类型的请求，因此需要调用模型库中的模型对该查询进行处理。对于结构化的查询问题，数据查询模块会通过数据库管理系统对已有数据进行查询。具体地，数据库与不同组件与模块间的关系如图 9-4 所示。

在数据库内部，数据管理员可以通过 Access 的设计视图对每一个字段的数据类型进行定义。以历史风险信息为例，风险概率和风险影响的数据类型均为数字型数据，风险名称为文本型数据，风险的评估日期为日期/时间型数据，如图 9-5 所示。在图 9-5 中，ID 为该数据表的主键从而确保该表格中不会出现冗余重复数据。对数据库中的每个数据表中的字段进行数据类型定义后，数据管理者需要完善数据库中的数据，并定义数据库中不同表格之间的关系。最终，形成决策支持系统的后台数据库。

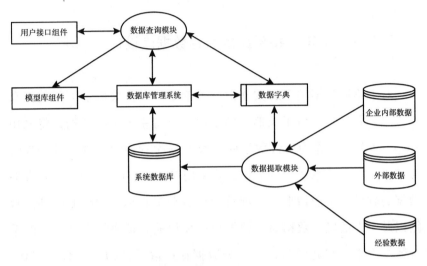

图9-4 数据库组件的关系

当前风险信息表	
字段名称	数据类型
ID	自动编号
风险名称	短文本
风险概率	短文本
风险影响	短文本
评估时间	日期/时间
风险类别	数字

图9-5 当前风险信息表的设计视图

9.2.3 决策支持系统的模型库设计

该系统一个重要的功能是帮助项目管理者确定出备选项目风险应对方案，并帮助项目管理者从备选方案中确定出使得项目风险应对效果最大化的最优风险应对方案集合。该项目风险应对方案决策支持系统中主要包括三个数学模型：一是模糊相似度计算模型，二是历史案例筛选模型，三是项目风险应对方案优选模型。

模糊相似度计算模型是为了计算历史风险和当前风险之间的模糊相似度。当用户界面获取到项目管理者输入的当前风险和历史风险的所有属性值以及相关参数后，系统将调用模糊相似度计算模型，并计算这两个项目风险之间的模糊相似度。除此之外，用户也可以通过导入当前风险的数据源的形式来获取当前风险，此时模型库一方面要对导入的数据进行解析，另一方面模型库会调用数据库中的历史风险并批量计算多个风险之间的相似度。相似度计算模型的具体计算公式如 8.1.3 节中的式（8 - 6）所示。

筛选模型是为了得出具有高相似度的历史风险以及其对应的风险应对方案。当决策者得到两个风险之间的相似度后，需要对相似案例进行筛选从而得到相似度高的历史风险及其应对方案。筛选模型需要计算所得到的相似度的中心值，从而实现模糊数之间的比较。中心值 $S(A)$ 的计算公式如 8.1.4 节中的式（8 - 17）所示。当模型计算出该模糊数的中心值后将和用户界面所获得的阈值进行比较，根据 8.1.4 节所定义的性质可以筛选出高于阈值的相似度，从而得到备选风险方案。

优化模型旨在选择出有限预算内使得风险应对效果最好的最优风险应对方案集合。决策者可以通过用户界面输入该模型的目标函数、约束条件、变量类型等。当用户界面获得相关变量及参数后，将调用 LINGO 求解器对优化模型求解。具体地，优化模型的形式如 8.2.2 节所描述。进行求解后，LINGO 将求解结果导入 Microsoft Excel，最终决策支持系统将导入这些数据并以图形和表格的形式把最优的风险应对方案集合和最优风险应对效果显示到用户界面上。

9.3　决策支持系统主要功能的实现

在本节将介绍该系统的具体实现，包括具体的界面布局设计以及每个界面将调用的函数和相关的实现代码。本节将根据系统的主要功能模块进行展开，主要包括决策支持系统主体界面的实现、决策支持系统基础性管理功能的实现、决策支持系统检索功能的实现以及决策支持系统优化选择功能的实现。

9.3.1　决策支持系统主体界面

决策支持系统的主体界面如图 9 – 6 所示，在该界面中主要包括数据库选择列表、数据库创建按钮、数据库查询按钮、数据库连接按钮、连接状态显示静态文本框、数据信息显示表、SQL 语句查询文本框和 SQL 查询按钮。这些控件分别处于数据库、当前数据库和数据信息三个面板中。具体地，在数据库面板 pannel1 中包括了数据库选择列表 lb_ds、数据库创建按钮 btn_createds 和数据库查询按钮 btn_queryds；在当前数据库面板 ui_pannel5 中包括当前数据库列表 listbox_db、数据库连接按钮 btn_connODBC 和数据库连接状态显示文本框 tip；在数据信息面板 uipannel4 中包括了数据表 datatable、数据查询列表 sql 和查询按钮 btn_sql 三个主要的控件。这些面板控件可以将整个系统主体界面划分为几个板块，使每个板块内的控件具有一定的相关性，也使得系统主体界面美观简洁。除了以上的相关控件，该界面还包括了菜单栏和工具栏这两个控件。菜单栏主要是为了实现该决策支持系统不同功能页面之间的切换，而工具栏则主要是实现数据库创建按钮 btn_createds、数据库查询按钮 btn_queryds、当前页面的放大与缩小和数据表打印等功能。

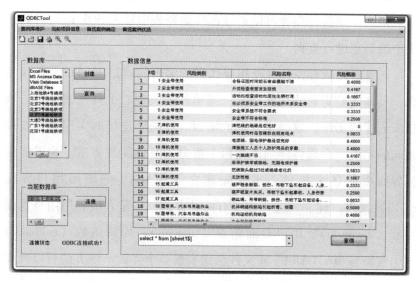

图 9-6 系统主界面截图

该界面为风险应对方案决策支持系统的主体界面，当项目管理者需要使用该决策支持系统进行风险应对方案的优化选择时，需要先进入该主体界面才能使用本决策支持系统的相关功能。由于该决策支持系统核心模型是基于历史案例的优化选择模型，因此系统首先需要创建与历史数据库的连接。该系统为项目管理者提供两种数据库连接方式：一种是连接已有的数据库，另一种是创建新的数据库。具体地，当项目管理者点击查询按钮后，数据库选择列表会显示出已有的数据库，用户可以选择所需要的数据库。例如在本案例中，当点击查询按钮后，数据库列表会显示出历史各城市的地铁项目数据库文件。如果在已有的数据库列表中没有用户所需的数据库文件，用户可以通过点击创建按钮创建新的数据库文件。点击数据库列表中的数据库文件并点击连接按钮后，当前选择的数据库文件的具体路径会显示在当前数据库列表中。与此同时，连接状态显示静态文本框会提示"连接成功"，否则会显示"连接失败"。在数据库连接成功后，数据信息面板会将数据库中查询得到的信息显示至表格中。项目管理者可以通过在查询列表中输入 SQL 语句对数据表中的信息进行查询。

该界面的所有控件以及相应代码的编辑均通过 MATLAB GUI 实现，具体需要实现的功能包括：菜单栏的实现、工具栏的实现、数据库创建的实现、数据库查询的实现、数据库连接的实现以及查询语句的实现。下面将详细阐述每个部分的具体实现方法。为了能编辑界面中的各个控件，需要先建立 MATALAB 的图形用户界面（GUI）文件。建立该文件主要有两种方式，一是直接利用用户界面控制（uicontrol）、用户界面菜单（uimenu）、回调函数（callback）等函数编写 MATLAB 的 M 文件从而实现整个界面。该方法可以减少冗余的代码，但是该方法在编写的过程中不具有可视性，使得开发者难以控制每个控件的位置。二是通过 MATLAB 的 GUI 向导对界面中的控件进行编辑和控制，该编辑界面如图 9 - 7 所示。在这种可视化的开发环境中，开发者只需要通过鼠标的拖拽以及其提供的对齐工具即可快速地建构出整个 GUI。通过这种开发方式得到的程序文件有两种，一是 MATLAB 的图形（Figure）文件，二是 MATLAB 的 M 文件。这也便于开发者管理其开发的文件，方便开发者快速地找到需要修改部分的内容。根据系统的相关设计和开发的要求，本系统采用第二种开发方式进行开发。

在进入 GUI 编辑界面后，需要对每个控件进行布局。在布局的过程中，开发者需要遵循用户界面的相关需求，使得界面的功能清晰、布局合理。在界面设计方面，除了需要对控件进行布置外，还需要完成菜单栏和工具栏的实现。具体地，开发者可以通过点击菜单编辑按钮进入菜单编辑界面。编辑界面如图 9 - 8 所示。

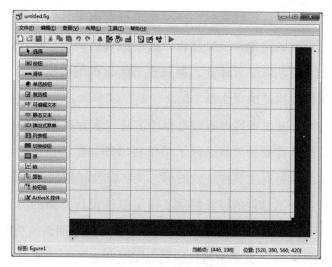

图 9 - 7　GUI 编辑界面

图 9 - 8　菜单编辑界面

从图 9 - 8 中可以看出，在该系统主界面中所用到的菜单为"菜单栏"控件，通过新建菜单栏选项可以编辑该界面菜单栏中的选项。以备选案例优选为例，该一级菜单有两个二级菜单选项，分别是优化模型的构建和结果分析。通过编辑回调函数可以实现该菜单选项的主要功能。具体地，通过点击优化模型构建选项，系统将调用优化模型构建的页面。

类似地，开发者可以通过类似的方法，实现其余菜单选项回调函数的编辑及功能的实现。除了菜单栏以外，在该系统界面中开发者还需要编辑针对工具栏中的图标、文字以及相应回调函数。MAT-LAB GUI针对工具栏的设计提供了同菜单栏设计类似的方式，其界面如图9-9所示。通过自定义工具可以添加需要回调的功能，并且通过"工具属性"选项卡可以编辑该工具栏按钮的图形样式、标签以及其具体的回调函数。

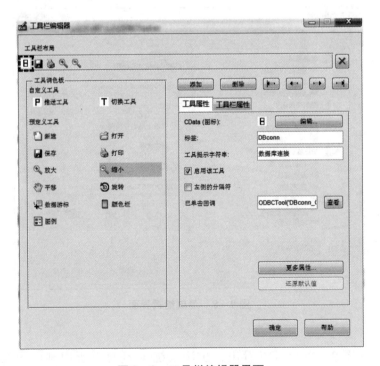

图9-9 工具栏编辑器界面

当实现了该界面的工具栏以及菜单栏后，需要进一步实现其他控件的功能。从图 9 - 6 可以看出，该界面的主要功能是实现数据库的连接与建立。因此在实现以上所述功能时需要涉及操作系统中和数据库操作相关的组件。在该决策支持系统中，采用开放数据库互联（open database connectivity，ODBC）为连接方式实现MATLAB 与后台数据库之间的数据交互。ODBC 是由微软公司开放服务结构中和数据库相关的组件，可以为系统开发者建立数据库访问接口应用程序编程接口 （application program interface，API），并且可以使得开发者利用 SQL 来完成其大部分任务。一个完整的 ODBC 是由 API、驱动程序管理器和驱动程序三个主要部分组成的。具体地，ODBC 与本决策支持系统之间的关系如图 9 - 10所示。

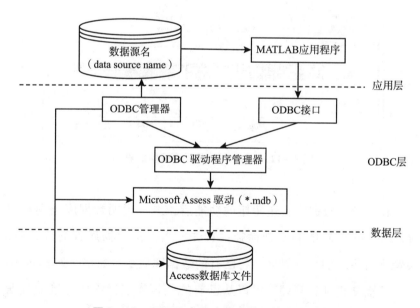

图 9 - 10　ODBC 在该决策支持系统中的运作

本决策支持系统应用了 MATLAB 的数据库（database）工具箱

建立了与数据库之间的联系。对于本系统主体界面中的创建数据库按钮 btn_createds 直接设置了调用 ODBC 的回调函数。

在点击创建数据库按钮 btn_createds 后，系统的主体界面将弹出 ODBC 数据源管理器的界面，如图 9 – 11 所示。在该界面中项目管理者（系统用户）可以新建数据库源从而实现本决策支持系统新建数据源的功能。

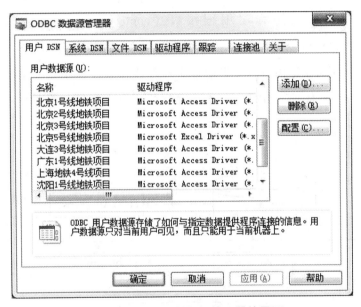

图 9 – 11　ODBC 数据源管理器的界面

在实现了数据库新建按钮的功能后，继续说明数据库查询按钮 btn_queryds 的功能和实现途径。首先，当点击数据库查询按钮后，决策支持系统的主体界面会将已有的数据库显示至数据库列表 lb_ds 中，从而使得项目管理者可以从已有的数据库选择需要连接的数据库。为了实现该功能需要分别对控件 lb_ds 和 btn_queryds 增加回调函数。该段函数主要的功能是建立数据库连接 conn，并通过 SQL 语句 select * from 对已有数据源中的所有数据库进行查询。这样当项目管理者点击数据库查询按钮 btn_queryds 后，通过调用回调函数 btn_queryds_Callback 即可实现将查询到的所有数据库显示至数据库列表中。

当用户从数据库列表中选择所需的数据库后，需要点击数据库连接按钮 btn_connODBC 实现与所选数据的连接，并显示数据库的路径和确定数据库的连接状态。为了实现这一目的，需要对按钮 btn_connODBC 编辑。从该段代码可以看出，该回调函数的主要功能是实现数据库的连接并显示数据库当前连接的状态。当连接到所需要的数据库时，项目管理者即可以通过 SQL 查询按钮 btn_sql_Callback 对该数据库中的信息进访问。例如在图 9-6 中，项目管理者通过输入 select * from ［sheet 1］ 可以得到相应的查询结果。

9.3.2　决策支持系统的基础性管理功能

系统的基础性管理功能主要是指对决策支持系统后台数据库数据的管理。该决策支持系统的基础性管理功能界面如图 9-12 所示。在该界面中主要包括添加按钮 btn_add、删除按钮 btn_del、更新按钮 btn_update 以及信息输入文本框和信息显示静态文本框。具体地，在历史案例面板中包括项目信息子面板 uipanel_project、风险信息子面板 uipanel_risk 和方案信息子面板 uipanel_action。在项目信息子面板 uipanel_project 中包括显示 "项目名称" "项目编号" "项目成本" "项目工期" 的静态文本框以及对应的输入文本框，从而实现项目管理者或者系统维护者对数据库中数据的操作。

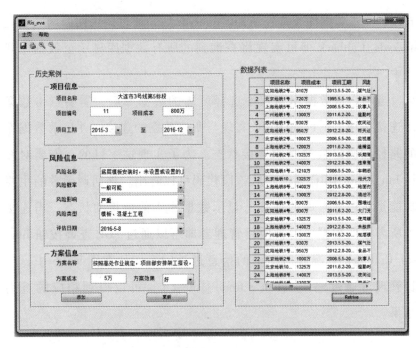

图 9 – 12 决策支持系统的基础性信息管理界面

　　当项目管理者认为某个历史项目中的历史风险应对方案具有很高利用价值的时候，可以通过对文本框进行编辑并点击添加按钮对数据库中的数据进行添加操作。如果对输入的信息不满意可以点击表格中的相应信息重新编辑，编辑后点击更新按钮即可完成对数据信息的更新。相应地，也可以完成对数据的删除。由于这些历史案例需要进行进一步的检索以及筛选，因此这些历史风险被暂时存储在 Excel 表中从而方便风险之间相似度的计算及筛选。

9.3.3　决策支持系统的检索功能

　　为了能为项目管理者提供备选的风险应对方案，该决策支持系统具有历史风险应对方案的检索功能。该功能一方面可以帮助项目管理者计算出当前风险和历史风险之间的相似度，另一方面还可以帮助项目管理者筛选出高于阈值的备选风险应对方案。具体地，决策支持系统的检索功能界面如图 9 – 13 所示。该界面中包括的控件主要有面板、静态文本、输入文本框、滑块、数据表这五种。具体地，在模糊相似度计算面板中主要包括历史风险子面板和当前风险子面板，其中历史风险子面板是为了帮助项目管理者通过输入文本框输入需要计算的历史风险的相关属性，而当前风险子面板则是使得项目管理者可以输入当前风险的相关属性。除了这两个子面板外，在模糊相似度计算面板中还包括了四个滑块。这四个滑块是为了帮助项目管理者调节需要的权重系数、阈值以及时间因子。当确定所有参数后，项目管理者可以通过点击计算按钮计算风险之间的相似度。在获得了风险之间的相似度之后，可以通过点击筛选按钮实现对相似案例的筛选。除此之外，本决策支持系统还支持项目管理者通过导入数据文件进行批量的相似度计算。

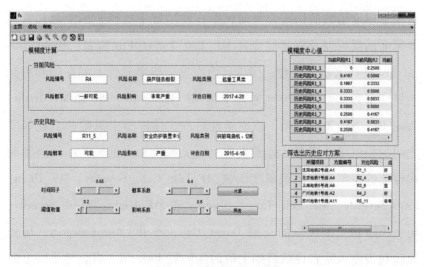

图 9 – 13　检索功能界面

为了实现在该界面中模糊相似度计算和筛选两个主要功能，需要对计算按钮 btn_compute 和筛选按钮 btn_screen 分别编写 Compute_Callback 函数和 Screen_Callback 函数。Compute_Callback 函数的主要计算模型是根据第 8.1.3 节所引入的相似度计算公式。为了计算历史风险和当前风险之间的模糊相似度，系统需要先构建历史风险和当前风险在风险概率和风险影响两个属性上的隶属度函数，并且需要将风险类别和评估日期转换为可以计算的数据类型。以批量计算相似度为例，系统需要先根据表 8-1 所设定的语言变量和模糊数的对应关系将当前风险和历史风险的语言值转化为对应的三角模糊数，并计算该模糊数的隶属度函数。

在该段代码中，系统需要先获取批量录入的当前风险的发生概率的维度。由于模型中的模糊数为三角模糊数，因此 n 的数值将默认为 3。其中 Gradient_Left_Target_Pro 和 Intercept_Left_Target_Pro 分别是当前风险在发生概率属性上左侧隶属度函数的斜率和截距。类似地，Gradient_Right_Target_Pro 和 Intercept_Right_Target_Pro 分别为当前风险在发生概率属性上右侧隶属度函数的斜率和截距。因此，根据隶属度函数的构造，当前风险在发生概率属性上的左侧和右侧隶属度函数可以分别通过变量 MF_Left_Target_Pro 和 MF_Right_Target_Pro 进行表示。同理，历史风险在发生概率属性上的左侧和右侧隶属度函数也可以相应地通过变量 MF_Left_Case_Pro 和 MF_Right_Case_Pro 进行表示。除了概率属性之外，计算历史风险和当前风险之间的相似度还需要计算或表达出历史风险和当前风险在风险影响属性上的左侧和右侧隶属度函数 MF_Left_Case_Severity、MF_Right_Case_Severity、MF_Left_Target_Severity 和 MF_Right_Target_Severity；历史风险和当前风险的类别 Target_Category 和 Case_Category；历史风险和当前风险在评估日期上的时间间隔 Interval。当获得了以上的变量及参数后，需要首先比较历史风险和当前风险的类别是否一致，然后根据式（8-2）计算当前风险和历史风险的模糊距离以及其中的参数，并通过式（8-3）计算出两个风险的模糊相似度 FS。

　　以上的代码实现了批量计算历史风险和当前风险之间的模糊相似度。在上述代码中，除了上文已经介绍的变量和参数外，还有部分变量是计算过程中的中间变量。例如 Left_Pro 和 Right_Pro 分别对应在概率属性下的变量 d_a^L 和 d_a^R。类似地，Left_Severity 和 Right_Severity 则分别对应着在影响属性下的变量 d_a^L 和 d_a^R，Theta_Pro 和 Delta_Pro 分别是概率属性上的模糊距离中的参数 θ 和 π。当计算得出当前风险和历史风险的相似度后，还需要项目管理者对相似度进行筛选，从而确定出和当前风险较为相似的历史风险以及其对应的风险应对方案。相似案例筛选的核心模型是根据 8.1.4 节提出的模型。为了能实现案例筛选，需要实现模糊数与阈值之间的比较。通过计算模糊数的中心点 $[\bar{x}(A), \bar{y}(A)]$ 与原点所围成的区域面积 $S(A)$ 与阈值进行比较。在具体的实现过程中，中心点的坐标 $\bar{x}(A)$ 和 $\bar{y}(A)$ 分别由 X_Axis 和 Y_Axis 表示。

　　通过运行上述代码可以得到每个相似度所对应的中心值（X_Axis，Y_Axis）与原点（0，0）围成的区域 S_A。同模糊相似度的计算类似，在案例筛选的过程中，也需要一定数量的中间变量。例如，模糊相似度的左右隶属度函数 MF_Rank_L 和 MF_Rank_R，这两个变量分别对应着式（8-15）中的 $f(x)$ 和 $h(x)$。除此之外，还有隶属度函数的反函数 MF_rank_inverse_L 和 MF_rank_inverse_R，它们分别对应着式（8-16）中的 $f^{-1}(y)$ 和 $h^{-1}(y)$。

9.3.4　决策支持系统的优化选择功能

　　通过系统的检索功能，项目管理者可以确定历史风险与当前风险之间的模糊相似度，并且可以筛选出具有较高相似度的历史风险及其风险应对方案。当得到具有较高相似度的历史风险后，应对该历史风险的历史风险应对方案也可以被相应地筛选出来。由于项目管理者需要在有限的预算内选择出应对效果最优的风险应对方案集合，决策支持系统需要辅助项目管理者在备选风险应对方案的基础上进一步优化选择。根据 8.2 节中优化模型的结构，该决策支持系统的优化选择功能需要满足项目管理者三方面的需求：一是需要实现项目管理者对目标函数的构建以及求解，二是需要实现项目管理者可以通过该决策支持系统获得最优的风险应对方案集合，三是实现项目管理者可以通过该决策支持系统观察到最优解的变化趋势等信息。

根据以上的需要，该决策支持系统的优化选择功能的界面如图 9 - 14 所示。具体地，在该界面主要包括三个面板，分别是优化问题面板、数据信息面板以及图示区面板。在优化问题面板中，主要有文本输入框、文本显示框以及优化模型求解按钮三类控件，通过这些控件，项目管理者可以根据项目管理的实际问题对优化模型的目标函数以及约束进行定义，并通过点击求解按钮对该模型进行求解。数据信息面板中主要包括两个数据表，从而实现显示最优化结果的功能。在图示区面板内，主要有图形控件和按钮控件。当 MATLAB 调用求解器对项目管理者输入的模型进行求解后，求解器会将求解结果返回给数据库，用户界面则会通过数据连接将求解结果显示至数据信息面板中的表格中，项目管理者可以通过点击绘制效果图按钮对所得到的数据进行绘制，并将结果显示在图示区面板中的图形控件中。

为了实现以上功能，需要分别对求解按钮和图形绘制按钮编写 Solvebutton_Callback 函数、Plotbutton1_Callback 函数以及 Plotbutton2_Callback 函数。Solvebutton_Callback 函数的功能是使得 MATLAB 可

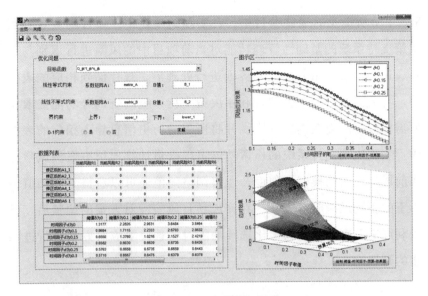

图 9－14　优化选择界面

以调用 LINGO 求解器，并对输入的目标函数以及约束条件进行求解。也就是说，该决策支持系统的优化选择功能中的优化模型是通过 LINGO 的求解器进行求解的。根据 8.2.3 节的求解过程可知，为了求解该模糊规划的模型，需要将目标函数进行去模糊化。去模糊化的原理是将原有的带有模糊系数的目标函数分解为三个精确数目标函数。然后，结合原有的约束条件，同时求解出三个精确数目标函数情形下的正负理想解。最后，将正负理想解集结为最后的满意解。因此，在 LINGO 实现过程中的一个难点是在计算该最优解的过程中，需要同时完成四个优化模型的求解，其中三个优化模型为模糊优化模型的转换模型，另外一个为模糊优化模型的最优解等价模型。在实现过程中，需要获取转换模型的正负理想解，并将其作为最优解等价模型的输入。因此，在编写 LINGO 的过程中需要使用子模型（SUBMODEL）函数来对三个转化模型进行构建。

　　本节所设计并实现的项目风险应对方案决策支持系统被应用到

8.3.1 节所提及的地铁项目中。在实际的项目中，项目管理者利用决策支持系统的基础性管理功能对当前项目中的风险进行识别与分析，这些信息经由人机交互界面进行处理后，被存储到相应的表格中。与此同时，项目管理者利用决策支持系统的查询等功能提取了所需标段的历史案例数据库，并将所需的历史信息导入相应的表格中。利用决策支持系统的检索功能可以批量计算出历史案例风险与当前风险之间的模糊相似度，通过调整阈值还可以获得不同阈值情形下的备选风险应对方案。在完成项目风险应对方案的调整后，可以利用决策支持系统的优化选择功能对备选风险应对方案进行进一步的筛选。

9.4 本章小结

为了能使得项目管理者可以快速、准确地选择出恰当的风险应对方案，给出了风险应对方案决策支持系统的设计及实现方法。该决策支持系统是在 MATLAB GUI 环境中开发的，通过操作系统的 ODBC 功能与数据库进行连接，并通过 MATLAB 与 LINGO 的接口实现 LINGO 的调用与优化计算。该章节主要包括三个主要部分：分别是决策支持系统的总体设计、决策支持系统的主要功能设计以及决策支持系统的实现。

（1）系统主要包括数据库、模型库以及用户界面三个组件，数据库用于存储该决策支持系统中的数据，模型库用于为用户确定备选风险应对方案以及优化选择出最优的风险应对方案集合提供计算模型，用户界面则是为了获取及反馈计算结果。通过这三个组件，该系统可以实现对历史案例信息的管理、备选应对方案的确定以及备选方案的优化选择三个方面的主要功能。

（2）为了实现以上三个方面的内容，本系统对数据库、模型库以及用户界面三个组件的设计进行了阐述，其中主要包括三个组件与其他组件之间的信息交互设计以及每个组件的具体设计及设计标准。具体地，包括决策支持系统的用户界面设计、决策支持系统的后台数据库设计以及决策支持系统的模型库设计。用户界面设计阐述了每个界面所使用的控件以及控件的设计标准。数据库设计主要包括对数据库的字段属性的定义。模型库设计则主要阐述了该系统主要使用的模型，并说明了模型库与数据库和用户界面的调用关系。

（3）决策支持系统的实现主要是对用户界面以及用户界面中按钮及相关控件所调用函数的实现。具体地，这一部分主要包括系统主体界面的实现、系统的基础信息管理功能的实现、系统检索功能的实现以及优化选择功能的实现。在主体界面实现中主要介绍了MATLAB 与数据库的连接技术及相应的 SQL 查询方法的实现。基础信息管理功能的实现主要是包括通过设计代码实现对信息添加、删除、更新的功能。检索功能的实现则是包括对模糊相似度模型和筛选模型的实现。优化功能的实现主要是指模糊优化模型的代码实现。

| 第 10 章 |

考虑背景风险的
项目投资决策

    项目投资过程中会面临各种各样的风险，有些是项目本身带来的风险，即项目风险，有些是其他外生不确定因素带来的风险，比如由市场经济波动导致的利率风险和通货膨胀风险等，这些来自项目外部却对投资产生影响的风险称为背景风险[168-170]。根据背景风险对投资者市场财富的作用方式，可以将背景风险分为加性背景风险和乘性背景风险两种，其中：加性背景风险是附加在投资者市场财富以外的风险，具有加性性质[171]；乘性背景风险是全部或部分作用于市场财富的一种风险，具有乘性性质[172]。现实中，投资者不仅面临项目风险，同时也面临不同类型的背景风险，这就要求投资者在进行投资决策时，要同时关注项目风险和不同类型的背景风险对投资决策的影响。因此，研究同时考虑加性背景风险和乘性背景风险的项目投资决策问题是十分必要的。

    有关背景风险的研究最早始于 20 世纪 80 年代，基尔斯特罗姆（Kihlstrom）等首次在模型中考虑了背景风险，并将背景风险作为随机变量构建模型，这成为对背景风险进行研究的雏形，引发了后人对背景风险的研究[171]。随后，施莱辛格（Schlesinger）[170]、多尔蒂和施莱辛格（Doherty and Schlesinger）[173] 以及贝尔（Bell）[174] 进一步明确了背景风险的概念，即背景风险与项目本身所面对的风险有所不同，是那些被投资者所承认的，但是却无法解决的风险。卞世博和刘海龙研究了考虑背景风险的养老基金最优投资策略问题[175]。李婷等针对考虑背景风险的模糊投资组合问题进行研究，研究结果表明，考虑背景风险因素能够更好地反映现实经济环境中的投资风险，使投资者能够选择更适合自己的个人投资组合[176]。巴普蒂斯塔（Baptista）研究了背景风险下的个人投资组合问题，结果表明，考虑背景风险的最优个人投资组合偏离一般条件下的均值—方差前沿[177]。吴卫星等认为背景风险会对个人投资期限产生影响，并通过实证分析进行了验证[178]。

随着学者们对背景风险研究的深入，一些研究认为背景风险与投资总财富的关系是加性的，给出了加性背景风险的形式和特性，并对加性背景风险的出现是否会影响风险规避者的行为进行了探讨，引起了学者们对加性背景风险的关注[179,180]。普拉特和泽克豪泽（Pratt and Zeckhauser）[181] 以及普拉特（Pratt）[182] 的研究表明，在满足一般效用函数的条件下，随着加性背景风险的增加，投资者会减少他们对风险资产的持有。金伯尔[183,184] 以及高利尔和普拉特（Gollier and Pratt）[185] 的研究表明，每个"负期望的加性背景风险"都会导致更加保守的行为，他们将其定义为"风险易损"，即加性背景风险的存在会增加投资者的风险规避程度。埃克霍特（Eeckhoudt）等研究了加性背景风险的变化对项目风险最优承担行为的影响，得到的结论是，某些风险偏好下加性背景风险分布的改变，将使得人们面对项目风险时的风险态度变得更加规避[186]。芬克尔斯坦（Finkelshtain）等探讨了二元效用函数条件下，加性背景风险的存在对投资者风险态度的影响，结果表明，二元效用函数条件下，投资者面对两个风险的风险态度会维持在面对一个风险的水平上[187]。基南（Keenan）等给出了背景风险的一阶和二阶随机占优恶化会增加决策者的风险规避程度的充要条件[188]。

在学者们广泛研究加性背景风险的时候，一些学者发现有些背景风险对项目总收益的作用是乘性的。坎贝尔和万斯勒（Campbell and Viceira）[172]以及布伦南和夏（Brennan and Xia）[189]等首次提出了通胀风险作为一种背景风险，其对投资收益的作用是乘性的，并分析了乘性通胀风险对资产配置的影响。李（Li）认为风险资产配置中不但会面临加性背景风险，也会面临乘性背景风险，并探讨了单一背景风险和金融风险同时存在时风险资产需求变化问题，从而给出风险资产正需求的充要条件[190]。在此基础上，弗兰克（Franke）等指出了乘性背景风险在经济和金融领域的重要意义，并探讨了在投资者的风险态度是相对风险规避一致的情况下，乘性背景风险是否会对投资者风险承担行为产生影响的问题[191]。育空（Jokung）研究了乘性背景风险的变化对投资者风险承担行为的影响，结果表明，乘性背景风险的变化使得投资者更加谨慎[192]。随后，弗兰克（Franke）等认为在投资决策中，投资者会同时面临加性背景风险和乘性背景风险，并研究了这两种背景风险的存在对投资者风险态度的影响[193]。黄（Huang）和王（Wang）针对背景风险存在下的个人投资组合选择问题进行研究，给出了加性背景风险和乘性背景风险下两基金分离定理的充分必要条件，并对有无背景风险情形下的最优投资组合前沿曲线进行比较[194]。同时，一些研究认为背景风险与项目风险有一定的相关性。采特林和温克勒（Tsetlin and Winkler）指出了在进行项目投资决策时，不仅需要考虑加性背景风险和乘性背景风险，还要考虑它们和项目风险之间的相关关系[84]。林和吕（Lin and Lu）探讨了背景风险与投资风险同时存在且相关时，保险市场的风险资产分配问题，研究结果表明，背

项目风险应对决策理论与方法

景风险和投资风险的相关性会影响最优风险资产分配[195]。

可以看出，已有文献对背景风险的性质进行了分析，并通过背景风险对投资者总财富的作用方式将背景风险分为加性背景风险和乘性背景风险，在此基础上，针对背景风险是否对投资决策产生影响等问题进行了研究，并给出了有价值的研究结论。然而，已有的研究成果大多是针对单一背景风险存在的情形，同时考虑加性背景风险和乘性背景风险的研究则比较匮乏，且多数文献都是研究背景风险对投资者风险态度、风险资产配置以及个人投资组合选择问题的影响，针对项目投资决策问题的研究较少[84,193,194]。而实际项目投资决策过程中，两种背景风险往往同时存在，并且与项目风险有一定的相关关系，背景风险的变化往往也会引起项目风险的变化，进而对项目投资决策产生影响。因此，考虑两种背景风险同时存在且与项目风险有一定相关关系的项目投资决策问题是值得关注且具有现实意义的研究问题。

基于此，本章在已有研究的基础上，针对加性背景风险和乘性背景风险共同存在情形下的项目投资决策问题，考虑两类背景风险与项目风险之间的相关关系，进而通过蒙特卡洛仿真方法，模拟不同相关程度下投资收益的变化，分析风险之间的相关性及相关程度对投资决策的影响，从而为投资决策提供决策建议和支持。

10.1　不同背景风险下的投资决策分析

下面首先讨论加性背景风险或乘性背景风险单独存在时，背景风险与项目风险之间的相关性及相关程度对投资决策的影响。

10.1.1　加性背景风险作用下的投资决策分析

假设一个公司有若干个正在进行的项目，该公司现考虑投资一个新项目，用 $\tilde{x}$ 来表示新项目的不确定收益率，$\tilde{y}$ 表示已有项目的不确定收益，w 为公司的初始财富，单位为百万人民币。假设该公司对新项目的投资额为 α，单位为百万人民币，则投资者的总财富 $\tilde{w}$ 可表示为[84]：

$$\tilde{w} = w + \alpha\tilde{x} + \tilde{y} \qquad (10-1)$$

新项目和已有项目的收益都存在一定的不确定性，可能盈利也可能亏损，这种收益的不确定性可以被认为是风险。这样，新项目的不确定收益率 $\tilde{x}$ 可以理解为新项目所面临的项目风险，已有项目的不确定性收益 $\tilde{y}$ 对新项目而言是无法解决的，可以理解为是新项目所面临的背景风险，又由于其对总收益的作用方式是加性的，因此，$\tilde{y}$ 可以用来表示新项目所面临的加性背景风险。假设 $\tilde{x}$ 和 $\tilde{y}$ 的不确定性可以用二元正态分布表示，记作 $(\tilde{x}, \tilde{y}) \sim N(\mu_{\tilde{x}}, \mu_{\tilde{y}}, \sigma_{\tilde{x}}, \sigma_{\tilde{y}}, \rho)$，其中，$\mu_{\tilde{x}}$ 和 $\mu_{\tilde{y}}$ 分别为新项目和已有项目不确定收益的均值，$\sigma_{\tilde{x}}$ 和 $\sigma_{\tilde{y}}$ 分别为其相应的标准差，ρ 为 $\tilde{x}$ 和 $\tilde{y}$ 的相关系数。

假设投资者的风险态度是绝对风险规避一致（constant absolute risk aversion，CARA）的，采用指数效用函数形式来表示投资者的风险态度，可表示为：

$$U(\tilde{w}) = -\exp(-r\tilde{w}), \ r > 0 \qquad (10-2)$$

其中，r 为投资者的风险规避系数。

采取确定性等价（certainty equivalent，CE）来衡量投资者的期望投资收益，其计算公式为：

$$EU(\tilde{w}) = U(CE) \qquad (10-3)$$

根据式（10-1）～式（10-3）以及 $\tilde{x}$ 和 $\tilde{y}$ 的分布，可推导出投资者总财富 $\tilde{w}$ 的确定性等价 $CE_{\tilde{w}}$，如下式所示：

$$CE_{\tilde{w}} = w + \alpha\mu_{\tilde{x}} + \mu_{\tilde{y}} - \frac{r}{2}(\alpha^2\sigma_{\tilde{x}}^2 + \sigma_{\tilde{y}}^2 + 2\rho\alpha\sigma_{\tilde{x}}\sigma_{\tilde{y}})$$

$$(10-4)$$

确定性等价 CE 的大小是投资决策的重要依据，当 CE 为正时，认为项目可行，投资者愿意对项目进行投资，且 CE 越大，投资带来的期望收益越大，此时投资者的投资意愿增加；而当 CE 为负时，项目不盈利，投资者不会投资该项目。

对式（10-4）进行分析，可以得出以下结论：

（1）当 $\rho \geq \dfrac{\mu_{\tilde{x}}}{(r\sigma_{\tilde{x}}\sigma_{\tilde{y}})}$ 时，$\dfrac{\partial CE_{\tilde{w}}}{\partial\alpha} \leq 0$，即当加性背景风险与项目风险的相关程度大于某一值时，确定性等价随着投资额的增加而减少，此时的最佳投资点 $\alpha^* = 0$，即投资者不宜进行投资。

（2）当 $\rho < \dfrac{\mu_{\tilde{x}}}{(r\sigma_{\tilde{x}}\sigma_{\tilde{y}})}$ 时，存在可使期望投资收益达到最大的最佳投资点，此时，$\dfrac{\partial CE_{\tilde{w}}}{\partial\alpha} = 0$ 且 $\dfrac{\partial^2 CE_{\tilde{w}}}{\partial\alpha^2} < 0$，最佳投资点 $\alpha^* = \dfrac{(\mu_{\tilde{x}} - r\rho\sigma_{\tilde{x}}\sigma_{\tilde{y}})}{(r\sigma_{\tilde{x}}^2)}$。

（3）$\dfrac{\partial CE_{\tilde{w}}}{\partial\rho} < 0$，$\dfrac{\partial\alpha^*}{\partial\rho} < 0$，确定性等价和最佳投资额都是关于 ρ 的减函数。即当加性背景风险和项目风险之间是负相关时，随着负相关程度的增加，CE 值也增加，进而增加投资者的投资意愿，最佳投资额也会增加；当加性背景风险和项目风险之间是正相关时，正相关程度的增加会减少投资者的期望投资收益，此时，投资者的投资意愿减少，最佳投资额也减少。

10.1.2　乘性背景风险作用下的投资决策分析

　　假设一个公司有若干个正在进行的项目，该公司现考虑向国外投资一个新项目，用 $\tilde{x}$ 表示新项目的不确定收益率，$\tilde{y}$ 表示人民币兑换外币的汇率，w 为公司的初始财富，单位为百万人民币。假设公司对新项目的投资额为 α，单位为百万人民币。沿用 10.1.1 节的设置，投资者的风险态度依然是绝对风险规避一致（CARA）的，如式（10－2）所示，此处假设 $r = 0.005$。为了讨论方便，我们假设财富从人民币转换成外币是在固定时间发生的，并且公司本身并没有进行套期保值。那么公司的海外总资产（用外币表示）可以表示为[84]：

$$\tilde{w} = (w + \alpha \tilde{x})\,\tilde{y} \qquad\qquad (10-5)$$

　　由于汇率具有一定的波动性，其所带来的风险不是投资者可以控制的，且汇率风险以乘性性质作用于最终的总资产，因此，汇率风险可以看作是新项目所面临的乘性背景风险。现实中，不确定收益率和汇率的取值通常为正实数，因此，我们假设 $\tilde{x}$ 和 $\tilde{y}$ 的对数 $\ln\tilde{x}$ 和 $\ln\tilde{y}$ 服从二维正态分布，令（$\ln\tilde{x}$，$\ln\tilde{y}$）$\sim N(-0.125$，-0.02，0.5，0.2，$\rho)$，其中，ρ 表示 $\ln\tilde{x}$ 和 $\ln\tilde{y}$ 的相关系数。对二维正态分布进行转换可知，$\tilde{x}$ 和 $\tilde{y}$ 服从对数正态分布，即 $\tilde{x} \sim LN(1, 0.533)$，$\tilde{y} \sim LN(1, 0.202)$。这里，将 $\tilde{x}$ 和 $\tilde{y}$ 的均值设为 1，其目的是将重点放在对风险不确定性的分析上，此假设不会对分析结果产生影响。

　　我们仍然通过确定性等价 CE 对投资决策进行分析，因为乘性背景风险的作用比较复杂，无法推导出 CE 的解析式，因此，我们用式（10－5）来给出不同相关程度下 CE 的数值解。这里，我们取相关系数 $\rho = -0.8$、-0.4、0、0.4、0.8。此外，我们考虑到项目

投资公司预留的货币资金的数额通常不会太大,因此,这里取初始
财富值 $w = 100$、$w = 500$ 和 $w = 1000$。为了使仿真结果更具有一般
性,将仿真迭代次数设置为 50000 次。由此画出 CE 关于投资额 α
的图像,如图 10 - 1 ~ 图 10 - 3 所示。

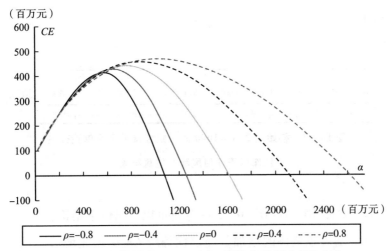

图 10 - 1　初始财富 $w = 100$ 时,乘性背景风险单独存在
且作用于项目风险的仿真结果

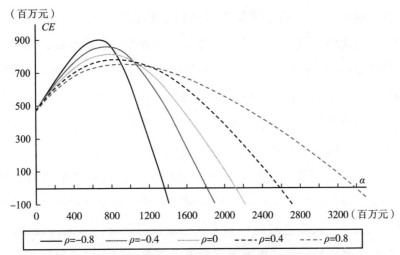

图 10 - 2　初始财富 $w = 500$ 时,乘性背景风险单独存在
且作用于项目风险的仿真结果

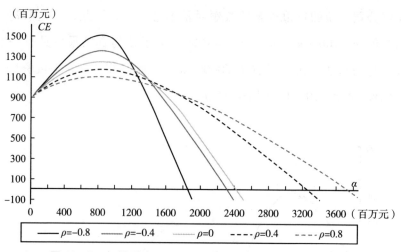

**图 10 – 3   初始财富 $w = 1000$ 时，乘性背景风险单独存在
且作用于项目风险的仿真结果**

通过对图 10 – 1 ~ 图 10 – 3 的分析可以得出以下结论：

（1）随着投资额的增加，确定性等价 CE 呈现先增后减的变化趋势。即存在最佳投资点，可使确定性等价值达到最大。

（2）当乘性背景风险与项目风险之间的相关性为负相关时，随着投资额的增加，确定性等价的变化速率较大，且负相关程度越大，变化速率越大；当两者正相关时，随着投资额的增加，确定性等价的变化速率较小，且正相关程度越大，变化速率越小。虽然负相关能降低总风险，对投资收益有利，但过了最佳投资点之后，其确定性等价很快到达零点，投资者不宜再进行投资。因此，当背景风险与项目风险之间为负相关时，投资者应更加谨慎。

（3）乘性背景风险与项目风险负相关时，随着初始财富的增加，最佳投资额也增加；而正相关时，随着初始财富的增加，最佳投资额减少。风险之间的负相关性会减少总风险，总风险较小时，随着初始财富的增加，投资者愿意投入更多的资产以获得较高的收益；正相关性会增加总风险，因此随着初始财富的增加，投资者的

项目风险应对决策理论与方法

投资行为会更加保守，相应的投资额也会减少。

10.2　考虑两类背景风险的投资决策模型

下面讨论加性背景风险和乘性背景风险共同存在时，背景风险与项目风险之间的相关性及相关程度对投资决策的影响。

10.2.1　投资决策模型构建

假设一个公司有若干个正在进行的项目，该公司现考虑投资一个海外项目。假设该项目的投资额为 α，不确定收益率为 $\tilde{x}$，则 $\tilde{x}$ 被认为是该项目所面临的项目风险，用随机变量表示。投资者所面临的背景风险用随机变量 $\tilde{y}_1$ 和 $\tilde{y}_2$ 表示，其中，$\tilde{y}_1$ 表示该项目所面临的加性背景风险，$\tilde{y}_2$ 表示该项目所面临的乘性背景风险。假设投资者的初始财富为 w，将初始财富分为两部分，即 $w = w_1 + w_2$，其中，w_1 表示受加性背景风险影响的初始财富，w_2 表示受乘性背景风险影响的初始财富。为与上文保持一致，假设投资者的风险态度依然是绝对风险规避一致（CARA）的，如式（10-2）所示。

考虑到风险之间通常具有一定的相关性，我们假设项目风险与加性背景风险之间的相关系数为 ρ_1，项目风险与乘性背景风险之间的相关系数为 ρ_2。相关系数为正时，两个风险之间正相关，即一个风险的增加会导致另一个风险也增加，进而总风险也会增加；反之亦然。

基于 10.1 节中的分析，投资者的最终财富可表示为：

$$\tilde{w} = w_1 + \tilde{y}_1 + (w_2 + \alpha \tilde{x})\tilde{y}_2 \qquad (10-6)$$

考虑一个以投资额 α 为变量的函数 V，则投资者的期望投资效用可表示如下：

$$V(\alpha) = E[U(\tilde{w})] = E\{U[w_1 + \tilde{y}_1 + (w_2 + \alpha\tilde{x})\tilde{y}_2]\}$$

$$(10-7)$$

结合式（10-2）、式（10-3）、式（10-6）和式（10-7），可以得到投资额 α 和确定性等价 CE 之间的关系，由下式表示：

$$V(\alpha) = U(CE) \qquad (10-8)$$

根据式（10-8），可以通过使确定性等价最大化来寻找最佳投资额。

10.2.2 参数设置及仿真求解

为了与加性背景风险或乘性背景风险单独存在的情形做比较，我们沿用10.1节中的参数设置。假设项目风险 $\tilde{x}$ 服从均值为1、标准差为0.533的对数正态分布，即 $\tilde{x} \sim LN(1, 0.533)$；加性背景风险 $\tilde{y}_1$ 服从均值为0、标准差为0.5的正态分布，即 $\tilde{y}_1 \sim N(0, 0.5)$；乘性背景风险 $\tilde{y}_2$ 服从均值为1、标准差为0.202的对数正态分布，即 $\tilde{y}_2 \sim LN(1, 0.202)$；受加性、乘性背景风险影响的初始财富为 $w_1 = w_2 = 500$。假设受加性背景风险和乘性背景风险影响的初始财富相等，其目的是分配给乘性背景风险和加性背景风险相同的比重，从而避免因初始财富分配不等所带来的结果上的偏差。

首先，分析两种背景风险同时存在且加性背景风险单独作用于项目风险时，风险之间的相关性及相关程度对投资决策的影响。设置参数 $\rho_2 = 0$，ρ_1 分别为 -0.8，-0.4，0，0.4，0.8。

其次，分析两种背景风险同时存在且乘性背景风险单独作用于项目风险时，风险之间的相关性及相关程度对投资决策的影响。设置参数 $\rho_1 = 0$，ρ_2 分别为 -0.8，-0.4，0，0.4，0.8。

最后，分析两种背景风险同时存在且共同作用于项目风险时，风险之间的相关性及相关程度对投资决策的影响。设置参数对（ρ_1，ρ_2）分别为（-0.8，0.8）（0.8，0.8）（-0.4，0.4）（0.4，0.4）（0，0）（-0.4，-0.4）（0.4，-0.4）（-0.8，-0.8）（0.8，-0.8）。

将投资模型及模型参数输入@Risk 软件中，并指定输入变量的概率分布及变量之间的相关关系，运行@Risk 软件进行蒙特卡罗仿真得出仿真结果。为了进一步分析初始财富对投资收益的影响，分别取 $w_1 = w_2 = 100$、$w_1 = w_2 = 500$、$w_1 = w_2 = 1000$ 进行仿真。为了使仿真结果更具有一般性，将仿真迭代次数设置为 50000 次。

10.3 仿真结果分析

10.3.1 加性背景风险作用下的仿真结果分析

两种背景风险同时存在且加性背景风险单独作用于项目风险时的仿真结果如图 10-4 ~ 图 10-6 所示。

对图 10-4 ~ 图 10-6 进行分析，可以得出如下结论：

（1）随着投资额的增加，确定性等价呈现先增后减的变化趋势。即存在最佳投资点，在该投资点确定性等价达到最大值。

（2）最佳投资点之前，不同相关程度下的曲线几乎重合，最佳投资点之后，曲线略有不同，但区别并不明显，且在不同的初始财富设置下，曲线的变化不一致，不能得到一致性的结论。

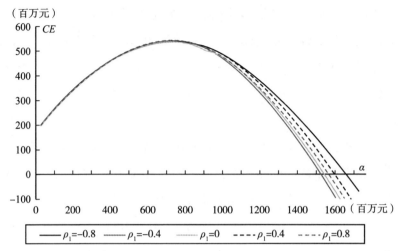

图 10 - 4   初始财富 $w_1 = w_2 = 100$ 时，加性背景风险单独作用下的仿真结果

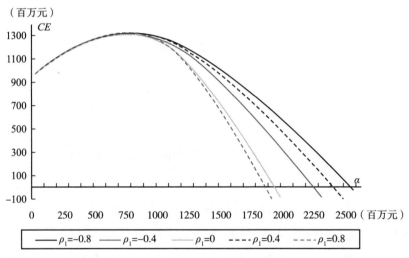

图 10 - 5   初始财富 $w_1 = w_2 = 500$ 时，加性背景风险单独作用下的仿真结果

（3）比较三个图的最佳投资点及可投资范围（即可使 $CE \geqslant 0$ 的投资额 α 的取值范围），可以发现，随着初始财富的增加，可投资范围增加，而最佳投资点却变化不大。即随着初始财富的增加，使项目盈利（可行）的投资额范围增加的较快，而使项目收益达到最大值的最佳投资点却变化很缓慢。

项目风险应对决策理论与方法

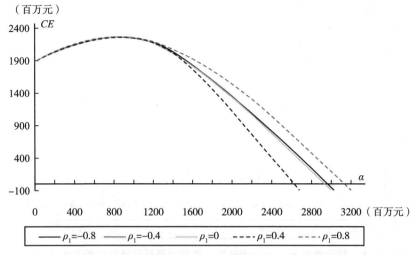

图 10 - 6　初始财富 $w_1 = w_2 = 1000$ 时，加性背景风险

单独作用下的仿真结果

10.3.2　乘性背景风险作用下的仿真结果分析

两种背景风险同时存在且乘性背景风险单独作用于项目风险时的仿真结果如图 10 - 7 ~ 图 10 - 9 所示。

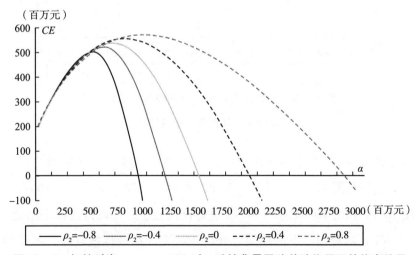

图 10 - 7　初始财富 $w_1 = w_2 = 100$ 时，乘性背景风险单独作用下的仿真结果

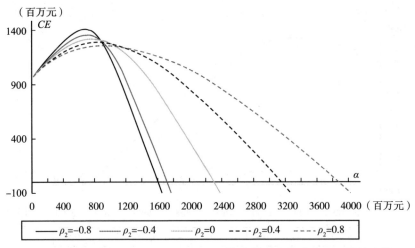

图 10 – 8　初始财富 $w_1 = w_2 = 500$ 时，乘性背景风险单独作用下的仿真结果

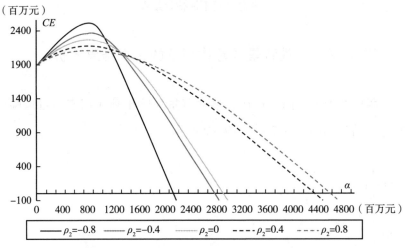

图 10 – 9　初始财富 $w_1 = w_2 = 1000$ 时，乘性背景

风险单独作用下的仿真结果

图 10 – 7 ~ 图 10 – 9 中所反映出的确定性等价与投资额之间关系的趋势与图 10 – 1 ~ 图 10 – 3 比较相似，所以，下面对图 10 – 7 ~ 图 10 – 9 和图 10 – 1 ~ 图 10 – 3 进行比较分析，可以得出以下结论。

（1）两种情形下的相同之处在于：①存在最佳投资点，可使确定性等价值达到最大。②当乘性背景风险与项目风险负相关时，随着投资额的增加，确定性等价的变化速率较大；当两者正相关时，随着投资额的增加，确定性等价的变化速率较小。③乘性背景风险与项目风险负相关时，随着初始财富的增加，最佳投资额也增加；而正相关时，随着初始财富的增加，最佳投资额减少。

（2）两种情形下的不同之处在于：①在两种背景风险同时存在情形下，能够得到更大的确定性等价。这说明在进行项目投资决策时，同时考虑两种背景风险是必要和有益的。②当乘性背景风险与项目风险正相关时，两种背景风险同时存在时的最佳投资额小于等于乘性背景风险单独存在时的最佳投资额。由于正相关性会增加总风险，因此当两种背景风险同时存在时，投资者会变得更加谨慎。

10.3.3　加性背景风险和乘性背景风险共同作用下的仿真结果分析

加性背景风险和乘性背景风险共同作用于项目风险时的仿真结果如图 10 - 10 ~ 图 10 - 12 所示。

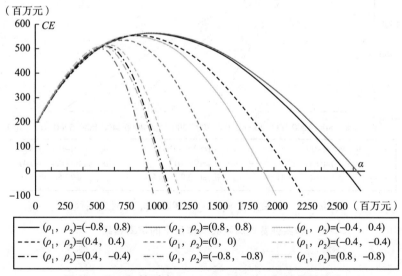

图 10 - 10　初始财富 $w_1 = w_2 = 100$ 时，加性背景风险和乘性背景风险共同作用下的仿真结果

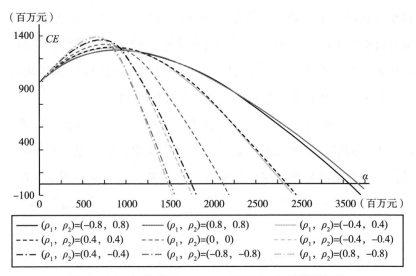

图 10 – 11   初始财富 $w_1 = w_2 = 500$ 时，加性背景风险

和乘性背景风险共同作用下的仿真结果

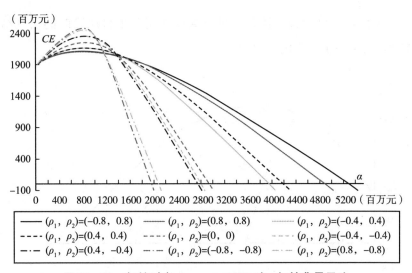

图 10 – 12   初始财富 $w_1 = w_2 = 1000$ 时，加性背景风险

和乘性背景风险共同作用下的仿真结果

图 10 – 10 ~ 图 10 – 12 中所反映出的确定性等价与投资额之间

关系的趋势与图 10 - 7 ~ 图 10 - 9 以及图 10 - 1 ~ 图 10 - 3 比较相似，所以，下面分别对图 10 - 10 ~ 图 10 - 12 和图 10 - 7 ~ 图 10 - 9 以及图 10 - 10 ~ 图 10 - 12 和图 10 - 1 ~ 图 10 - 3 进行比较分析。

首先，比较两种背景风险同时存在时，两种背景风险共同作用于项目风险（图 10 - 10 ~ 图 10 - 12）与乘性背景风险单独作用于项目风险（图 10 - 7 ~ 图 10 - 9）时，风险之间的相关性及相关程度对投资决策的影响。

从图中不难看出，两种情况下的曲线趋势是基本相同的。在两种背景风险同时存在的前提下，两种背景风险共同作用于项目风险，与乘性背景风险单独作用于项目风险时的结果相同。也就是说，在两种背景风险同时存在并作用于项目风险时，加性背景风险对投资决策的影响被弱化。

其次，比较两种背景风险同时存在且共同作用于项目风险（图 10 - 10 ~ 图 10 - 12）与乘性背景风险单独存在且作用于项目风险（图 10 - 1 ~ 图 10 - 3）时，风险之间的相关性及相关程度对投资决策的影响。

从图中可以看出，两种情形的不同之处主要体现在两点：（1）在两种背景风险同时存在的情况下，能够得到更大的确定性等价。（2）当乘性背景风险与项目风险之间的相关性为正相关时，两种背景风险同时存在且乘性背景风险单独作用于项目风险时的最佳投资额小于等于乘性背景风险单独存在且作用于项目风险的最佳投资额。

10.4　本章小结

针对考虑背景风险的项目投资决策问题，本章构建了考虑加性背景风险和乘性背景风险同时存在情形下的投资决策模型，并采用蒙特卡罗仿真方法对模型进行仿真，以分析风险之间的相关性及相关程度对投资决策的影响。本章的主要工作及结论如下：

（1）针对加性背景风险单独存在的情形，构建了投资决策模型并给出了最佳投资点的解析表达式，在此基础上，分析了风险之间的相关性及相关程度对投资决策的影响。结果表明：①当加性背景风险和项目风险之间的相关系数在某一范围时，存在可使期望投资收益达到最大的最佳投资点。②加性背景风险与项目风险的负相关关系会增加期望投资收益，且随着负相关程度的增加，期望投资收益也增加，进而增加投资者的投资意愿，此时最佳投资额也增加。③加性背景风险与项目风险之间的正相关关系会减少期望投资收益，此时投资者的投资意愿降低，最佳投资额也降低，且期望投资收益和最佳投资额随着正相关程度的增加而减少。

（2）针对乘性背景风险单独存在的情形，考虑乘性背景风险与项目风险之间的相关关系，构建了投资决策模型并给出了相应的数值分析。结果表明：①存在最佳投资点，可使确定性等价值达到最大。②当乘性背景风险与项目风险之间的相关性为负相关时，随着投资额的增加，确定性等价的变化速率较大；当两者正相关时，随着投资额的增加，确定性等价的变化速率较小。因此，当背景风险与项目风险之间为负相关时，投资者应更加谨慎。③乘性背景风险与项目风险负相关时，随着初始财富的增加，最佳投资额也增加，而正相关时，随着初始财富的增加，最佳投资额减少。因此，随着初始财富的增加，投资者的投资行为会更加保守，相应的投资额也会减少。

（3）针对两种背景风险同时存在的情形，运用蒙特卡罗仿真方法分别分析了加性背景风险和乘性背景风险单独作用于项目风险以及两种背景风险共同作用于项目风险时，风险之间的相关性及相关程度对投资决策的影响。结果表明：①存在可使确定性等价达到最大的最佳投资点；②加性背景风险单独作用于项目风险时，由于乘性背景风险的存在，加性背景风险和项目风险之间的相关性及相关程度对投资决策的影响被削弱；③乘性背景风险单独作用于项目风险时，投资决策受到初始财富和风险之间的相关性及相关程度的影响，由于加性背景风险的存在，这种影响和乘性背景风险单独存在时不同；④两种背景风险共同作用于项目风险时，和乘性背景风险单独作用于项目风险时相似。由此可以看出，两种背景风险同时存在时对项目投资决策的影响和某一种背景风险单独存在时的情形有所不同。这也进一步印证了在进行项目投资决策分析时，同时考虑两种背景风险是非常必要的。

参 考 文 献

［1］ ESKESEN S D, TENGBORG P, KAMPMANN J. Veicherts T H. Guidelines for tunnelling risk management: international tunnelling association, working group No. 2 ［J］. Tunnelling and Underground Space Technology, 2004, 19 （3）: 217 – 237.

［2］ MURIANA C, VIZZINI G. Project risk management: A deterministic quantitative technique for assessment and mitigation ［J］. International Journal of Project Management, 2017, 35 （3）: 320 – 340.

［3］ WANG J, YUAN H. System dynamics approach for investigating the risk effects on schedule delay in infrastructure projects ［J］. Journal of Management in Engineering, 2017, 33 （1）: 04016029.

［4］ ZHANG Y, FAN Z – P. An optimization method for selecting project risk response strategies ［J］. International Journal of Project Management, 2014, 32 （3）: 412 – 422.

［5］ ZWIKAEL O, AHN M. The effectiveness of risk management: An analysis of project risk planning across industries and countries ［J］. Risk Analysis: An International Journal, 2011, 31 （1）: 25 – 37.

［6］ CREEMERS S, DEMEULEMEESTER E, VAN DE VONDER S. A new approach for quantitative risk analysis ［J］. Annals of Operations Research, 2014, 213 （1）: 27 – 65.

［7］ HERROELEN W, LEUS R. Project scheduling under uncertainty: Survey and research potentials [J]. European Journal of Operational Research, 2005, 165 (2): 289 – 306.

[8] KıLıÇ M, ULUSOY G, ŞERIROĞLU F S. A bi-objective genetic algorithm approach to risk mitigation in project scheduling [J]. International Journal of Production Economics, 2008, 112 (1): 202 – 216.

[9] NGUYEN T – H, MARMIER F, GOURC D. A decision-making tool to maximize chances of meeting project commitments [J]. International Journal of Production Economics, 2013, 142 (2): 214 – 224.

[10] ZAFRA – CABEZA A, RIDAO M A, CAMACHO E F. Using a risk-based approach to project scheduling: A case illustration from semiconductor manufacturing [J]. European Journal of Operational Research, 2008, 190 (3): 708 – 723.

[11] HILLSON D. Developing effective risk responses [C]. Proceedings of the 30th Annual Project Management Institute Seminars & Symposium, 1999: 10 – 16.

[12] BEN – DAVID I, RAZ T. An integrated approach for risk response development in project planning [J]. Journal of the Operational Research Society, 2001, 52 (1): 14 – 25.

[13] FAN M, LIN N – P, SHEU C. Choosing a project risk-handling strategy: An analytical model [J]. International Journal of Production Economics, 2008, 112 (2): 700 – 713.

[14] VERZUH E. A Guide to the Project Management Body of Knowledge: PMBOK Guide [J]. American Psychological Association, 2021.

[15] AQLAN F, LAM S S. Supply chain risk modelling and mitigation [J]. International Journal of Production Research, 2015, 53

(18): 5640 – 5656.

[16] MARMIER F, DENIAUD I F, GOURC D. Strategic decision-making in NPD projects according to risk: Application to satellites design projects [J]. Computers in Industry, 2014, 65 (8): 1107 – 1114.

[17] FAN Z – P, LI Y – H, ZHANG Y. Generating project risk response strategies based on CBR: A case study [J]. Expert Systems with Applications, 2015, 42 (6): 2870 – 2883.

[18] ZHANG Y, ZUO F. Selection of risk response actions considering risk dependency [J]. Kybernetes, 2016, 45 (10): 1652 – 1667.

[19] CHAPMAN C. A risk engineering approach to project risk management [J]. International Journal of Project Management, 1990, 8 (1): 1 – 16.

[20] DEY P K, OGUNLANA S O, NAKSUKSAKUL S. Risk-based maintenance model for offshore oil and gas pipelines: a case study [J]. Journal of Quality in Maintenance Engineering, 2004, 10 (3): 169 – 183.

[21] HATEFI M A, SEYEDHOSEINI S M. Comparative review on the tools and techniques for assessment and selection of the project risk response actions (RRA) [J]. International Journal of Information Technology Project Management, 2012, 3 (3): 60 – 78.

[22] DEY P K. Project risk management using multiple criteria decision-making technique and decision tree analysis: a case study of Indian oil refinery [J]. Production Planning and Control, 2012, 23 (12): 903 – 921.

[23] OZTEKIN A E, LUXHØJ J T. An inductive reasoning approach for building system safety risk models of aviation accidents [J].

项目风险应对决策理论与方法

Journal of Risk Research, 2010, 13 (4): 479 – 499.

[24] LAM H, CHOY K L, HO G T, et al. A real-time risk control and monitoring system for incident handling in wine storage [J]. Expert Systems with Applications, 2013, 40 (9): 3665 – 3678.

[25] KAYIS B, ARNDT G, ZHOU M, et al. A risk mitigation methodology for new product and process design in concurrent engineering projects [J]. CIRP Annals, 2007, 56 (1): 167 – 170.

[26] SHERALI H D, DESAI J, GLICKMAN T S. Optimal allocation of risk-reduction resources in event trees [J]. Management Science, 2008, 54 (7): 1313 – 1321.

[27] FANG C, MARLE F, XIE M, et al. An integrated framework for risk response planning under resource constraints in large engineering projects [J]. IEEE Transactions on Engineering Management, 2013, 60 (3): 627 – 639.

[28] CHAPMAN C B. Large engineering project risk analysis [J]. IEEE Transactions on Engineering Management, 1979, EM – 26 (3): 78 – 86.

[29] SEYEDHOSEINI S M, NOORI S, HATEFI M A. An integrated methodology for assessment and selection of the project risk response actions [J]. Risk Analysis: An International Journal, 2009, 29 (5): 752 – 763.

[30] BAI Y, DAI Z, ZHU W. Multiphase risk-management method and its application in tunnel engineering [J]. Natural Hazards Review, 2014, 15 (2): 140 – 149.

[31] PERMINOVA O, GUSTAFSSON M, WIKSTRÖM K. Defining uncertainty in projects: a new perspective [J]. International Journal of Project Management, 2008, 26 (1): 73 – 79.

[32] TAROUN A. Towards a better modelling and assessment of construction risk: Insights from a literature review [J]. International Journal of Project Management, 2014, 32 (1): 101 – 115.

[33] CARR V, TAH J. A fuzzy approach to construction project risk assessment and analysis: construction project risk management system [J]. Advances in Engineering Software, 2001, 32 (10 – 11): 847 – 857.

[34] ALOINI D, DULMIN R, MININNO V. Modelling and assessing ERP project risks: A Petri Net approach [J]. European Journal of Operational Research, 2012, 220 (2): 484 – 495.

[35] BRUCKER P, DREXL A, MÖHRING R, et al. Resource-constrained project scheduling: Notation, classification, models, and methods [J]. European Journal of Operational Research, 1999, 112 (1): 3 – 41.

[36] ZHANG L, WU X, SKIBNIEWSKI M J, et al. Conservation of historical buildings in tunneling environments: Case study of Wuhan metro construction in China [J]. Construction and Building Materials, 2015, 82: 310 – 322.

[37] ZHANG L, WU X, ZHU H, et al. Perceiving safety risk of buildings adjacent to tunneling excavation: An information fusion approach [J]. Automation in Construction, 2017, 73: 88 – 101.

[38] DING L, YU H, LI H, et al. Safety risk identification system for metro construction on the basis of construction drawings [J]. Automation in Construction, 2012, 27: 120 – 137.

[39] MALEKITABAR H, ARDESHIR A, SEBT M H, et al. Construction safety risk drivers: A BIM approach [J]. Safety Science, 2016, 82: 445 – 455.

［40］ FANG C, MARLE F, XIE M. Applying importance measures to risk analysis in engineering project using a risk network model ［J］. IEEE Systems Journal, 2016, 11 (3): 1548 – 1556.

［41］ HWANG W, HSIAO B, CHEN H – G, et al. Multiphase assessment of project risk interdependencies: Evidence from a University ISD project in Taiwan ［J］. Project Management Journal, 2016, 47 (1): 59 – 75.

［42］ ZHOU Z, GOH Y M, LI Q. Overview and analysis of safety management studies in the construction industry ［J］. Safety Science, 2015, 72: 337 – 350.

［43］ BEN – DAVID I, RABINOWITZ G, RAZ T. Economic optimization of project risk management efforts ［J］. The Israel Institute of Business Research, 2002.

［44］ NIK E R, ZEGORDI S H, NAZARI A. A multi-objective optimization and fuzzy prioritization approach for project risk responses selection ［C］. 2011 IEEE International Conference on Industrial Engineering and Engineering Management, 2011: 888 – 892.

［45］ GARVEY M D, CARNOVALE S, YENIYURT S. An analytical framework for supply network risk propagation: A Bayesian network approach ［J］. European Journal of Operational Research, 2015, 243 (2): 618 – 627.

［46］ HU Y, ZHANG X, NGAI E, et al. Software project risk analysis using Bayesian networks with causality constraints ［J］. Decision Support Systems, 2013, 56: 439 – 449.

［47］ LOPEZ C, SALMERON J L. Dynamic risks modelling in ERP maintenance projects with FCM ［J］. Information Sciences, 2014, 256: 25 – 45.

［48］YANG R J，ZOU P X. Stakeholder-associated risks and their interactions in complex green building projects：A social network model ［J］. Building and Environment, 2014, 73: 208 – 222.

［49］HERRERA F，HERRERA – VIEDMA E. A model of consensus in group decision making under linguistic assessments ［J］. Fuzzy Sets and Systems, 1996, 78（1）: 73 – 87.

［50］BANA E COSTA C A，VANSNICK J – C. MACBETH—An interactive path towards the construction of cardinal value functions ［J］. International Transactions in Operational Research, 1994, 1（4）: 489 – 500.

［51］VIDAL L A，MARLE F. Understanding project complexity: Implications on project management ［J］. Kybernetes, 2008, 37（8）: 1094 – 1110.

［52］KWAN T W，LEUNG H K. A risk management methodology for project risk dependencies ［J］. IEEE Transactions on Software Engineering, 2011, 37（5）: 635 – 648.

［53］EKLUND P，RUSINOWSKA A，DE SWART H. Consensus reaching in committees ［J］. European Journal of Operational Research, 2007, 178（1）: 185 – 193.

［54］VERNADAT F，SHAH L，ETIENNE A，SIADAT A. VR – PMS: a new approach for performance measurement and management of industrial systems ［J］. International Journal of Production Research, 2013, 51（23 – 24）: 7420 – 7438.

［55］HULETT D T. Decision tree analysis for the risk averse organization ［C］. PMI EMEA Congress, 2006.

［56］GERBER H U，PAFUM G. Utility functions: From risk theory to finance ［J］. North American Actuarial Journal, 1998, 2（3）:

74 - 91.

[57] CHEN X, SIM M, SIMCHI - LEVI D, et al. Risk aversion in inventory management [J]. Operations Research, 2007, 55 (5): 828 - 842.

[58] HOWARD R A. Decision analysis: Practice and promise [J]. Management Science, 1988, 34 (6): 679 - 695.

[59] DENARDO E V, ROTHBLUM U G, VAN DER HEYDEN L. Index policies for stochastic search in a forest with an application to R&D project management [J]. Mathematics of Operations Research, 2004, 29 (1): 162 - 181.

[60] LIPPMAN S A, MCCARDLE K F, TANG C S. Using Nash bargaining to design project management contracts under cost uncertainty [J]. International Journal of Production Economics, 2013, 145 (1): 199 - 207.

[61] CHANG C - Y. Principal-agent model of risk allocation in construction contracts and its critique [J]. Journal of Construction Engineering and Management, 2014, 140 (1): 04013032.

[62] BICKEL J E. Some determinants of corporate risk aversion [J]. Decision Analysis, 2006, 3 (4): 233 - 251.

[63] JESSOP A. Entropy in multiattribute problems [J]. Journal of Multi - Criteria Decision Analysis, 1999, 8 (2): 61 - 70.

[64] SOOFI E S. Generalized entropy-based weights for multiattribute value models [J]. Operations Research, 1990, 38 (2): 186 - 372.

[65] SCHMIDT R, LYYTINEN K, KEIL M, et al. Identifying software project risks: An international Delphi study [J]. Journal of Management Information Systems, 2001, 17 (4): 5 - 36.

［66］ BARKI H，RIVARD S，TALBOT J. Toward an assessment of software development risk ［J］. Journal of Management Information Systems，1993，10（2）：203 −225.

［67］ WALLACE L，KEIL M，RAI A. How software project risk affects project performance：An investigation of the dimensions of risk and an exploratory model ［J］. Decision Sciences，2004，35（2）：289 − 321.

［68］ ABDUL − RAHMAN H，MOHD − RAHIM F A，CHEN W. Reducing failures in software development projects：Effectiveness of risk mitigation strategies ［J］. Journal of Risk Research，2012，15（4）：417 −433.

［69］ 吴登生，李建平，孙晓蕾，等. 考虑风险相关性的软件风险多目标优化控制研究 ［J］. 系统工程理论与实践，2015，35（3）：578 −586.

［70］ 李永海，陈曦，张尧，等. 基于 CBDT 的新产品开发项目风险应对方案选择方法 ［J］. 管理工程学报，2015（3）：257 − 264.

［71］ 杨莉，李南. 软件项目风险应对措施优选的区间模型及其算法 ［J］. 控制与决策，2011，26（4）：530 −534.

［72］ 张尧，陈曦，樊治平. 综合考虑多因素的项目风险应对策略选择方法 ［J］. 技术经济，2013，32（5）：74 −77.

［73］ ZHANG Y. Selecting risk response strategies considering project risk interdependence ［J］. International Journal of Project Management，2016，34（5）：819 −830.

［74］ 张尧，关欣，孙杨，等. 考虑背景风险的项目投资决策 ［J］. 中国管理科学，2016，24（9）：71 −80.

［75］ 张尧，陈曦，刘洋，等. 考虑两个风险情形的项目风险

项目风险应对决策理论与方法

应对策略选择方法 [J]. 运筹与管理, 2014, 23 (3): 252 – 256.

[76] 佐飞, 张尧. 考虑风险间关联作用的项目风险应对策略优选方法 [J]. 技术经济, 2014, 33 (6): 67 – 71.

[77] 李永海. 考虑风险关联的项目风险应对的案例决策分析方法 [J]. 系统工程, 2016, 34 (6): 136 – 143.

[78] 关欣, 张尧, 金小丹. 考虑风险关联的项目风险应对策略选择方法 [J]. 控制与决策, 2017, 32 (8): 1465 – 1474.

[79] WANG S Q, DULAIMI M F, AGURIA M Y. Risk management framework for construction projects in developing countries [J]. Construction management and Economics, 2004, 22 (3): 237 – 252.

[80] TAMURA H, AKAZAWA K. Structural modeling and systems analysis of uneasy factors for realizing safe, secure and reliable society [J]. Journal of Telecommunications and Information Technology, 2005, 3 (3): 64 – 72.

[81] RAJESH R, RAVI V. Modeling enablers of supply chain risk mitigation in electronic supply chains: A Grey – DEMATEL approach [J]. Computers and Industrial Engineering, 2015, 87: 126 – 139.

[82] WU K – J, LIAO C – J, TSENG M – L, et al. Toward sustainability: using big data to explore the decisive attributes of supply chain risks and uncertainties [J]. Journal of Cleaner Production, 2017, 142: 663 – 676.

[83] 孙永河, 杨海涛, 谢晖, 等. 基于非线性复杂系统观的直觉模糊变权多属性决策方法 [J]. 控制与决策, 2017, 32 (11): 2013 – 2020.

[84] TSETLIN I, WINKLER R L. Risky choices and correlated background risk [J]. Management Science, 2005, 51 (9): 1336 – 1345.

［85］HATEFI M A，SEYEDHOSEINI S M，NOORI S. Risk response actions selection ［J］. The International Journal of Applied Management and Technology，2007，5，385 – 408.

［86］FLANAGAN R，NORMAN G. Risk management and construction ［M］. Blackwell Science，1993.

［87］ELKJAER M，FELDING F. Applied project risk management-introducing the project risk management loop of control ［J］. Project Management，1999，5（1）：16 – 25.

［88］PINEY C. Risk response planning：Select the right strategy ［C］. Fifth Project Management Conference，France，2002.

［89］PIPATTANAPIWONG J，WATANABE T. Multi-party risk management process（MRMP）for a construction project financed by an international lender ［C］. Proceeding of Construction Engineering and Management Symposium，2000：85 – 92.

［90］KLEIN J H. Modelling risk trade-off ［J］. Journal of the Operational Research Society，1993，44（5）：445 – 460.

［91］KUJAWSKI E. Selection of technical risk responses for efficient contingencies ［J］. Systems Engineering，2002，5（3）：194 – 212.

［92］BADENHORST K P，ELOFF J H. TOPM：A formal approach to the optimization of information technology risk management ［J］. Computers and Security，1994，13（5）：411 – 435.

［93］TELLER J，KOCK A. An empirical investigation on how portfolio risk management influences project portfolio success ［J］. International Journal of Project Management，2013，31（6）：817 – 829.

［94］RAO G N，GROBLER F. Integrated analysis of cost risk and schedule risk ［J］. Computing in Civil Engineering，1995，2：1404 – 1411.

［95］ WIRBA E N, TAH J H M, HOWES R. Risk interdependencies and natural language computations ［J］. Engineering, Construction and Architectural Management, 1996, 3: 251 - 269.

［96］ FANG C, MARLE F. A simulation-based risk network model for decision support in project risk management ［J］. Decision Support Systems, 2012, 52 (3): 635 - 644.

［97］ FANG C, MARLE F, ZIO E, et al. Network theory-based analysis of risk interactions in large engineering projects ［J］. Reliability Engineering and System Safety, 2012, 106: 1 - 10.

［98］ MARLE F, VIDAL L - A. Project risk management processes: improving coordination using a clustering approach ［J］. Research in Engineering Design, 2011, 22 (3): 189 - 206.

［99］ MARLE F, VIDAL L - A, BOCQUET J - C. Interactions-based risk clustering methodologies and algorithms for complex project management ［J］. International Journal of Production Economics, 2013, 142 (2): 225 - 234.

［100］ ALOINI D, DULMIN R, MININNO V. Risk assessment in ERP projects ［J］. Information Systems, 2012, 37 (3): 183 - 199.

［101］ LI N, FANG D, SUN Y. Cognitive psychological approach for risk assessment in construction projects ［J］. Journal of Management in Engineering, 2016, 32 (2): 04015037.

［102］ PMI. A Guide to the Project Management Body of Knowledge (PMBOK Guide) ［M］. 4th ed. Project Management Institution, 2008.

［103］ PERRENOUD A J, SMITHWICK J B, HURTADO K C, et al. Project risk distribution during the construction phase of small building projects ［J］. Journal of Management in Engineering, 2016, 32 (3): 04015050.

[104] MILLER R, LESSARD D. Understanding and managing risks in large engineering projects [J]. International Journal of Project Management, 2001, 19 (8): 437 - 443.

[105] HILLSON D. Extending the risk process to manage opportunities [J]. International Journal of Project Management, 2002, 20 (3): 235 - 240.

[106] WANG M – T, CHOU H – Y. Risk allocation and risk handling of highway projects in Taiwan [J]. Journal of Management in Engineering, 2003, 19 (2): 60 - 68.

[107] COURONNEAU J C, TRIPATHI A. Implementation of the new approach of risk analysis in France [C]. 41st International Petroleum Conference, Bratislava, 2003.

[108] DE RUIJTER A, GULDENMUND F. The bowtie method: A review [J]. Safety Science, 2016, 88: 211 - 218.

[109] BADREDDINE A, AMOR N B. A Bayesian approach to construct bow tie diagrams for risk evaluation [J]. Process Safety and Environmental Protection, 2013, 91 (3): 159 - 171.

[110] DATTA S, MUKHERJEE S. Developing a risk management matrix for effective project planning—an empirical study [J]. Project Management Journal, 2001, 32 (2): 45 - 57.

[111] DEY P K. Project risk management: A combined analytic hierarchy process and decision tree approach [J]. Cost Engineering, 2002, 44 (3): 13 - 27.

[112] KUJAWSKI E, ANGELIS D. Monitoring risk response actions for effective project risk management [J]. Systems Engineering, 2010, 13 (4): 353 - 368.

[113] MARMIER F, GOURC D, LAARZ F. A risk oriented model

to assess strategic decisions in new product development projects ［J］. Decision Support Systems, 2013, 56: 74 - 82.

［114］SHERALI H D, DALKIRAN E, GLICKMAN T S. Selecting optimal alternatives and risk reduction strategies in decision trees ［J］. Operations Research, 2011, 59 (3): 631 - 647.

［115］HAIMES Y Y. Risk modeling, assessment, and management ［M］. John Wiley & Sons, 2015.

［116］AQLAN F, ALI E M. Integrating lean principles and fuzzy bow-tie analysis for risk assessment in chemical industry ［J］. Journal of Loss Prevention in the process Industries, 2014, 29: 39 - 48.

［117］BADREDDINE A, ROMDHANE T B, HAJKACEM M A B, et al. A new multi-objectives approach to implement preventive and protective barriers in bow tie diagram ［J］. Journal of Loss Prevention in the Process Industries, 2014, 32: 238 - 253.

［118］ZADEH L A. The concept of a linguistic variable and its application to approximate reasoning—I ［J］. Information Sciences, 1975, 8 (3): 199 - 249.

［119］HERRERA F, MARTÍNEZ L. A 2 - tuple fuzzy linguistic representation model for computing with words ［J］. IEEE Transactions on Fuzzy Systems, 2000, 8 (6): 746 - 752.

［120］BOJADZIEV G, BOJADZIEV M. Fuzzy logic for business, finance, and management ［M］. World Scientific, 2007.

［121］KAUFMANN A, GUPTA M M. Introduction to fuzzy arithmetic theory and application ［M］. Van Nostrand Reinhold, 1991.

［122］LAI Y - J, HWANG C - L. A new approach to some possibilistic linear programming problems ［J］. Fuzzy Sets and Systems, 1992, 49 (2): 121 - 133.

［123］MALEKI H R，TATA M，MASHINCHI M. Linear programming with fuzzy variables ［J］. Fuzzy Sets and Systems，2000，109 (1)：21 – 33.

［124］LIU X. Measuring the satisfaction of constraints in fuzzy linear programming ［J］. Fuzzy Sets and Systems，2001，122 (2)：263 – 275.

［125］PARRA M A，TEROL A B，GLADISH B P，et al. Solving a multiobjective possibilistic problem through compromise programming ［J］. European Journal of Operational Research，2005，164 (3)：748 – 759.

［126］ARıKAN F，GÜNGÖR Z. A two-phase approach for multiobjective programming problems with fuzzy coefficients ［J］. Information Sciences，2007，177 (23)：5191 – 5202.

［127］LUHANDJULA M，RANGOAGA M. An approach for solving a fuzzy multiobjective programming problem ［J］. European Journal of Operational Research，2014，232 (2)：249 – 255.

［128］刘仁辉，于渤，金真. 基于区间估计的地铁施工安全风险评价指标筛选 ［J］. 预测，2012，31 (2)：62 – 66.

［129］高武，洪开荣，潘彬. 重大交通设施项目风险复杂动态交互演化机理与仿真分析 ［J］. 预测，2016，35 (3)：69 – 74.

［130］ZHANG Y，GUAN X. Selecting project risk preventive and protective strategies based on bow-tie analysis ［J］. Journal of Management in Engineering，2018，34 (3)：04018009.

［131］SATO T，HIRAO M. Optimum budget allocation method for projects with critical risks ［J］. International Journal of Project Management，2013，31 (1)：126 – 135.

［132］BUCHAN D H. Risk analysis-some practical suggestions ［J］.

Cost Engineering, 1994, 36 (1): 29.

[133] PMI. A Guide to The Project Management Body of Knowledge PMBOK Guide [M]. 3rd ed. Project Management Institution, 2004.

[134] CHAPMAN C, WARD S. Project risk management, processes, techniques and insights [M]. John Wiley and Sons, 2003.

[135] HAIMES Y Y. Risk modeling, assessment, and management [M]. John Wiley & Sons, 2015.

[136] ZUO F, ZHANG K. Selection of risk response actions with consideration of secondary risks [J]. International Journal of Project Management, 2018, 36 (2): 241 –254.

[137] ZHAO L, JIANG Y. A game theoretic optimization model between project risk set and measure set [J]. International Journal of Information Technology and Decision Making, 2009, 8 (4): 769 –786.

[138] TODINOV M T. New algorithms for optimal reduction of technical risks [J]. Engineering Optimization, 2013, 45 (6): 719 –743.

[139] TODINOV M T. Optimal allocation of limited resources among discrete risk-reduction options [J]. Artificial Intelligence Research, 2014, 3 (4): 15.

[140] RENIERS G L, SORENSEN K. An approach for optimal allocation of safety resources: Using the knapsack problem to take aggregated cost-efficient preventive measures [J]. Risk Analysis, 2013, 33 (11): 2056 –2067.

[141] SPACKOVA O, STRAUB D. Cost-benefit analysis for optimization of risk protection under budget constraints [J]. Risk Analysis, 2015, 35 (5): 941 –959.

[142] COX L A JR. Evaluating and improving risk formulas for allocating limited budgets to expensive risk-reduction opportunities [J]. Risk

Analysis, 2012, 32 (7): 1244 – 1252.

[143] ERICSON C A. Hazard Analysis Techniques for System Safety [M]. John Wiley and Sons, 2005.

[144] AKGÜN İ, GÜMÜŞBUĞA F, TANSEL B. Risk based facility location by using fault tree analysis in disaster management [J]. Omega, 2015, 52: 168 – 179.

[145] RUIJTERS E, STOELINGA M. Fault tree analysis: A survey of the state-of-the-art in modeling, analysis and tools [J]. Computer Science Review, 2015, 15 – 16: 29 – 62.

[146] EKAETTE E, LEE R C, COOKE D L, et al. Probabilistic fault tree analysis of a radiation treatment system [J]. Risk Analysis, 2007, 27 (6): 1395 – 1410.

[147] ABDUL RAHMAN F, VARUTTAMASENI A, KINTNER – MEYER M, et al. Application of fault tree analysis for customer reliability assessment of a distribution power system [J]. Reliability Engineering and System Safety, 2013, 111: 76 – 85.

[148] ISAAC I. Training in risk management [J]. International Journal of Project Management, 1995, 13 (4): 225 – 229.

[149] HUME D. Enquiries concerning the human understanding and concerning the principles of morals [M]. Clarendon Press, 1902.

[150] JAAFARI A. Management of risks, uncertainties and opportunities on projects: Time for a fundamental shift [J]. International Journal of Project Management, 2001, 19 (2): 89 – 101.

[151] EVANS L, LOHSE N, SUMMERS M. A fuzzy-decision-tree approach for manufacturing technology selection exploiting experience-based information [J]. Expert Systems with Applications, 2013, 40 (16): 6412 – 6426.

[152] EVANS L, LOHSE N, TAN K H, et al. Justification for the selection of manufacturing technologies: A fuzzy-decision-tree-based approach [J]. International Journal of Production Research, 2012, 50 (23): 6945 – 6962.

[153] VAGIAS W M. Likert-type scale response anchors [R]. Clemson International Institute for Tourism Research Development, Department of Parks, Recreation Tourism Management. Clemson University, 2006.

[154] GUHA D, CHAKRABORTY D. A new approach to fuzzy distance measure and similarity measure between two generalized fuzzy numbers [J]. Applied Soft Computing, 2010, 10 (1): 90 – 99.

[155] CHEN S – M. New methods for subjective mental workload assessment and fuzzy risk analysis [J]. Cybernetics and Systems, 1996, 27 (5): 449 – 472.

[156] LEE H – S. An optimal aggregation method for fuzzy opinions of group decision [C]. IEEE SMC'99 Conference Proceedings. 1999 IEEE International Conference on Systems, Man, and Cybernetics (Cat. No. 99CH37028), 1999: 314 – 319.

[157] CHEN S – J, CHEN S – M. Fuzzy risk analysis based on similarity measures of generalized fuzzy numbers [J]. IEEE Transactions on Fuzzy Systems, 2003, 11 (1): 45 – 56.

[158] HSIEH C H. Similarity of generalized fuzzy numbers with graded mean integration representation [J]. Fuzzy Systems Association World Congress, 1999, 2: 551 – 555.

[159] VOXMAN W. Some remarks on distances between fuzzy numbers [J]. Fuzzy Sets and Systems, 1998, 100 (1 – 3): 353 – 365.

[160] CHAKRABORTY C, CHAKRABORTY D. A theoretical de-

velopment on a fuzzy distance measure for fuzzy numbers [J]. Mathematical and Computer Modelling, 2006, 43 (3-4): 254-261.

[161] SADI – NEZHAD S, NOROOZI – YADAK A, MAKUI A. Fuzzy distance of triangular fuzzy numbers [J]. Journal of Intelligent and Fuzzy Systems, 2013, 25 (4): 845-852.

[162] TAVANA M, KHALILI – DAMGHANI K, ABTAHI A – R. A hybrid fuzzy group decision support framework for advanced-technology prioritization at NASA [J]. Expert Systems with Applications, 2013, 40 (2): 480-491.

[163] FAN J, XIE W. Some notes on similarity measure and proximity measure [J]. Fuzzy Sets and Systems, 1999, 101 (3): 403-412.

[164] BOSS B, HELMER S. Index structures for efficiently accessing fuzzy data including cost models and measurements [J]. Fuzzy Sets and Systems, 1999, 108 (1): 11-37.

[165] LI Y, LIU X, CHEN Y. Supplier selection using axiomatic fuzzy set and TOPSIS methodology in supply chain management [J]. Fuzzy Optimization and Decision Making, 2012, 11 (2): 147-176.

[166] CHU T – C, TSAO C – T. Ranking fuzzy numbers with an area between the centroid point and original point [J]. Computers and Mathematics with Applications, 2002, 43 (1-2): 111-117.

[167] ZIMMERMANN H – J. Fuzzy programming and linear programming with several objective functions [J]. Fuzzy Sets and Systems, 1978, 1 (1): 45-55.

[168] 谷晓燕. 基于实物期权的研发项目动态投资决策模型 [J]. 中国管理科学, 2015, 23 (7): 94-102.

[169] 李战江, 迟国泰, 党均章. 基于 copula 的追随者银行的

企业项目总体风险评价模型 [J]. 中国管理科学, 2015, 23 (1):
99 – 110.

[170] SCHLESINGER H. Insurance demand without the expected-utility paradigm [J]. Journal of Risk and Insurance, 1997, 64 (1):
19 – 39.

[171] KIHLSTROM R E, ROMER D, WILLIAMS S. Risk aversion with random initial wealth [J]. Econometrica: Journal of the Econometric Society, 1981, 49 (4): 911 – 920.

[172] CAMPBELL J Y, VICEIRA L. Who should buy long-term bonds? [J]. American Economic Review, 2001, 91 (1): 99 – 127.

[173] DOHERTY N A, SCHLESINGER H. Optimal insurance in incomplete markets [J]. Journal of Political Economy, 1983, 91 (6):
1045 – 1054.

[174] BELL D E. A contextual uncertainty condition for behavior under risk [J]. Management Science, 1995, 41 (7): 1145 – 1150.

[175] 卜世博, 刘海龙. 背景风险下 DC 型养老基金的最优投资策略——基于 Legendre 转换对偶解法 [J]. 管理工程学报, 2013
(3): 145 – 149.

[176] 李婷, 张卫国, 徐维军. 考虑背景风险因素的模糊投资组合选择模型 [J]. 系统工程, 2012, 30 (12): 33 – 38.

[177] BAPTISTA A M. Portfolio selection with mental accounts and background risk [J]. Journal of Banking and Finance, 2012, 36 (4):
968 – 980.

[178] 吴卫星, 沈涛, 董俊华, 等. 投资期限与居民家庭股票市场参与——基于微观调查数据的实证分析 [J]. 国际金融研究,
2014 (12): 68 – 76.

[179] ROSS S A. Some stronger measures of risk aversion in the

small and the large with applications [J]. Econometrica: Journal of the Econometric Society, 1981, 49 (3): 621 – 638.

[180] NACHMAN D C. Preservation of "more risk averse" under expectations [J]. Journal of Economic Theory, 1982, 28 (2): 361 – 368.

[181] PRATT J W, ZECKHAUSER R J. Proper risk aversion [J]. Econometrica: Journal of the Econometric Society, 1987, 55 (1): 143 – 154.

[182] PRATT J W. Aversion to one risk in the presence of others [J]. Journal of Risk and Uncertainty, 1988, 1 (4): 395 – 413.

[183] KIMBALL M S. Precautionary saving in the small and in the large [J]. Econometrica: Journal of the Econometric Society, 1990, 58: 53 – 73.

[184] KIMBALL M S. Standard risk aversion [J]. Econometrica: Journal of the Econometric Society, 1993, 61: 589 – 611.

[185] GOLLIER C, PRATT J W. Risk vulnerability and the tempering effect of background risk [J]. Econometrica: Journal of the Econometric Society, 1996, 64 (5): 1109 – 1123.

[186] EECKHOUDT L, GOLLIER C, SCHLESINGER H. Changes in background risk and risk taking behavior [J]. Econometrica: Journal of the Econometric Society, 1996, 64 (3): 683 – 689.

[187] FINKELSHTAIN I, KELLA O, SCARSINI M. On risk aversion with two risks [J]. Journal of Mathematical Economics, 1999, 31 (2): 239 – 250.

[188] KEENAN D C, RUDOW D C, SNOW A. Risk preferences and changes in background risk [J]. Journal of Risk and Uncertainty, 2008, 36 (2): 139 – 152.

项目风险应对决策理论与方法

［189］ BRENNAN M J, XIA Y. Dynamic asset allocation under in-
flation ［J］. The Journal of Finance, 2002, 57 (3): 1201 – 1238.

［190］ LI J. The demand for a risky asset in the presence of a back-
ground risk ［J］. Journal of Economic Theory, 2011, 146 (1): 372 –
391.

［191］ FRANKE G, SCHLESINGER H, STAPLETON R C. Multi-
plicative background risk ［J］. Management Science, 2006, 52 (1):
146 – 153.

［192］ JOKUNG O. Changes in multiplicative background risk and
risk-taking behavior ［J］. Theory and Decision, 2013, 74 (1): 127 –
149.

［193］ FRANKE G, SCHLESINGER H, STAPLETON R C. Risk
taking with additive and multiplicative background risks ［J］. Journal of
Economic Theory, 2011, 146 (4): 1547 – 1568.

［194］ HUANG H – H, WANG C – P. Portfolio selection and portfo-
lio frontier with background risk ［J］. The North American Journal of Eco-
nomics and Finance, 2013, 26: 177 – 196.

［195］ LIN W – C, LU J – R. Risky asset allocation and consump-
tion rule in the presence of background risk and insurance markets ［J］.
Insurance: Mathematics and Economics, 2012, 50 (1): 150 – 158.